◆ 该书为国家社科基金一般项目（13BSH097）的最终成果

河南大学公共管理学科丛书

统筹城乡社会养老保障体系建设问题研究

——基于河南省87个县（市、区）的调研

凌文豪　著

中国社会科学出版社

图书在版编目（CIP）数据

统筹城乡社会养老保障体系建设问题研究：基于河南省 87 个县（市、区）的调研／凌文豪著 . —北京：中国社会科学出版社，2017.8

（河南大学公共管理学科丛书）

ISBN 978 - 7 - 5203 - 0641 - 6

Ⅰ.①统…　Ⅱ.①凌…　Ⅲ.①养老—保障体系—建设—研究—河南　Ⅳ.①D669.6

中国版本图书馆 CIP 数据核字（2017）第 155668 号

出 版 人	赵剑英
责任编辑	孔继萍
责任校对	闫　萃
责任印制	李寡寡

出　　版	中国社会科学出版社
社　　址	北京鼓楼西大街甲 158 号
邮　　编	100720
网　　址	http://www.csspw.cn
发 行 部	010 - 84083685
门 市 部	010 - 84029450
经　　销	新华书店及其他书店

印刷装订	北京市兴怀印刷厂
版　　次	2017 年 8 月第 1 版
印　　次	2017 年 8 月第 1 次印刷

开　　本	710×1000　1/16
印　　张	14.5
插　　页	2
字　　数	238 千字
定　　价	59.00 元

凡购买中国社会科学出版社图书,如有质量问题请与本社营销中心联系调换
电话:010 - 84083683

目　录

导　　论

一　研究背景及意义

（一）研究背景

养老问题事关每个人的切身利益，实现"老有所养"是各国实施养老保障制度的目标之一。社会养老保障是社会保障制度的核心内容，其运行质量不仅涉及每个人的切身利益，而且影响社会保障的整体绩效。

历经半个多世纪的发展，我国社会养老保障的基本框架已初步形成，制度扩面成效显著，各类群体养老保障已实现制度全覆盖，主要包括城镇企业职工基本养老保险、机关事业单位工作人员养老保险与城乡居民基本养老保险。然而，从各项养老保险制度运行的实际效果来看，我国社会养老保障制度仍存在条块分割、各自为政、缺乏统筹规划安排等问题。在经济新常态背景下，统筹推进城乡社会养老保障制度已成为我国社会保障制度的核心任务。统筹城乡社会养老保障体系建设，不仅可以促进城乡社会养老保障制度间更加公平，而且能够使全体国民共享社会主义制度带来的福祉。破解统筹推进城乡社会养老保障体系建设中的不完整性、效率低下、不公平性、灵活性缺失以及服务性不足等难题，运用科学规划与合理布局走社会养老保障体系健康发展之路，进而实现统筹推进城乡社会养老保障体系建设的目标诉求，构建完善更加公平、更可持续的具有中国特色的社会保障制度。

1. 统筹城乡社会养老保障制度是我国经济社会发展的必然选择

改革开放以来，我国社会经济发展取得瞩目成就，GDP 以年均 8% 的速度持续了三十多年，国内生产总值翻了几番。2009 年，我国已成为世界第二大经济体，国内生产总值稳居世界第二位，占世界经济总量的比重呈逐年上升趋势。据国际货币基金组织预测，2015 年，我国 GDP 占世界的比重为 15.5%，比 2012 年提高 4 个百分点。同时，与美国的差距明显缩小，2015 年 GDP 相当于美国的 63.4%，比 2012 年提高 11 个百分点。① 根据世界银行公布的收入分组标准 [2]，2010 年我国实现了由中等偏下收入水平到中等偏上收入水平的重大跨越，人均 GNI 从 2012 年的 84.5% 提升到 2014 年的 93.7%。目前，我国人均国民收入已接近中等偏上收入国家水平，人民生活水平不断提高。然而，我国农村社会保障制度发展却相对滞后，这与当前我国社会经济发展和增强民众获得感格格不入。尽管城乡居民基本养老保险制度已经确立，但待遇水平、经办管理水平与城镇企业职工、机关事业单位社会养老保险制度存在较大差距。在经济新常态的背景下，统筹城乡社会养老保障制度的物质条件已经成熟，亟须通过构建城乡统筹的社会养老保障制度来顺应社会经济发展、满足民众合理诉求。

2. 统筹城乡社会养老保障制度是应对我国人口老龄化的迫切需要

2013 年，我国人均 GDP 约为 6767 美元，在世界排名第 90 位左右，根据世界银行的划分标准，我国已由低收入国家向中等收入国家迈进。② 然而，老年人口数量的急剧增加，使我国老龄化呈现出明显的未富先老特征。2016 年国家统计局颁布的《2015 年国民经济和社会发展统计公报》显示，截至 2015 年年底，我国内地总人口达到 13.74 亿，其中 65 岁以上的老年人口达 1.43 亿，占总人口的 10.5%，较 2005 年的 7.7% 上升了 2.8 个百分点，老龄化形势日益严峻。③ 同时，我国人口老龄化呈高龄少子化、城乡倒置与区域发展不均衡等特征。

目前，我国日益严峻的老龄化态势使社会养老保障制度面临前所未有

---

① 国家统计局：《国际地位显著提高 国际影响力明显增强——十八大以来我国经济社会发展状况的国际比较》，http://www.stats.gov.cn/tjsj/sjjd/201603/t20160309_1328611.html，2016 年 3 月 9 日。

② 国家统计局：http://www.stats.gov.cn/tjsj/sjjd/201501/t20150120_671388.html 和人民网：http://opinion.people.com.cn/n/2014/0924/c1003-25720703.html，2014 年 9 月 24 日。

③ 国家统计局：《2015 年国民经济和社会发展统计公报》，http://www.stats.gov.cn/tjsj/zxfb/201602/t20160229_1323991.html，2016 年 2 月 29 日。

的挑战。

第一，养老基金财务收支失衡问题。具体表现为：①养老基金财务的区域失衡。我国幅员辽阔，各地区经济发展呈现严重的不均衡状态，养老金在广东、江苏等经济较发达地区结余较多，而在东三省地区，养老金则收不抵支。此外，由于养老金统筹层次较低且地方利益固化，养老金的跨区域调剂困难重重。②养老金总体财务入不敷出。养老金领取人数急剧增多而缴费数增速缓慢，使得养老金财务在总体上处于失衡状态。

第二，农村社会养老保障面临较大挑战。具体表现为：①土地保障功能弱化。城镇化和工业化进程的加速，使得原本以土地为收入来源的农民失去了应有的保障，即土地收入的减少、人地矛盾的突出弱化了土地对于农民的养老功能。②城乡居民养老金待遇水平偏低。城乡居民的养老金待遇水平无论是绝对值还是相对值都普遍被认为处于偏低状态，2013年城乡居民基本养老金仅为81元/人/月，尚不足城市低保金的1/7，约是农村低保金的1/3。[①] ③农村留守、失独老人的数量逐渐增多。城镇化建设吸引着大批农村年轻劳动力涌入城市，而其父母出于生理功能弱化、安土重迁思想严重等原因仍留守在农村，这类人群的数量在2012年年底就约为5000万。[②] 此外，计划生育政策的后遗症使农村失独老人的数量呈逐年上升趋势。

第三，城镇企业职工与机关事业单位养老金待遇差距较大。城镇企业职工的养老金替代率约为50%，而机关事业单位养老金替代率却高达90%甚至100%，前者仅为后者的一半，这严重损害了制度的公平性。

综上，为有效应对人口老龄化，必须加快顶层设计以尽快实现社会养老保障体系的城乡一体化建设，尤其是要提高社会养老保险基金的统筹层次，提升农村居民的养老金待遇水平，缩小不同群体间的待遇差距，使全民能共享社会经济发展新成果。

3. 统筹城乡社会养老保障制度是适应劳动力快速流动的关键举措

随着城镇化的快速推进及户籍制度的日渐式微，我国劳动人口的流动

---

① 中国网：http://zgsc.china.com.cn/hld/rdgz/2014－05－31/132276.html，2014年5月31日。

② 吴玉韶、党俊武：《中国老龄事业发展报告（2013）》，社会科学文献出版社2013年版。

日益频繁。为解决不同群体的养老问题，政府为各类群体"量身打造"不同类型的养老保险制度。尽管社会养老保险已实现制度全覆盖，然而受城乡二元体制和地方保护主义的影响，劳动者养老保险关系的转移接续却始终难以有效解决。目前，我国城乡社会养老保障制度碎片化现象较为严重，不仅存在覆盖不同群体的制度类型，而且即便是同种制度，在各地的"做法"也不尽相同。以城镇企业职工基本养老保险为例，其统筹层次大部分处于"市级统筹、省级调剂"状态，养老基金分布在数百个相对封闭的统筹单位，造成部分地区基金充裕而部分地区依赖财政转移支付的现象，严重违背了制度的统一性和互济性原则。同时，条块分割的社会养老保险还制约了劳动力的流动，部分农民工不能有效地纳入，即便纳入，由于其就业的流动性也不得不以牺牲养老金权益为代价。因此，条块分割的城乡养老保障制度制约了劳动力的自由流动。由此可见，统筹推进城乡社会养老保障制度，破除养老保障制度碎片化格局是适应劳动力快速流动的关键举措。

综上所述，城乡社会养老保障制度待遇差距过大和"碎片化"格局所带来的困局业已成为我国社会保障制度发展的桎梏。当前，统筹推进城乡社会养老保障制度已成为社会各界的共识，更是社会保障发展的目标所在。

（二）研究意义

1. 统筹推进城乡社会养老保障有利于国计民生的改善

党的十八大以来，"统筹推进城乡社会保障体系"和"全面建成覆盖城乡居民的社会保障体系"已成为我国社会保障制度发展的基本方略，而统筹城乡社会养老保障更是统筹推进城乡社会保障体系的核心组成部分。党的十八大报告明确提出"统筹推进城乡社会保障体系"，"要坚持全覆盖、保基本、多层次、可持续方针，以增强公平性、适应流动性、保证可持续性为重点，全面建成覆盖城乡居民的社会保障体系"。2013年十八届三中全会通过《中共中央关于全面深化改革若干重大问题的决定》提出"建立更加公平可持续的社会保障制度""推进机关事业单位养老保险制度改革"和"实现基础养老金全国统筹"。2015年十八届五中全会再次明确了"建立更加公平更可持续的社会保障制度"。2016年3月通过的

"十三五"规划纲要（2016—2020年）提出"坚持全民覆盖、保障适度、权责清晰、运行高效，稳步提高社会保障统筹层次和水平，建立健全更加公平、更可持续的社会保障制度"。由此可见，稳步提高社会保障统筹层次水平与构建更加公平、更可持续的社会保障制度已成为改善国计民生的重大战略之一。

2. 统筹推进城乡社会养老保障有利于适应经济发展新常态

经过三十余年的发展，我国成为世界上第二大经济体，经济发展呈现结构优化、增速换挡等特点。"十三五"时期，适应新常态、把握新常态、引领新常态成为当前和今后一个时期我国社会经济发展的主流趋势。经济新常态背景下，第三产业发展迅速，2016年上半年，第三产业增加值18.4万亿元，① 继续超过第二产业逐步成为吸纳就业的绝对主体。相比第二产业，第三产业就业形式灵活多样，人员流动性比较大，这给现行分割的养老保障制度带来重大挑战，需要尽快扭转"大碎片套小碎片"的养老保障体制，适应劳动力的快速流动。同时，十八届五中全会提出的"创新、协调、绿色、开放、共享"发展理念对城乡养老保障提出新的要求。目前，我国城乡养老保障制度间待遇差距过大，违背了社会保障制度建立的初衷。因而，加强顶层设计，统筹推进城乡社会养老保障体系是适应经济新常态的客观要求。

二　文献综述

党的十八大报告明确提出，统筹推进城乡养老社会保障体系建设、构建覆盖城乡居民的社会保障体系已成为我国社会保障事业的重心；十八届三中全会指出，应促进城乡居民基本养老保险制度的优化整合以构建更加公平可持续的社会保障体系；十八届五中全会也指出要推动城乡协调发展，并再次重申了建立公平、可持续的社会保障制度，这是党和政府关注民生、保障人民生活的重要举措，也表明党和政府对城乡社会保障体系建设的日益重视。陈际华认为社会保障体系建设是城乡统筹的重点、难点，

---

① 国家统计局：《上半年国民经济运行总体平稳、稳中有进》，http://www.stats.gov.cn/tjsj/zxfb/201607/t20160715_ 1377652. html，2016年7月16日。

随着人口老龄化的加剧与城镇化进程的加快，统筹城乡社会养老保障显得更加重要。① 然而，我国社会保障制度从建立之初就面临着碎片化的弊病，偏离了社会保障"公平正义、人道主义、和谐共享"的理念。郑功成指出社会保障制度城乡分割的负面影响已延伸至社会、经济、政治领域，城乡一体化进程中社会保障体系一体化是重点。② 2014年2月，国务院总理李克强主持召开国务院常务会议，会议指出要建立统一的城乡居民基本养老保险制度，并实现与其他制度之间的衔接。2015年1月，国务院《关于机关事业单位工作人员养老保险制度改革的决定》的颁布，加快了城乡社会养老保障体系的建设步伐。如何进行制度整合、完善顶层设计，实现人人公平享有基本养老保障，也是国内外学者共同关心的问题。国外学者的研究主要关注社会保障相关理念：贝弗里奇宣称要建立从摇篮到坟墓的社会保障体系，进而消灭贫困、疾病、懒惰等；③ 罗尔斯在《正义论》一书开篇指出"正义是社会制度的首要价值，正像真理是思想体系的首要价值一样"④。罗尔斯认为正义是社会发展的基石。国内学者的研究则主要集中于社会保障的具体层面：统筹城乡社会保障的分歧、内涵，统筹过程中的阻碍因素分析以及如何破解等方面。整体来说，国外学者对社会养老保障城乡统筹的研究较少，因此，本书的评述主要侧重于国内学界对社会养老保障城乡统筹问题的研究。

（一）统筹城乡社会保障的分歧

户籍制度的存在，人为地造成我国城市居民和农村居民二者之间的身份差异，进而导致城乡之间资源的分配不均和就业的不平衡。在养老、医疗、低保以及福利等方面城乡二者之间都存在差异，社会保障的城乡分割严重制约了我国社会保障未来的发展和城乡社会经济发展。户籍制度的存

---

① 陈际华：《统筹城乡社会养老保险现状、难点及前瞻研究——以江苏省为例》，《江苏社会科学》2013年第5期。

② 郑功成：《中国社会保障制度变革取向》，《人民论坛》2014年第6期。

③ [英]贝弗里奇：《贝弗里奇报告——社会保险和相关服务》，劳动和社会保障部社会保险研究所译，中国劳动社会保障出版社2008年版。

④ [美]约翰·罗尔斯：《正义论》，何怀宏等译，中国社会科学出版社1988年版，第3页。

在，人为地将我国居民分成了城市居民和农村居民。国内学界普遍认为，城乡二元制的社会保障制度已严重破坏了我国社会的公平和正义，阻碍了我国工业化和城市化的进程。但是他们在是否构建城乡一体化社会保障制度方面仍存在较多分歧，其观点主要表现在消极、积极和折中三个层面。

1. 建立城乡社会保障一体化的消极观点

城乡一体化是包括经济、文化、社会等在内的一系列系统性工程，作为民生之本的社会保障制度则是我国城乡一体化的一个重要方面。但构建城乡社会保障一体化需要严格的前提条件，即需要发达的经济条件、国家的财政支持以及各地均衡发展。城乡社会保障一体化的实现是一个循序渐进的过程，要考虑目前所处的现实国情，绝不能一蹴而就。陈平认为在无视中国现实国情的情况下推行全国统一的社会保障体系，不仅有损我国的国际竞争力，而且是一种短视的国策行为。他从国际竞争力出发，认为我国采取统一的社会保障体系会削弱劳动密集型产业的竞争力，进而说明我国当前的国情无法支撑统一的社会保障体系，进而导致腐败，是一条通向衰败的道路。① 曹明贵认为目前我国城乡二元分离的结构还没有完全消除，城乡居民之间的经济收入水平有很大的差距，并且我国城乡社会保障体系的制度障碍依然存在，实现城乡社会保障一体化的条件还不成熟。因此，我国农村的社会保障体系应该与城市的社会保障体系有所差别，应从各地的实际出发，建立统一性和差别性相结合的农村社会保障制度。②

虽然仍有学者对建立社会保障一体化持有消极的看法，但是他们都是从我国现实国情出发，认为当前建立全国统一的社会保障体系的客观条件还不够成熟，不是建立城乡社会保障一体化的最佳时机。尽管如此，部分学者对城乡分离的社会保障体制严重阻碍我国社会保障事业发展这一观点持相同意见。

2. 建立城乡社会保障一体化的积极观点

在社会保障领域中实现城乡一体化，就是要以基本社会保障覆盖全体居民为目标，根据城乡的经济发展水平和人群的不同需求层次进行分类指

---

① 陈平：《中国统一社保不可行》，《经济世界》2003 年第 7 期。

② 曹明贵：《构建统一性与判别性相结合的农村社会保障制度》，《农村经济》2005 年第 8 期。

导，实现不同社会保障制度之间的衔接和转换。黄英君、郑军从我国现行二元分离的社会保障制度的发展现状出发，认为人口老龄化的加剧、城镇化水平的提高以及经济社会发展进程的加快都要求统筹城乡社会保障制度，通过调整城镇和农村的社保水平，循序渐进地实现城乡社会保障一体化。① 杨玉民提出应该根据我国目前市场经济的发展现状和要求，建立统一的社会保障制度和社会保障基金。他基于国外城乡一体化的实践与经验，从交通运输、农业基础、社会生活、基础教育以及立法等方面来推进我国城乡社会保障一体化的建设与发展。②

社会保障一体化的建立遵循了公正和平等的价值取向，有利于统筹城乡发展，打破了社会保障事业的二元结构，为社会保障的可持续发展开辟了新的道路。

3. 建立城乡社会保障一体化的折中观点

我国社会保障体系城乡差距较大，同步实现城乡社会保障一体化是不现实也是不可能的，可以通过专门模式的过渡或者经过不同地区的试点与实践，最终实现城乡社会保障一体化的目标。黄桂荣从社会结构转换视角看待城乡社会保障一体化，通过建立覆盖城乡法定统一的基本保障、省级统筹的补充保障以及以商业性保障为主的附加保障这样的三维社会保障体系，来实现城乡社会保障的一体化。③ 赵俊康认为社会保障一体化应该惠及城乡全体居民，在具体实施上分为三个阶段：第一阶段扩大新农保和城乡居民养老保险的覆盖面，第二阶段实现城乡居民基本养老、基本医疗和低保制度的一体化，第三阶段实现城乡居民和城镇职工基本养老保险和基本医疗保险的一体化，从而建立统一的基本社会保障制度。④

通过对建立城乡社会保障一体化各种观点的分析，我们发现无论是消极观点、积极观点抑或是折中观点，学界对建立城乡社会保障一体化的研

---

① 黄英君、郑军：《我国二元化城乡社会保障体系反思与重构：基于城乡统筹的视角分析》，《保险研究》2010 年第 4 期。

② 杨玉民：《国外城乡一体化发展的经验及其对汕头市城乡一体化发展的启示》，《西华大学学报》（哲学社会科学版）2012 年第 2 期。

③ 黄桂荣：《从社会结构转换视角看城乡经济社会一体化》，《社会主义研究》2010 年第 5 期。

④ 赵俊康：《山西省基本社会保障城乡一体化的思考》，《社会保障研究》2012 年第 5 期。

究从未停止，特别是近年来国家对社会保障的关注和投入日渐增加，建立统筹城乡的社会保障体系是经济社会发展到一定阶段的必然要求。

（二）统筹城乡社会保障的内涵

关于统筹城乡社会保障的内涵，学界观点不一，但是争议的焦点主要集中在"统筹"是不是"统一"方面。

1. 统筹城乡社会保障的内涵

统筹城乡社会保障是指社会保障制度的设计、运行与管理应该一体规划，全面覆盖，使全体公民共享社会经济发展新成果。对此，不同学者对统筹城乡社会保障有不同的理解。关信平认为统筹社会保障不是一致，而是有差别的统一，在保障对象方面建立普惠型的城乡社会保障制度；在保障项目方面实现项目之间的齐全、协调、一体化；在保障标准方面实现同一标准下的差异化保障水平；在管理体系方面建立一体化的组织管理体系；在经费来源方面建立制度化的资金来源体系。[①] 杨影、王丽认为，统筹城乡社会保障并不意味着全体社会成员享受一样的保障待遇，而是城镇和农村在制度设计、保障项目和政策制定上应该一脉相承，保持相对合理的保障水平，实现城乡社会保障制度的衔接和整合。[②]

还有学者从其他的研究视角入手，林闽钢基于城乡基本公共服务的视角，认为中国已经进入社会保障一体化推进时期，应优先发展基本生活保障，通过制度整合和并轨，在城乡基本公共服务均等化的背景下将城乡居民纳入社会保障的覆盖范围，逐步改变社会保障城乡分设的局面，建立起"制度合一、服务衔接、功能配套"的保障体系。[③] 而郑功成则从我国社会保障制度的变革历程入手，指出目前社会保障在制度安排、管理体制以及运行机制等方面都存在城乡分割的问题。这些问题阻碍了城乡社会保障一体化的步伐，路径选择是做好统筹规划与顶层设计，自上而下地推进社会保障一体化，同时同步推进相关配套设施，为统筹推进城乡社会保障一

---

① 关信平：《论我国社会保障制度一体化建设的意义及相关政策》，《东岳论丛》2011 年第 5 期。

② 杨影、王丽：《我国城乡社会保障一体化机制之构建》，《学术交流》2012 年第 12 期。

③ 林闽钢：《我国进入社会保障城乡一体化推进时期》，《中国社会保障》2011 年第 1 期。

体化奠定坚实的基础。① 尹蔚民认为统筹城乡社会保障现阶段应该要从制度建设、覆盖范围、保障水平以及基金规模方面入手，建立社会保障制度稳定运行的长效机制。②

对统筹城乡社会保障内涵的解读有助于提升对统筹城乡社会养老保障体系内涵的认知。基于对统筹城乡社会保障内涵的分析，发现学者们的关注点大都是在农村，应该从养老保险、最低生活保障以及医疗保险这三个农民最需要的保障入手，通过这三个项目的一体化来实现整个社会保障的城乡一体化。

2. 统筹城乡社会养老保障的内涵

对于统筹城乡社会养老保障的内涵，国外学者比较倾向于从养老保险的公平性和均等性视角阐释。《贝弗里奇报告》提出，国家要为所有中断或丧失劳动能力者提供生活保障，向所有的民众提供养老金。③ 社会保险制度的设计影响着不同群体的福利水平。④ 从其他国家的经验来看，如果社会保障实行私有化，在美国，穷人比富人更能够得到更多的收入分配好处⑤；相反在智利，私有化并没有想象中那样使穷人得到更多的分配好处⑥。制度体系的选择以及制度发挥均等效应都受到诸多复杂因素的影响。

国内也有很多学者对我国统筹城乡社会养老保障的内涵进行研究，他们主要基于统筹、融合、协调发展的视角来界定。统筹城乡社会养老保障制度，首先应该树立基本公共服务均等化的理念。薛惠元、张微娜从基本公共服务均等化的视角出发，认为建立城乡统筹的养老保障制度应该以统筹城乡发展为目标，在考虑城镇和农村发展现状的基础上，建立统一的筹

---

① 郑功成：《让社会保障步入城乡一体化发展轨道》，《中国社会保障》2014 年第 1 期。

② 尹蔚民：《统筹推进城乡社会保障体系建设》，《求是》2013 年第 3 期。

③ William Beveridge（1942），Social Insurance And Allied Services，劳动和社会保障部社会保险研究所译，中国劳动社会保障出版社 2008 年版。

④ Louis Kaplow，"Public Goods and the Distribution of Income"，*European Economic Review*：*1627 - 1660*，2016.

⑤ Laurence J. Kotlikoff，Kent Smetters，and Jan Wallise（2002），"Distributional Effects in a General Equilibri-um Analysis of Social Security"，University of Chicago Press，January：327 - 369.

⑥ Peter Diamond，"Priatization of Social Security：Lessons from Chile"，NBER Working Paper No. 4510，October，1993.

资方式、计发办法和管理模式。[①] 石宏伟、杨颖从转变经济发展方式的角度入手，将统筹城乡社会保障视为一个动态过程，不是保障项目和保障标准的完全相同，而是在制度设计上把城镇居民和农村居民作为一个整体来谋划，通过相关的户籍制度、经济结构、公共服务的改革，逐步消灭城乡社会保障之间的差别，促进社会保障全面、协调、可持续发展。[②] 也有学者立足我国国情，坚持从城乡有别向制度并轨方向发展。张园把统筹城乡社会养老保障界定为：通过养老保险制度的衔接和整合，将城市居民和农村居民纳入同一社会养老保障体系，消除城乡二者之间的差异和分隔，最终建立起"城乡统一、覆盖全民、流动自由、保障基本"的城乡社会养老保障制度。[③] 学者们对城乡社会养老保障内涵的解读大致趋同，他们都认为应该坚持制度的整合和衔接，最终实现社会养老保障的城乡统筹。

在我国统筹城乡社会养老保障制度是统筹城乡社会保障制度的重点。统筹推进城乡社会养老保障体系主要是指统筹城乡居民社会养老保障和城镇职工社会养老保障，把二者作为一个有机整体统一规划，在制度实现全覆盖的基础上，城乡居民和城镇职工能够享受平等的制度安排，二者只有待遇层次的不同，而无制度的不同。

（三）统筹城乡社会养老保障的阻碍因素

养老保障制度在建立之初，针对不同人群设计了不同的制度，虽然在当时是符合国情的，但是随着社会经济的快速发展、城乡一体化进程的不断推进，碎片化的养老保障制度已经不能适应社会现实，统筹城乡社会养老保障已迫在眉睫。然而，统筹过程中却存在一系列的阻碍因素，学界的分析主要集中于历史因素与现实因素。

1. 历史因素

历史因素纷繁复杂，从历史视角研究统筹城乡社会养老保障制度的阻

---

① 薛惠元、张微娜：《建立城乡统一的社会养老保险制度——基本理念、基本路径与制度模式》，《税务与经济》2014年第3期。

② 石宏伟、杨颖：《转变经济发展方式下的城乡社会保障一体化问题》，《江苏大学学报》（社会科学版）2013年第1期。

③ 张园：《城乡一体化社会养老保险发展阶段及实现路径研究》，《西北人口》2013年第4期。

碍因素有助于我们从根源梳理问题。

养老保障制度呈现碎片化的主要原因是新中国成立初期的城乡二元分割，袁方成、李增元以武汉市城乡统筹为例指出城乡二元户籍制度是最为现实的阻碍因素，在城乡统筹的过程中农民权益保护困难、农村公共服务投入不足以及农村社会保障体系不完善等是严重的约束条件,[①] 这一问题进而引起经济、户籍的二元化。张彦军进一步指出了城乡二元分割的原因是政治与历史，这也是导致城乡发展不均衡的重要因素，严重制约着养老保障的城乡统筹。[②] 1958 年《中华人民共和国户口登记条例》的颁布，标志着我国城乡二元户籍制度的产生，人为地将居民分成了两种不同的身份，在身份的制约下，农业人口与非农业人口在社会福利的享受、就业机会的获得等方面都存在明显差异。根据二元户籍制度，城乡养老保障制度在设计时针对不同对象制定了不同的制度，刘昌平认为户籍的不同引起城乡社会保障制度在资金来源、保障待遇等方面存在差异,[③] 如新型农村养老保险制度与城镇居民养老保险制度并存运行。中国社会科学院经济研究所社会保障课题组在文献研究和实地调查的基础上指出，中国社会经济的二元结构及机关事业单位养老金制度导致了多轨制，针对性强的制度在刚刚实施时虽是适合国情的，但随着社会经济发展，逐渐呈现出种种弊端。[④] 关博认为社会养老保障制度的碎片化虽是一种合意选择，但不同养老金制度之间由于基金权益积累的规则不同、养老金待遇差异的存在等阻碍了城乡社会养老保障制度的统筹,[⑤] 如何在兼顾个人经济地位与社会偏好的同时减少福利损失、提升社会保障体系的有效性，是亟待解决的问题。

2. 现实因素

阻碍社会养老保障体系城乡统筹的现实因素涉及经济、政治、社会制度等方面，在制度顶层设计时需要引起足够的重视。

---

① 袁方成、李增元：《武汉市统筹城乡一体化发展研究》,《城市观察》2010 年第 5 期。
② 张彦军：《河南省社会保障体系建设：条件、挑战和制度取向》,《河南科技学院学报》2010 年第 3 期。
③ 刘昌平：《我国养老金顶层设计的思路》,《中国财政》2014 年第 11 期。
④ 中国社会科学院经济研究所社会保障课题组：《多轨制社会养老保障体系的转型路径》,《经济研究》2013 年第 12 期。
⑤ 关博：《城乡居民养老保险制度的社会保障学分析及完善》,《北京工业大学学报》（社会科学版）2012 年第 2 期。

（1）经济方面

经济发展为统筹城乡社会养老保障体系奠定了物质基础，使人民能够享受更多社会经济发展带来的新成果。然而，经济水平的区域和城乡间经济水平的差异性也严重制约着社会养老保障城乡统筹。仇雨临等通过实地调研、数据整理、回归分析等发现在城乡统筹的过程中，地区经济发展的不平衡是制约因素，而统筹的目的主要在于民众的收益均等化，实现公平正义的核心价值。① 由于城镇、乡村的经济发展水平存在较大差异，领取相同的养老金对于非农户口、农业户口人员的意义是不一样的，因此，收益均等化在短时间内很难实现。陈际华从财政的角度出发，对 2007—2008 年江苏省三大区域（苏南、苏中、苏北）的社会保障和就业地方财政一般预算支出数据研究发现：尽管省级财政向公共服务转移支付的力度在增加，但各级财政补贴的具体能力是不一样的。②

（2）政治方面

政府缺位、越位、错位都会造成政策落实偏差，部门之间对利益趋之若鹜、对责任推诿扯皮的结果是人民利益受损。王珂瑾认为政府责任缺位是农村社会养老保障制度发展缓慢的根本原因，城乡统筹发展需要政府归位。③ 不仅如此，廖楠指出，在县级层面上管理机构职能交叉、责任模糊等现象严重，虽然各机构都以实际情况为基础，但作出的决定会产生一定的矛盾，社会保障管理机构之间的地位、利益关系不同也影响着制度衔接。④ 改变传统思维、明晰职责边界是推进养老保障政策执行的关键。此外，地方政府由于本地资源、人口数量、地理位置等条件限制，区域经济呈现不均衡态势；城市与农村之间享受的政策、财政、社会支持不同，城乡差距客观存在。因此，在统筹城乡社会养老保障体系过程中，如何使不同地区、不同人群收益相对均衡是制度整合需要思考的重要问题。薛维然

---

① 仇雨临、翟绍果、郝佳：《城乡医疗保障的统筹发展研究：理论、实证与对策》，《中国软科学》2011 年第 4 期。

② 陈际华：《统筹城乡社会养老保险现状、难点及前瞻研究——以江苏省为例》，《江苏社会科学》2013 年第 5 期。

③ 廖楠：《县域社会保障城乡统一体化：困境与出路——以湖北省 A 市为个案的调查研究》，《中共福建省委党校学报》2010 年第 10 期。

④ 王珂瑾：《从缺位到归位：农村社会保障中的政府责任》，《兰州学刊》2013 年第 10 期。

认为政府"重城轻乡",社会保障财政投入不均衡等原因造成城乡社会养老保障制度的差异,影响统筹。① 政府作为统筹城乡社会养老保障制度的执行者,如何做到认真履行自身责任、平等对待城市乡村,对于政府而言也是一个严峻的挑战。

(3)社会制度方面

社会制度设计是否合理,也对社会养老保障制度的统筹产生一定影响。何俊民、杨斌指出养老保障城乡统筹困难的关键因素是城乡养老保险制度之间的差异,包括缴费责任主体差异、国家财政责任差异、参保方式差异、保障水平差异、管理体制差异等。② 针对不同对象设计不同的养老保障制度,虽然做到了具体问题具体分析,但却偏离了一体化思路,呈现条块分割的碎片化,进而导致不公平问题凸显。杨静认为养老保险转移接续过程中,转出地与转入地利益不均衡使扩大覆盖面问题雪上加霜。③ 因此,制度优化整合成为必然趋势。此外,农民工作为一个特殊的社会群体,虽然为经济发展做出突出贡献,但却被社会边缘化。在社会福利的享受方面与城镇居民存在很大的差距,养老保险参与状况堪忧。高君认为大量流动农民、失地农民、耕地农民的存在是社会养老保障统筹的基础性困境,通过养老保险向农村延伸的思路是不可取的,应通过农民向市民转化的方式减少农村人口。④ 左停等认为现在社会结构已由旧的城乡二元演变为新的"城乡+流动农民工",双重身份使农民工养老保险处于尴尬境地,解决这一问题有利于保障参保人权益、推进城乡建设。⑤ 人口的自由流动是推动城乡一体化发展的重要途径,因此,养老保障在城乡统筹进程中该如何兼顾特殊人群利益,减少制度推行阻力是决策者面临的难题。

通过对统筹城乡社会养老保障的阻碍因素分析,发现无论是对历史因素还是现实因素的发掘,其目的都是从根源与客观出发,为社会养老保障

① 薛维然:《我国城乡社会保障体系统筹建设研究》,《农业经济》2015年第5期。
② 何俊民、杨斌:《中国城乡养老保险制度差异问题研究——基于城乡统筹的视角》,《郑州大学学报》(哲学社会科学版)2013年第6期。
③ 杨静:《当前我国养老保险制度存在的问题与对策》,《学习论坛》2013年第6期。
④ 高君:《新型城市化背景下统筹城乡社会养老保障制度一体化研究》,《西北人口》2012年第5期。
⑤ 左停、张国栋、徐小言:《流动农民工养老保险覆盖的窘境与出路》,《农村经济》2015年第3期。

城乡分割问题提供解决思路，在制度衔接、统一的过程中能够保障参保人利益，促进利益均等化，减少不公平现象。

（四）统筹城乡社会养老保障的路径分析

统筹城乡社会养老保障是社会发展的必然趋势，经过分析发现历史、现实等方面制约着统筹过程，目前学界主要通过三个途径来破解这一难题：第一，抓住关键点，以关键点为切入口，树立整体观念，兼顾各方利益；第二，实证研究，也即通过各地区试点，将成功经验有选择地进行推广；第三，社会养老保障城乡统筹是一个漫长的过程，需要分阶段、逐步统筹。

1. 重视关键点，树立整体观念

（1）关键点1：农村社会养老保障

农村受地理位置、风俗习惯、政治经济、历史传统等因素的影响，社会养老保障水平远低于城市，保障方式也相对滞后。苏胜强等通过对浙江省省情的分析，指出城乡统筹的重点在于完善农村社会保障体系，政府和市场在城乡统筹的过程中共同发挥作用，农村社会保障体系的建设在项目、地区、阶段、层次方面加以区分，突出重点，走渐进式统筹道路。[①] 杨礼琼也认为城乡统筹的关键点在于农村社会养老保障，并指出"家庭、土地、社会"三者的有效结合是中国农村的养老特色。[②] 随着家庭保障、土地保障的逐步弱化，农村社会保障水平应不断提高，才能缓解农村社会矛盾，因此以农村社会养老保障建设为切入点，能够在一定程度上缩小城乡差距，营造良好的公平环境。

（2）关键点2：农民工养老保障

农民工是我国城乡二元体制的产物，也是产业工人的新生力量，拥有较强的融入现代社会的潜力，由于户籍在农村、贡献在城市，社会养老保障更加复杂。任丽新认为农民工作为社会中的一个特殊群体，虽然其养老

① 苏胜强、杨海涛、许苗苗：《城乡社会保障统筹研究：历史的路径依赖与现实选择——浙江省的实证分析》，《农村经济》2009年第1期。
② 杨礼琼：《城乡统筹背景下中国特色农村养老保障路径选择》，《理论探讨》2011年第3期。

保障制度经过十几年的探索，但由于缺少规划性，效果仍不理想。为了实现养老保障的公平正义理念、协调发展目标，应在政策制定、制度设计、待遇标准等方面进行统一，让农民工享受到与城镇企业职工相同的社会保障权利，这是统筹城乡社会养老保障制度的现实要求。[1] 蒋晓川认为农民工是一个复杂的群体，养老保障制度设计不应一概而论，可以根据农民工的职业特点、流动频率、城镇定居倾向等标准将其进行细分，采取不同的保障措施，一部分纳入城镇企业职工保险体系，一部分采取"土地换保障"，一部分采取过渡型保险账户。[2] 农民工的不稳定性、养老保障关系转移接续不畅通等问题导致农民工养老保障制度设计困难重重，这一解决办法虽然针对性强，但在农民工指标细分、标准界定方面仍是难点。

（3）关键点3：城乡社会养老保障制度

在阻碍社会养老保障城乡统筹的因素中，制度因素作为主观因素，相较于历史、经济、政治等因素而言具有相对易实现的特点，因此一部分学者认为制度设计是统筹城乡社会养老保障的重要突破口。程杰认为城乡居民养老保险制度改革的关键点在于农村养老保险、城镇企业职工基本养老保险、被征地农民养老保险、农民工养老保险等制度的衔接，[3] 郭喜也认为目前虽然存在成功的针对被征地农民的"农保模式""城保模式""镇保模式""商保模式"，但也存在诸多问题，构建城乡融合的社会养老保障体系需要制度上的衔接，即不同层面上养老保障关系的转移接续与自由流动。[4] 陈正光等通过将被征地农民养老保险与城乡居民社会养老保险的整合成本建立模型、进行测算发现，入口缴费环节的整合有利于养老保险关系的转移接续。[5] 王如鹏认为农村小农经济与城市高度现代化是城乡二元养老保障的根本原因，因此应该创新土地制度，进行农业现代化和城乡

① 任丽新：《与城镇职工平等的权利：农民工社会保障制度的根本目标》，《宁夏社会科学》2010 年第 5 期。

② 蒋晓川：《城乡统筹背景下重庆实验区社会保障制度探讨》，《农业经济》2010 年第 11 期。

③ 程杰：《城乡居民养老保险制度：改革与方向》，《云南财经大学学报》2011 年第 5 期。

④ 郭喜：《被征地农民养老保障现状分析及政策改进》，《中国行政管理》2012 年第 5 期。

⑤ 陈正光、骆正清、陆安：《被征地农民养老保险与城乡居民社会养老保险整合成本分析》，《江西财经大学学报》2014 年第 3 期。

生产方式的同质化，实现城乡经济的发展与社会基础的平等。[①] 这一思路虽然是从城乡二元分割的历史出发，但将原因归结为生产方式的不同，为研究城乡社会养老保障统筹提供了新的思路。林俏认为要建立统一但标准有别的养老保障制度，应从保障权利、保障理念、保障立法等方面入手，为养老保障城乡统筹提供法律和制度支持。[②] 我们发现，制度衔接、制度创新、制度整合是进行社会养老保障制度顶层设计的重点，同时，制定统一但有差别的养老保障制度更符合我国对公平正义理念的追求。

2. 实证研究并适度推广

养老保障制度通过试点先行，总结成功经验并适度推广可以少走弯路，这是一条从"特殊"走向"一般"的道路选择。而各地的成功经验存在相似性的同时也各具特性、各有差异，因此应该明确经验的相对局限性。

（1）经验1：具体问题具体分析

矛盾的特殊性要求我们坚持具体问题具体分析的原则。袁文全、邵海对重庆市统筹城乡社会养老保障进行研究之后，认为不同地区应根据本地区实际情况选择适合本地区的养老保障制度：在城郊等经济发达地区，可效仿城镇社会保障体系；在农村等经济欠发达地区，推行最低生活保障；在贫困地区，优抚救济是重点。[③] 这是具体问题具体分析的典型模式。张彦军在分析了城乡不均衡发展现状的基础上指出养老保障体系建设在一定时期内多元化制度安排是一种必然选择，同时渐进化的制度整合符合国情。[④] 社会养老保障城乡统筹的过程中各地实际情况存在差异，汲取适合本地的经验才有利于为民众增福利。

（2）经验2：统一中允许差别

由于客观环境千差万别，因此有学者认为应该在统一的基础上允许差别的存在，既不违背和谐共享，又能够兼顾特殊群体利益。张君良、沈君

① 王如鹏：《实现城乡养老保障一体化的路径及制度选择》，《理论探讨》2013年第2期。
② 林俏：《统筹城乡社会保障法律制度的路径分析》，《商业研究》2012年第8期。
③ 袁文全、邵海：《覆盖城乡居民的社会保障体系建设的路径选择——以重庆市统筹城乡社会保障为视角》，《社会科学家》2010年第4期。
④ 张彦军：《河南省社会保障体系建设：条件、挑战和制度取向》，《河南科技学院学报》2010年第3期。

彬在分析城乡社会保障统筹的成功模式——"太仓实践""吴江经验"等基础上，提出"梯次推进的动态整合模式"。基于福建晋江的研究认为"动态整合"应是城镇、农村动态发展的双向整合与差别存在的适度公平，"梯次推进"指伴随着管理能力、服务水平、城市化程度的提升，包括保障项目、覆盖范围、保障水平等内容梯次推进，从而实现城乡统筹。① 公平不是绝对的，而是相对的，在城乡社会养老保障统筹的过程中应允许城镇和农村差别的存在，因为二者的经济社会发展水平不同，城镇、农村积极参与，互动整合，梯次推进是稳妥的途径。凌文豪在借鉴费孝通"差序格局"思路的基础上，认为应该在社会保障体系建设过程中应采取有差别、有秩序的方式，并首次提出"差序平等"概念。② 差别的存在与现实并不相悖，绝对的公平是不存在的。

通过对部分地区的实证研究，发现在城乡统筹方面的成功经验应该在推广的过程中充分考虑各地实际情况，由于经验的不可复制性，适度借鉴更有利于社会保障发展。尹音频等认为成都市城乡统筹双元养老保障机制的成功在于坚持"保基本、全覆盖、有弹性、可持续"的理念，发挥了"双元化、对接化"的优点，然而出现的低参保率、低保障水平、年龄结构失调等问题也需要引起重视。③ 成都市在养老保障城乡统筹进程中，虽然有成功的经验汲取但也存在诸多亟待解决的问题。由此可以说明，无论是经验的推广还是制度的应用，在实施过程中可能会出现意想不到的现实问题，照搬照抄是不可取的。

3. 分阶段并逐步统筹

在实现社会养老保障城乡统筹的思路上，认为应该分阶段进行并逐步推广的学者也占大多数。仇雨临、翟绍果指出由于地区间经济社会存在差异，城乡统筹不是一蹴而就，而是有步骤、分阶段性地发展，最终化异趋

---

① 张君良、沈君彬：《经济强县构建城乡一体化社会保障体系的路径探析——基于福建晋江的个案研究》，《东南学术》2010年第1期。
② 凌文豪：《差序平等：中国社会保障新理念》，《社会保障研究》（北京）2011年第2期。
③ 尹音频、杨晓妹、张丽丽：《成都市城乡统筹双元对接养老保障模式研究》，《社会保障研究》2013年第4期。

同。① 王晓东通过对欧盟养老保险区域体系化经验分析，认为其渐进整合思想值得借鉴，应分步骤、有计划地制定发展战略，逐步提高养老保险制度的层次、水平和同质性。② 而在社会养老保障如何分阶段统筹时，学界主要有两种观点：一种是两阶段论，一种是三阶段论。

（1）两阶段论

对分两阶段实现社会养老保障城乡统筹进行研究的学者相对较少。张秋、何立胜认为统一的养老保障制度在短期内不可能实现，应分两步走：第一步城乡分头推进，即农村借鉴城市经验，建立不同形式的养老保障制度，扩范围缩差距；第二步实行城乡并轨，试点先行、逐步过渡、最终统一。③ 城镇居民养老保险相较于新型农村养老保险而言更完备，前者在一定程度上可借鉴后者。林闽钢认为城乡统筹要"有的放矢、兼容并蓄、全面整合"，具备"适度普惠、逐步推进"特点，通过"一个制度、两个标准、覆盖全体"的中期目标与"多个层次、统一管理、协调发展"的长期目标的实现来达到城乡统筹。④ 高君认为城乡社会养老保障的统筹正向一体化推进，主要分为两个层次：制度的统筹和服务的统筹。统筹是第一个阶段，一体化是第二个阶段。只有在第一个阶段解决城乡制度的衔接后，才能进入第二个阶段即一体化阶段。在后一个阶段中通过推动社会养老保障的全覆盖、制度并轨以及管理整合，从而实现我国社会养老保障的一体化。⑤ 无论是中长期目标还是分两步走战略都表明社会养老保障城乡统筹需要时间的积淀与政府的推进。

（2）三阶段论

社会养老保障城乡统筹是一项巨大的工程，从制度设计、优化、整合到具体应用都需要有步骤的规划。方菲认为通过"整体规划、制度整合、

---

① 仇雨临、翟绍果：《城乡居民医疗保障体系的二元三维态势和统筹发展思路》，《河南社会科学》2009 年第 6 期。

② 王晓东：《从"社会保障对接条例"到"开放性协调治理"——欧盟养老保险区域一体化经验及启示》，《现代经济探讨》2013 年第 12 期。

③ 张秋、何立胜：《城乡统筹制度安排的国际经验与启示》，《经济问题探索》2010 年第5 期。

④ 林闽钢：《我国进入社会保障城乡一体化推进时期》，《中国社会保障》2011 年第 1 期。

⑤ 高君：《新型城市化背景下统筹城乡社会养老保障制度一体化研究》，《西北人口》2012年第 5 期。

序列待遇"三步走，促使我国城乡社会养老保障制度从二元分割的失衡状态回归城乡统筹的均衡状态。[1] 张园基于国家财政能力、居民参保意愿、政府政治推力、国外发展规律的分析认为，我国社会养老保险制度的城乡统筹要经过"城乡覆盖、城乡统筹、城乡融合"三个阶段，并给出了实现的时间点与具体的政策措施。[2] 陈雷等认为，为了实现平等的社会保障权利，新农保与其他养老保险制度的有机统一势在必行，具体步骤：第一步是新农保与老农保的制度整合，第二步是新农保与农村其他社会保障制度整合，第三步是城乡居民养老保险制度的建立。[3] 薛惠元、张微娜认为碎片化的养老保险制度对统筹层次、缩小收入差距不利，建立城乡统一的社会养老保险制度是必然趋势并分三步实现：第一步将现有的养老保险制度整合到城乡居民养老保险与城镇企业职工基本养老保险制度中，第二步将机关事业单位退休金制度整合到城镇职工养老保险制度中并实现城乡养老保险制度的无缝衔接，第三步将城镇职工基本养老保险与城乡居民养老保险制度合并，建立城乡统一的社会养老保险制度。[4] 刘昌平、殷宝明认为以碎片化养老保障制度为基础，实行"三步走"战略来实现养老保障体系的城乡统筹更加符合实际，即整合农村、城镇之间的社会养老保险制度，然后进行关系的转移接续，最终实现统一，也就是"整合—衔接—统一"[5]。王晓东以西部地区为研究对象，在分析西部地区统筹城乡社会养老保障困境与现实条件的基础上，指出以分步到位、逐步统一的渐进式方式来推进"统筹并轨"和"体系整合"，在政府主导下分三个阶段进行，第一阶段实现城乡居民社会养老保险制度全覆盖，第二阶段实现城乡居民养老保险制度和城镇职工基本养老保险制度全面稳定，第三阶段实

---

① 方菲：《从失衡到均衡：统筹城乡社会保障制度的路径研究》，《理论探讨》2009 年第6 期。

② 张园：《城乡一体化社会养老保险发展阶段及实现路径研究》，《西北人口》2013 年第4 期。

③ 陈雷、江海霞、张秀贤：《城乡统筹下新农保与相关养老保障制度整合衔接战略研究》，《管理前沿》2011 年第6 期。

④ 薛惠元、张微娜：《建立城乡统一的社会养老保险制度——基本理念、基本路径与制度模式》，《税务与经济》2014 年第3 期。

⑤ 刘昌平、殷宝明：《农村养老保障体系整合路径及政策选择》，《西北大学学报》（哲学社会科学版）2013 年第4 期。

现城乡居民养老保险与城镇职工养老保险制度统筹并轨。① 我们发现，三阶段论的主要思路是以制度的覆盖水平、整合程度为划分点，最终实现制度统一，提高人民福利。

无论两阶段论还是三阶段论，都足以说明社会养老保障制度城乡统筹的实现是一个漫长的过程。欲速则不达，在城乡统筹的进程中，"快"会导致未充分考察实际情况就草率决定，进而损害一部分人的利益；"慢"则有时间进行理论论证，将利益损害降低到最小限度。社会保障体系的完善是一个复杂工程，"稳中求进"不失为一条可行之路。

综合来看，尽管学界对统筹城乡社会养老保障研究较多，并且取得了一定的理论和实践成果，但仍存在一些不足。本课题研究拟突破传统的定性研究模式，不仅提出更加科学的统筹城乡社会养老保障体系建设理念，而且采取定性研究与定量研究相结合的方法，对具有代表性的城乡进行深入调研，通过问卷、访谈等多种形式获取资料并进行整理，同时运用逻辑回归分析方法剖析出城乡社会养老保障体系建设的障碍，进而发现统筹推进城乡社会养老保障体系的最佳路径。

三　研究思路及方法

（一）研究思路

对研究思路的梳理有助于我们从整体上准确地把握本课题的研究框架及内容，了解课题的内在逻辑结构。

第一，本课题在已有的相关研究基础上，以城乡统筹为背景、以社会保障基本理论为依据，将研究对象进一步细化为城乡社会养老保障体系。通过对我国统筹推进城乡社会养老保障体系建设的相关政策进行梳理，分析政策执行过程中的偏差，进而探索我国城乡社会养老保障制度一体化的发展脉络及发展趋势。

第二，本课题以统筹推进城乡社会养老保障体系建设为主线，分析我国统筹城乡养老保障体系整体发展状况，并以河南省作为研究个案，通过

---

① 王晓东：《西部地区社会养老保险制度城乡统筹：可能与可为》，《理论探讨》2013 年第 2 期。

问卷调查、实地访谈等途径获得一手资料，进而对这些资料进行梳理，以期发现政策实施的实际效果，并针对其存在的问题提出切实可行的建议。这遵循了矛盾由一般到特殊的规律，构成了本课题的理论—实证部分。

第三，本课题的研究范围不仅限于国内，也将视野延伸至国际。按照艾斯平·安德森对福利国家的划分，课题组选取了德国、美国、瑞典作为经验借鉴国家，此外，由于日本不仅在地理位置上毗邻中国，而且文化背景与中国有一定的相似性，因而，日本也在研究视阈之内。通过分析这四个典型国家养老保障的制度概况、主要内容、政策法规及实践状况，结合我国现实国情的同时学习其成功之处。

第四，在分析我国和河南省统筹城乡社会养老保障体系建设状况、借鉴国外相关经验的基础上，提出统筹推进城乡社会养老保障体系建设的路径选择，从而为构建和完善具有中国特色的社会养老保障体系提供坚实的理论基础。

（二）研究方法

方法是社会科学研究的内在灵魂，方法运用是否得当事关我们如何从理论和实践的关联度中抓住主题，处理相应的文献资料、概念运用和文字表达。本书运用文献研究方法，通过对我国城乡社会养老保障相关理论与政策进行梳理，把握规律、剖析根源以求正解；通过问卷实地调查采用整群抽样和随机抽样选取样本，掌握第一手资料进而全方位解读和剖析调查对象的相关问题，为研究提供真实可靠的数据做支撑；运用深度访谈以弥补问卷调查数据分析之不足，使调研地点城乡社会养老保障制度运行的真实情况和存在问题得以客观反映，并为统筹推进城乡社会养老保障体系建设提供实践经验。

1. 文献研究法

查阅学界关于统筹推进城乡社会养老保障制度建设的相关文献、学术期刊以及调查报告等，深入了解并掌握学界的研究现状，以此获取可供参考的研究资料，奠定本研究的理论基础。搜集国家、地方政府关于城乡社会养老保障制度的相关文件、资料，并进行归纳、概括，以了解我国城乡社会养老保障相关制度的发展、实施情况，及时掌握城乡社会养老保障相关制度的最新政策资料，奠定本研究的实践基础。

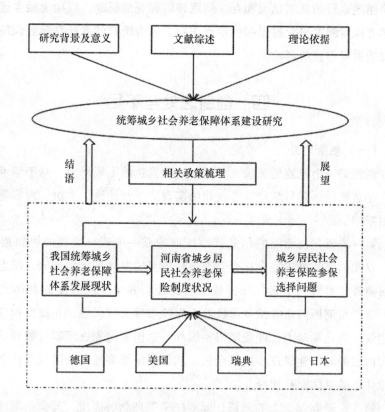

图 0—1　统筹城乡社会养老保障体系建设研究思路

2. 问卷调查法

城乡居民社会养老保险是城乡社会养老保障体系的重要组成部分，为了深入研究统筹城乡社会养老保障制度，课题组选取了城乡居民社会养老保险制度进行深入研究。通过发放统一的调查问卷对河南省城乡居民社会养老保险发展情况展开实地调查，及时获取城乡居民社会养老保险的第一手资料。问卷调查采用整群抽样和随机抽样相结合的抽样方法选取样本单位，全方位地了解和分析调查对象关于城乡居民社会养老保险制度的相关问题，为本研究提供真实可靠的数据支撑。

3. 访谈法

在实地进行问卷调查的同时，课题组对调查对象展开深度访谈。通过访谈以弥补问卷调查后数据分析的不足，使被调查地点城乡居民社会养老保险制度运行的真实情况和存在问题得以客观地反映，以期为城乡居民社会养老保险制度研究提供相关论点支持，并为统筹城乡社会养老保障体系建设提供可借鉴的经验。

四 创新之处与不足

（一）创新之处

创新是一个民族的灵魂，是国家兴旺发达的不竭动力。对于学术研究而言亦是如此，其科学化、专业化的实现离不开理论、方法、内容等方面的创新。

第一，研究视角上的创新，即按照宏观—中观—微观的思路层层递进。以我国统筹推进城乡社会养老保障体系的发展现状为基础，课题组选取河南省作为研究个案，分析城乡居民社会养老保险制度的具体实施状况，进一步剖析河南省城乡居民养老保险参保选择问题，并提出相应的对策建议。在此基础上，课题组借鉴国外发达国家的先进经验与教训，将针对河南省的对策建议逐步推及全国，从而提出统筹推进我国城乡社会养老保障体系的具体路径选择。

第二，研究理念上的创新，即差序平等理念的提出。理念是制度的灵魂，社会养老保障制度新理念的提出对构建具有中国特色的社会保障制度具有重要意义。学术界对社会保障理念的研究主要有效率论、平等论、公平论，而差序平等理念的提出为社会保障发展的价值选择增添了新元素。差序平等意味着给予全体社会成员平等的权利，通过差异化、秩序性的计划，分步骤地推进社会养老保障体系的城乡统筹，最终实现每个人公平的享有社会养老保障制度的目标。鉴于此，运用差序平等理念指导社会养老保障体系的城乡统筹，能够有效推动这一工作的顺利开展。

第三，研究内容上的创新，主要包括两个方面，即从四个维度对我国在不同时期颁布的养老保险的相关政策进行详细梳理，以及从五个层面对我国城乡居保在运行过程中存在的问题进行全面阐述。①课题组从城乡居民社会养老保险制度、城镇企业职工基本养老保险制度、机关事业单位养老保险制度以及其他配套制度四个维度着手，以制度颁布的时间顺序为线索，针对不同时期颁布的政策文本进行详细的梳理与解读，以期从中找出我国社会养老保障制度的发展轨迹，探寻各制度在实际运行过程中存在的问题与不足，从而为统筹推进城乡社会养老保障体系建设提供政策上的建议。②课题组从制度的完整性、可持续性、认知度、满意度、服务性五个层面出发，对河南省城乡居民社会养老保障制度进行实证研究，总结出城乡居保存在完整性不足、可持续性较弱、认知度不高、满意度偏低、服务性较差等问题，进而提出提高参保率、提升参保质量、拓宽宣传渠道、优化政策设计、完善经办服务体系等应对措施。

（二）不足之处

第一，调研样本在选择上受到一定的限制。本次调研虽力求保持样本全面均衡，但受人口流动速度加快、就业形势多样化等因素影响，调研地点普遍存在青壮年外出务工，老人、妇女、儿童留守的现象，这导致样本的选择在年龄、性别等方面受到一定的限制。

第二，调研的部分数据可能存在一定的误差。由于调研内容涉及如经济状况以及对居住社区的评价等较为敏感的话题，在他人围观尤其是村干部在场的情况下，得到的答案极有可能会失真，无法准确反映被调查者的真实想法。加之问卷设计的专业性不足，易导致后期数据处理过程中存在一定偏差。以上问题的存在，使得部分分析结果的真实性和准确性有待进一步商榷。

第三，河南省的代表性问题无法得到进一步佐证。课题组选取河南省作为统筹推进城乡社会养老保障体系建设的研究对象，分析其存在的问题并提出相应的解决措施，但是河南省的问题是否能够代表全国的问题，针对河南省提出的解决措施能否在全国范围内进行推广，仍有待商榷。

第 一 章

相关政策梳理与理论依据

对一个问题的深入探究，首先应梳理其政策演变，以期从中追寻演进的主线，进而找出其理论依据。社会保险制度是我国社会保障的重要内容，它的发展事关我国社会保障体系发展全局。本章通过梳理城乡社会养老保险制度的历史变迁，以期从中找出发展轨迹的规律，进而提出其理论依据，为统筹推进城乡社会保障体系提供指导。

一 城乡社会养老保障政策梳理

统筹推进城乡社会养老保障体系不仅有利于我国更加公平、更可持续社会保障制度的构建与完善，而且也是当前党和政府高度关注的重大民生议题。党的十八大报告明确提出了"统筹推进城乡社会保障体系建设"，对社会保障事业提出了新的要求。2012 年国务院颁布的《国务院关于批转社会保障"十二五"规划纲要的通知》中明确了"更加注重保障公平，更加注重统筹城乡发展"① 的基本要求。2016 年人力资源和社会保障部颁布的《人力资源和社会保障部关于印发人力资源和社会保障事业发展"十三五"规划纲要的通知》中明确提出"建立更加公平更可持续的社会保障制度"的基本要求，提出要继续健全城乡居民养老保险制度，完善并落实多缴多补、长缴多得、助残扶贫等政策，适时提高最低缴费档次，推进基金省级管理和投资运营，提升基层经办服务能力等具体要求。统筹

① 《国务院关于批转社会保障"十二五"规划纲要的通知》，http://www.gov.cn/zwgk/2012–06/27/content_ 2171218. htm，2012 年 6 月 27 日。

推进城乡社会养老保障体系不仅是完善城乡社会保障体系的重要内容，而且有助于深化改革、逐步破除城乡二元制结构，对城乡居民平等社会保障权的实现具有重要意义。

统筹推进城乡社会养老保障体系是在我国经济快速发展、老龄化日趋加重、城乡人口流动日趋频繁的历史大背景下提出的，统筹城乡社会养老保障体系是一项系统工程，关系到国家、集体和个人多方主体，牵涉财政、民政和人社等多个政府部门，因此在实施过程中要更加注重公平与效率的有机结合，切实保障居民的权益。

（一）城乡居民养老保险制度

本部分从新中国成立起，将针对城乡居民的相关养老保险制度进行分析评述，包括农村五保制度、农村居民养老保险制度（老农保制度）、新型农村养老保险制度（新农保制度）、城镇居民养老保险制度和城乡居民养老保险制度五项制度。

1. 农村五保制度

（1）政策概况

农村五保制度在我国实施由来已久，最早可追溯至国务院于 1956 年颁布的全国农业发展纲要，纲要指出：针对合作社内因暂时或永久丧失劳动能力而失去收入来源、生活无依靠的农户和退役军人，应给予其适当的生产和生活保障，做到保吃、保穿、保烧（燃料）、保教及保葬，使这类人群的生养病死葬等方面均有依靠。该纲要是我国最早针对农村五保制度的发展方向、运作方式及具体内容进行详细阐释的政策文本。在此基础上，国家相关部门又陆续出台了一系列关于五保供养的规章制度，其中影响最大的是两部《农村五保供养工作条例》。国务院于 1994 年颁布了《农村五保供养工作条例》，作为第一部专门针对五保供养工作的政策性法规，该条例明确规定了五保供养工作的参保对象、保障内容、运作方式及资金来源等；2006 年 1 月国务院常务会议通过新《农村五保供养工作条例》，对 1994 年的条例内容进行了扩充和修订。相较于 1994 年版的《农村五保供养工作条例》（以下简称为前者），2006 年版（以下简称为后者）有了较大的提升与完善。前者指出"五保供养是农村的集体福利事业"①，明确了五保制度的性质，后者则缺乏相应表述；后者相较于前者对五保对象的认定和退出机制更详尽、更规范；从资金来源看，前者指出资金"从村提留或者乡统筹费中列支"，后者明确"农村五保供养资金，在地方人民政府财政预算中安排"。前者明确提及了五保对象的"个人财产，其本人可以继续使用，但是不得自行处分"，其中"不得自行处分"与2007年通过的《物权法》中"所有权人对自己的不动产或者动产，依法享有占有、使用、收益和处分的权利"② 相违背，因此在2006年条例中没有提及，这也体现了我国更加注重法制建设，更加尊重公民的合法权益。

（2）政策评析

农村五保制度属于社会救助范畴，是我国农村特有的产物，而城市则没有对应的救助项目。这一情况与城乡社会经济制度发展不均衡有关：城镇居民大多拥有工作，退休后以退休金保障为主；农村居民以土地保障为主，强调养儿防老。而没有子女的农村老年弱势群体既不能利用土地资源谋生，又无子女赡养，其老年生活将面临困境。1994年条例和2006年条例的不同之处体现在资金来源方面，1994年条例强调村和乡的供款责任，2006年条例明确了五保供养制度的资金由地方政府提供，这一不同改变了以往五保制度的社区互助模式，标志着政府正式承担了五保户的供养责任。

国内学界诸多学者论述农村五保问题大多是从宏观着手，对农村五保制度相关政策文本进行简单罗列分析，进而提出存在问题和解决方略；也有许多学者从微观着手，通过数据资料对农村五保老人的养老需求进行分析，得出要更加关注五保老人精神需求的结论。肖林生③和韩云鹏④则从新制度主义和渐进主义——多源流理论的视角，对我国农村五保制度变迁

---

① 该段引用部分来自《农村五保供养工作条例》1994年版和2006年版。

② 《中华人民共和国物权法》，http://www.gov.cn/flfg/2007-03/19/content_554452.htm，2007年3月19日。

③ 肖林生：《农村五保供养制度变迁研究：制度嵌入性的视角》，《东南学术》2009年第3期。

④ 韩云鹏：《改革开放以来农村五保供养政策变迁的公共政策分析》，《社会保障研究》2014年第5期。

背后的深层原因和历史背景进行详细论述，思路较为新颖。吴连霞①从建设城乡社会保障一体化和节省制度运行成本的角度提出要建立五保制度逐步退出机制。由于新的城乡居民社会养老保障体系已实现制度全覆盖，城乡居民养老保险制度对五保制度养老功能具有一定的替代性；农村最低生活保障制度对五保制度保障基本生活的功能也有一定的替代性；新型农村合作医疗制度和大病救助制度可以部分替代农村五保制度的保医功能；因此，有步骤、分阶段地建立农村五保制度的退出机制具有较强的可行性。

伴随着我国社会经济的快速发展与农村集体经济的逐步衰落，国家应承担起农村五保户的财政供款责任，为农村持续开展五保救助工作提供经济支撑，有利于保障农村老年弱势群体的正常生活。由于农村最低生活保障制度和新型农村社会养老保险制度对农村五保制度具有较强的替代效应，因此国家可以逐步建立农村五保制度的退出机制。

2. 农村居民养老保险制度（老农保制度）

（1）政策概况

改革开放后，尤其是 20 世纪 90 年代以来，农村经济体制改革取得了巨大成就，农民不再被土地这一生产要素所束缚。部分农村剩余劳动力涌入城市就业和生活，一些农民进入乡镇企业工作，一些农民自主创业成为个体工商户。至此，农民群体内部出现了分化，新兴群体不再单纯依靠土地生存，客观上需要将他们纳入社会养老保险制度中来。随着我国社会经济快速发展，城乡差距日益拉大，单纯依靠土地的农民生活水平相对下降，加之养儿防老的观念在农村有所减弱，亟须为农民群体建立相应的社会养老保障制度。

根据"七五"计划（我国要在该时期建立社会保障制度雏形）的要求，民政部 1987 年印发了《关于探索建立农村基层社会保障制度的报告》[民（1987）办字 11 号，1987 年 3 月 14 日]，各地开始对农村养老保险制度进行积极探索。在对农村养老保险试点工作总结的基础上，民政部 1992 年颁布了《县级农村养老保险基本方案（试行）》（以下简称《基本方案》），标志着我国农村养老保险制度在全国范围内确立。该方案分别对指导思想原则、参保对象和领取条件、资金筹集、缴纳和支付标准、

---

① 吴连霞：《"五保"供养制度的退出路径及策略选择》，《经济纵横》2014 年第 8 期。

资金管理、立法、与其他制度的衔接七个方面进行论述。从参保年龄来看，制度规定是 20—60 岁，但最需要养老保险的 60 岁以上的老年群体被排除在制度之外；保险金的筹集"坚持个人缴纳为主，集体补助为辅，国家给予政策扶持的原则"，建立完全积累的个人账户制度，该制度基本上类似于个人储蓄式的商业保险，政府和集体的责任过小，缺乏互济性；制度设置 10 个缴费档次，参保人按月缴纳，但缴费水平较低；制度规定了养老保险费可以实行补缴和预缴，具有一定的创新性；领取养老金保证期为十年，如果未能领完个人账户内的资金，继承人可以依法继承，解除参保人的后顾之忧。

（2）政策评析

由于制度的筹资机制过分强调个人责任，基本上类似于个人储蓄式商业养老保险，制度的激励性明显不足，农民缺乏参保积极性，农村居民养老保险制度的覆盖人群有限。尽管制度设置 10 个缴费档次，但是农民的缴费水平普遍较低，加之资本市场不完善，基金基本上是存入银行或者购买国债，收益率比较低，保值增值困难。完全积累型的个人账户在通货膨胀的经济形势下，尤其是在 1998 年以后银行利率持续走低的背景下，养老保险基金缩水严重，而且当时的农村养老保险经办机构的资金是从基金中按一定比例扣除，这使得农民缴纳的养老保险费用难以满足未来的养老需求。许多学者针对农村养老保险制度运行中存在的问题提出解决对策，如要加强政策宣传，加快养老保险制度的立法进程，完善资本市场使农村社会养老保险基金能够实现保值增值。梁春贤等[1]和秦小红[2]主张要结合我国的国情，根据各地的实际经济发展水平，分步骤推行社会养老保险，对于经济发达的农村地区要积极推进，经济欠发达地区可以逐步推行，切勿一刀切。目前学术界对政府相关责任已达成共识，认为政府在农村养老保险中应该承担立法责任、财政责任以及监督责任。[3] 政府缺位是农村社

---

[1] 梁春贤等：《构建适合我国国情的农村社会养老保险制度》，《经济问题》2004 年第 5 期。

[2] 秦小红：《我国农村社会养老保险存在的问题及完善对策》，《西南大学学报》（社会科学版）2008 年第 2 期。

[3] 米红：《我国新型农村社会养老保险制度推进的若干问题与对策建议》，《中共浙江省委党校学报》2009 第 5 期。

会养老保险制度失效的重要原因，刘万①利用精算模型，得出政府在不造成财政压力的情况下可以给予农村社会养老保险制度补贴的结论。

老农保是我国政府对农村养老保险制度的重要尝试，是建设覆盖城乡社会养老保障体系的重要一步，尽管效用有限，但也为我国政府部门探索新型农村社会养老保险制度提供了宝贵的经验教训。

3. 新型农村养老保险制度（新农保制度）

（1）政策概况

老农保制度覆盖人群有限、农民参保不积极以及网上爆料"中国最牛养老金"②事件背后的老农保制度保障水平极其低下等现实情况，预示着老农保制度的彻底失败。自 1999 年起，国务院开始对农村社会养老保险工作进行清理整顿，指出我国农村尚不具备普遍实行社会保险的条件，要求停止接受新业务，有条件地过渡为商业保险，使得农村社会养老保险事业基本处于停滞状态③。21 世纪伊始，我国江苏省、北京市等多地区开始积极探索新农保制度。在总结地方试点经验的基础上，2009 年 9 月，国务院颁布了《关于开展新型农村养老保险试点的指导意见》（以下简称《意见》），标志着农村养老保险事业进入了一个崭新阶段。在制度的文本中，国家制定了详细的任务目标：2009 年选择全国 10% 的县（市、区、旗）作为试点，进而再逐步推进，在 2020 年前基本实现制度全覆盖。在制度运行中，由于新农保相较于老农保具有制度优越性，国家扶持力度较大等原因，该制度于 2012 年提前 8 年实现了制度全覆盖。

（2）政策评析

《意见》对新农保的基本原则、参保和领取年龄、筹资模式和缴费档次、主管机构和机构经费来源、待遇给付、基金运营和制度可持续性进行了详细论述。与老农保相比，新农保具有如下特点。

在基本原则上，新农保坚持"保基本、广覆盖、有弹性和可持续"；而老农保则以保障老年人基本生活为目的，以个人缴纳为主，集体补助为

---

① 刘万：《农村社会养老保险的财政可行性研究》，《当代财经》2007 年第 12 期。

② 新民网：《中国最牛养老金：每月领 3 元还觉得"奢侈"》，http://news. xinmin. cn/roll-news/2009/08/25/2433134. html，2009 年 8 月 25 日。

③ 刘昌平：《中国新型农村社会养老保险制度研究》，《保险研究》2008 年第 10 期。

辅,国家予以政策扶持,更多强调个人责任。从个人责任为主到国家承担更多补贴责任——这一基本原则转变来看,表明在国家经济实力逐渐增强的同时,党和国家在社会养老保障事业中承担起越来越重要的财政责任,使广大人民群众能够共享社会经济发展新成果。

在参保和领取年龄上,新农保较老农保更加科学。新农保的参保年龄为16—59岁,而老农保的参保年龄则为20—60岁,新农保为参加工作较早的农村居民提供了参保机会。在领取年龄上,老农保的领取对象为60岁以上的参保人群;而新农保在运行初期,采取捆绑保障机制(即60岁以上的农村老人只有在符合参保条件的子女参加新农保后才能领取养老金),由于这一机制受到广泛质疑,因而已被取消。目前,根据国家最新政策规定,农村老年人只要年满60岁,无论其适龄子女是否参保,老年人都能领取养老金,这也意味着政府将承担更多的财政责任。

从筹资模式和缴费档次来看,新农保更加科学合理,更有利于调动农村居民的参保积极性。在筹资模式上,老农保强调个人责任,国家仅给予政策扶持,承担较小的财政责任,采取完全积累性的个人账户模式,与完全积累性的商业养老保险并无二致。新农保基金由三部分构成,包括个人缴费、集体补助和政府补贴,在《意见》中明确中央和地方的政府补贴标准,中央财政对东、中、西三地区采取不同的补贴标准。在缴费档次上,老农保按月缴纳,缴费标准为2元、4元、6元、8元……20元等10个档次;新农保按年征缴,缴费标准为100元、200元……500元5个档次,后来缴费标准做了调整,改为100元、200元……1000元10个缴费档次。

从主管机构及机构经费来源方面看,老农保与新农保也存在很大不同。老农保的主管机构是各级民政部门,而新农保则由各级人力资源和社会保障部门负责。在机构经费来源方面,老农保的经费按规定从农民缴纳的社会养老保险基金中提取,新农保经办机构的经费是国家按一定配额进行财政拨付的。

从待遇给付方面来看,老农保由于采取完全积累型的个人账户模式,在这种模式下由于没有完善的资本市场,基金受通货膨胀影响大,保值增值困难,参保农民领取的养老金有限,出现"中国最牛养老金"的事例也是老农保制度运行的必然结果。新农保则采取社会统筹与个人账户相结合的账户管理模式，在制度文本中明确规定了中央政府和地方政府的补贴标准，因此在新农保制度下参保人能领取较多的养老金。

从基金运营来看，新老农保制度都面临着保值增值的压力。如老农保制度中指出"养老保险基金用于地方建设，原则上不由地方直接用于投资，而是存入银行，地方通过向银行贷款，用于建设"，从表述上看，老农保基金是为地方建设服务，而不是为了使基金保值增值，确保制度的可持续运行。基金是农户的"养命钱"，是属于参保农户的财产。基金建立的目的是为参保农户发放养老保险金，基金不是地方政府财政资金，经办机构只是负责保管，应在确保安全性的前提下实现保值增值。新农保基金实行收支两条线管理，管理层次较高，如"有条件的地方可直接实行省级管理"，在一定程度上有利于形成规模基金，减轻基金下沉、分散管理带来的投资风险。但是鉴于我国的资本市场还不完善，投资渠道有限，新农保基金的保值增值依旧面临挑战。

从制度可持续性来看，由于老农保制度实行完全个人积累制、基金面临贬值风险，制度可持续性较差。新农保制度的社会统筹与个人账户相结合的模式比老农保的个人积累制更具可持续性。但目前新农保参保人大多选择较低的缴费档次，即便国家根据经济发展和物价变动情况对新农保的基础养老金最低标准进行调整（如《2015 年政府工作报告》中已经规定全国新农保的基础养老金从最初每人每月 55 元调至 70 元），但缺乏较好的激励机制促使农民承担更多的养老责任，缺乏有效的投资渠道促使新农保基金保值增值，新农保制度的可持续性问题依旧堪忧。

学术界对新型农村养老保险制度也进行了大量研究，贺蕊玲[1]和王一曼[2]从制度文本出发，对新老农保制度分别进行分析评述。李轩红[3]着重对新农保制度试点成功的原因进行分析，指出新农保之所以成功，一方面是由于农村老龄化加快、家庭养老功能逐渐弱化、城乡人口流动频繁这几个方面共同催生了农民对社会养老保险的需求；另一方面是由于我国经济实力增强，城乡差距拉大，国家的政策开始向农村倾斜，国家在"三农"

[1] 贺蕊玲：《浅析新农保与老农保的区别》，《经济与社会发展》2010 年第 12 期。
[2] 王一曼：《对老农保到新农保的发展脉络梳理及评价》，《商业文化》2011 年第 10 期。
[3] 李轩红：《中国农村养老保险制度变迁的原因分析》，《山东社会科学》2011 年第 3 期。

问题上承担了更多责任。这也为今后制定政策提供了分析框架：政策应符合政策主体的需求，应与当时的经济发展水平相适应。郑文换①从"资源结构转化"的角度解释了我国部分地区新农保和老农保政策并行的原因，为政府部门今后开展试点工作提供启示，即对"配置性资源、权威性资源和组织资源"进行优化组合。

新农保制度是在我国经济高速发展、国家财政实力增强、"三农"问题突出的背景下进行的一项社会保障制度建设，使农民获得了与城市人同等的社会保障权利，是符合我国国情的，也是符合我国社会保障"广覆盖、保基本"的发展方针的。

4. 城镇居民养老保险制度（即城居保）

（1）政策概况

新农保制度自 2009 年试点以来，推广工作进展顺利，人力资源和社会保障部历年《社会发展统计公报》数据显示，截至 2009 年年底，新农保参保人数为 8691 万人，2010 年激增至 10277 万人，新农保制度取得重大成效。在总结新农保成功试点经验的基础上，为切实贯彻社会保障制度"保基本、广覆盖"的基本原则，2011 年 6 月，国务院颁布《关于开展城镇居民社会养老保险试点的指导意见》（以下简称《指导意见》），并于 7 月 1 日正式启动试点工作，并且计划 2012 年基本实现城镇居民养老保险制度全覆盖。《指导意见》的颁布使我国社会养老保险制度全覆盖，是我国统筹推进城乡社会养老保障体系建设的重要一步。

城镇居民养老保险制度方案基本上与新农保制度文本一致，在基金筹集方面两者略有不同。新农保设有 5 个缴费档次，分别为 100—500 元/年；城镇居民养老保险制度设有 10 个缴费档次，分别为 100—1000 元/年。不同的缴费档次符合城乡居民不同的经济承受能力和物价水平差异，也符合我国养老保险试点工作"有弹性"的基本原则。由于农村部分地区仍然存在集体经济，新农保基金由个人缴费、政府补贴和集体补助构成（"有条件的村集体应当对参保人缴费给予补助，补助标准由村委会民主确定"），集体补助可以在一定程度上减轻个人和政府的供款责任和压力；

---

① 郑文换：《资源结构与制度叠加：从老农保到新农保》，《云南民族大学学报》（哲学社会科学版）2015 年第 2 期。

而城镇居民养老保险基金主要由个人缴费和政府补贴构成，基金中没有集体补助，这在客观上需要个人和国家承担更多的缴费与补贴责任。

（2）政策评析

在新农保试点成功的基础上，将城市中未纳入城镇企业职工基本社会保险体系的灵活就业人员、无业人员和其他城市居民纳入城镇居民养老保险制度中来，符合社会养老保险制度"广覆盖、保基本"的基本原则，使城市中的弱势群体享受社会养老保险待遇，共享社会经济发展新成果，是党和国家统筹推进城乡社会保障体系建设工作的重要一步。与此同时，也应注意到城居保制度也存在一些问题，如激励性有待提升，基金保值增值困难等。不同于城镇企业职工基本养老保险制度的强制性参保，城居保是自愿参保，因此制度的激励性显得尤为重要，应坚持多缴多补、长缴多补的激励机制，避免参保群体在选择缴费档次上出现逆向选择的情况，提升制度对年轻参保群体的吸引力。实现基金保值增值是确保积累型养老保险制度可持续运行的前提和基础，城居保、新农保以及城镇企业职工养老保险制度均面临基金保值增值困难这一难题，因此选择合理的投资渠道和有效的基金管理模式是接下来社会养老保险制度工作的重点。

5. 城乡居民养老保险制度（即城乡居保）

（1）政策概况

由于城居保与新农保制度有很大的相似性，且在《国务院关于开展城镇居民社会养老保险试点的指导意见》"相关制度衔接"中有"有条件的地方，城镇居民养老保险制度应与新农保合并实施"的论述，加之城居保制度覆盖人数较少，从节省行政成本、整合行政资源的角度看，也有必要将两个制度归并起来。2014年年初，国务院颁布《关于建立统一的城乡居民基本养老保险制度的意见》（以下简称《意见》），明确提出将新农保和城居保两项制度合并起来。《意见》相较于前两个政策文本有两大不同：一是在基金筹集上，设立每年100元、200元……1000元、1500元、2000元共12个缴费档次，缴费档次增多；二是在政府补贴方面，改变了原有无论缴费多少均按每人每年30元的补贴，增加了对选择500元及以上缴费档次的对象的每人每年不低于60元的补贴力度。这一政策规定更有利于激发城乡居民的参保积极性，提高城乡居民的缴费档次。

（2）政策评析

《意见》的出台，标志着我国社会养老保险制度的"城乡一体化"进程迈出了重要一步，有利于打破城乡二元结构，建立更加公平、更可持续的社会养老保障体系。根据《2015年度人力资源和社会保障事业发展统计公报》的数据可以看出，城乡居民基本养老保险参保人数50472万人，比上年末增加365万人，其中实际领取待遇人数14800万人。我国1/3以上的人口纳入城乡居民养老保险（简称城乡居保）体系，这标志着我国统筹推进城乡社会养老保障体系取得重大成效。然而在制度合并的同时，城乡居保也面临着一系列问题。第一，尽管城乡居保采取与城镇企业职工基本养老保险制度（简称"城职保"）相同的"社会统筹＋个人账户"模式，与"城职保"按月征缴相比，城乡居保缴费总额较低，这也直接决定了城居保与"城职保"的待遇水平存在较大差距。第二，由于城居保的参保群体大多选择较低的缴费档次，可能是出于对政策的观望，也可能是由于制度的激励机制不明显，抑或是"城职保"的"空账"运行资金缺口大对城居保参保者产生负效用，这无疑又加剧了城乡居保与"城职保"待遇水平的差距。第三，城乡居保与其他社会保险项目相同，面临着统筹层次低，基金保值增值困难的现实问题，制度能否可持续有待商榷。结合以上问题，周志凯等[①]认为城乡居保制度中的财政补贴占相当比重，实现城乡居保制度可持续运行要首先明确财政责任，并进一步提出了要明确中央政府和地方政府的财政责任，要明确制度文本中涉及的显性责任和个人面临长寿风险时国家需承担的隐性责任。睢党臣等[②]从政府责任、制度建设和参保居民三个维度给出了解决当前城乡居保制度运行中出现问题的解决对策。政府要履行政策制定责任，设计更具激励性的政策以提高居民的缴费档次；政府要履行财政补贴责任，对财政的各项责任给予明确划分，把财政责任控制在可承担范围内，在保证制度可持续运行的前提下，为参保人提供允诺的足额财政补贴；政府要履行政策宣讲解释的责任，要加强政策宣传，使参保人对制度的可持续性充满信心。

---

① 周志凯等：《论城乡居民基本养老保险制度中的财政责任》，《财政研究》2015年第1期。

② 睢党臣等：《对城乡居民养老保险并轨问题的思考》，《北京社会科学》2014年第7期。

相较于其他社会保险项目，尽管城乡居民养老保险制度面临运行时间较短、保障水平较低、覆盖人群经济实力较差等现实情况，但该制度经历了从无到有，最终整合为统一的城乡居民基本养老保障制度，这使我国社会养老保险制度的"城乡一体化"进程迈出了重要一步，有利于建立更公平的社会养老保险体系，有利于打破城乡二元结构，也是我国实现城乡居民社会养老保险制度公平性的有力佐证，也是实现我国统筹城乡社会养老保险体系的"三步走"的最为基础的第一步。

（二）城镇企业职工养老保险制度①

本部分从新中国成立初期，将城镇企业职工养老保险制度分为四个阶段，从起始初创阶段，到停滞恢复阶段，再到快速及高速发展阶段，城镇企业职工养老保险制度经历了从无到有的过程，逐步实现了从有到职工公平享有的历史变革。

1. 起始与初步发展阶段（1951—1965年）

1951年2月政务院颁布的《中华人民共和国劳动保险条例（草案）》（简称《劳保条例》），是新中国第一部社会保障制度基础性法规，也是我国第一个针对城镇企业职工的社会保险制度。该条例规定保险费由企业全部缴纳（为职工工资总额的3%），个人则不承担缴费责任，劳动保险金由中华全国总工会委托中国人民银行代理保管。该条例还规定了我国城镇企业职工的退休年龄，初步确立了男职员60岁退休和女职员50岁退休的养老金领取制度，并延续至今。经过1953年和1956年两次对该条例草案的修订，扩大了城镇企业职工实施社会养老保险的覆盖范围，国营企业和城镇集体所有制企业纳入覆盖范围，逐步建立起企业职工的社会保险体系，至此形成了典型的与我国当时的计划经济相适应的国家单位保障制。

1957年和1958年国务院先后颁布了《关于工人、职员退休处理的暂行办法》《关于工人、职员退职处理的暂行规定》等法规，这意味着我国

---

① 城镇企业职工是最早纳入社会养老保险体系中的群体，涉及城镇企业职工的养老保险制度较多，因此该部分对政策文本进行分阶段论述。如《关于安置老弱病残干部的暂行办法》，该办法对象既包括机关事业单位职工又包括企业职工，为避免重复，在城镇企业职工养老保险制度部分重点论述。

把城镇企业退休养老作为一项独立的养老保险制度安排，并把国营、公私合营企业、国家机关和事业单位、人民团体的工人、职员的养老退休办法统一起来立法，进而建立了全国统一的退休制度。1964 年我国颁布了《关于轻工业、手工业集体所有制企业职工、社员退休统筹等暂行办法》，规定了集体所有制企业职工的退休条件和待遇标准。

从"三大改造"结束到"文化大革命"开始前这一时期，我国社会养老保险制度的构建取得了一定成效，社会保险覆盖面逐步扩大，公平性也得到进一步增强。但经济发展的不稳定、自然灾害的威胁及"左"倾思想的影响，使该时期内社会养老保险制度的建设遭受创伤。而 20 世纪 60 年代中期针对城镇企业职工的社会保障制度，在维护社会平稳运转、保障职工基本生活方面发挥了积极作用，也与当时计划经济体制相适应。

2. 停滞和恢复阶段（1966—1985 年）

1966—1976 年的"文化大革命"使新中国社会保险事业遭受重大挫折，甚至倒退。财政部于 1969 年颁布《关于国营企业财务工作中几项制度的改革意见（草案）》，主要提出国营企业不再提取养老保险金，企业职工的劳动保险费用由企业营业外列支，导致社会保障的社会属性基本丧失，直接造成"企业办社会"和社会保障"单位化"的结果。全国社会保障成为相互分割的板块结构，给企业带来严重的财务负担。

1978 年 6 月，针对机关事业单位工作人员和企业职工日渐加剧的养老难题，国务院颁布了《关于安置老弱病残干部的暂行办法》和《关于工人退休、退职的暂行办法》，标志着我国退休制度的运行重新步入正轨。随着社会经济体制改革的不断深化，国务院趁热打铁，于 1980 年颁布了《关于老干部离职休养的暂行规定》，开始实行离休制度，以推动退休制度的进一步完善。在社会养老保险方面，1978—1985 年这一时期，除继续落实"文化大革命"前制定的各项政策措施外，对相关制度的整合与修订工作也在逐步推进。尽管该时期我国社会养老保障事业的发展重心是解决历史遗留问题，弥补并修订"文化大革命"期间遭受重创的退休制度，但国家—单位保障制的实质以及以单位为核心的社会保障格局却未发生根本性的转变。

3. 快速发展阶段（1986—2004 年）①

1986 年 4 月的"七五"计划中不仅首次提出了"社会保障"的概念，而且单独设章阐述社会保障制度改革与社会化问题；1990 年"八五"计划明确提出了逐步完善社会保障体系的任务；1992 年党的十四大提出社会养老保障制度目标模式要与社会主义市场经济相适应，计划与市场有紧密关系；1993 年十四届三中全会明确了"建立多层次的社会保障体系"，提出建立中国特色社会主义社会保障制度的基本原则、主要任务和总体目标，为养老保险进一步改革指明了方向，使公平与平等的程度进一步加强。

1991 年 6 月，国务院颁布《关于企业职工养老保险制度改革的决定》，标志着现收现付制的衰落与部分积累制的盛行，养老保险费用开始由国家、单位和个人三方共同承担，推动了企业保险向社会保险的转变，涵盖社会基本养老保险、企业补充养老保险和个人储蓄养老保险的多层次养老保险体系粗具雏形。在此背景下，1993 年十四届三中全会颁布的《关于建立社会主义市场经济体制若干问题的决定》再次重申多层次社会养老保障体系的重要性，并规定由单位和个人共同承担城镇企业职工养老保险的缴费责任，实行"统账结合"的资金运行模式。

为深化企业养老保险制度的改革，国务院于 1995 年开始"统账结合"的试点工作，鼓励企业为职工建立补充养老保险，激励个人参与储蓄型养老保险，进而构建与完善多层次的养老保障体系。在此基础上，国务院于 1997 年颁布了《关于建立统一的企业职工基本保险制度的决定》，针对全国范围内企业职工社会保险制度不统一的情况，在全国范围内实行统一的制度安排，主要包括缴费比例、运行模式、计发办法、待遇标准以及管理措施的统一，这标志着全国统一的企业职工社会养老保险制度的基本轮廓初步形成，改革的步伐日渐加速。1998 年国务院颁布相关通知，根据提高基金统筹层次的要求，将企业职工基本养老保险制度提升至省级

---

① 我国社会养老保险制度改革是从 20 世纪 80 年代中期开始的，并逐步向国家—单位保障制转化。虽然学界对于其改革的起始标志与进程说法不一，诸多学者认为社会养老保险改革应从 1978 年开始或者与经济改革同步。事实上，经济、政治、社会环境的变革仅是构成社会养老保险制度的重要因素，但不可能是其标志，因为社会养老保险制度的重大变革必须以其相关政策变革为标志。

统筹，并将之前由各行业自主管理的养老保险移交至地方，实行属地管理。该通知改变了社会保险制度管理纵横交错的局面，理顺了社会保险各管理主体间的关系，有利于增强社会保险基金监管的有效性。2000 年年末，国务院为推进城镇社会保障体系的完善，决定以辽宁省为试点开始做实个人账户，并于 2004 年将做实个人账户的试点扩大至东三省。

尽管在该阶段我国社会保障制度改革随着市场经济改革的步伐而加快，它体现了为市场经济改革服务、以养老保险改革为重点的特色。在此阶段，城镇企业职工养老保险制度在社会保障理念的指导下逐渐发展完善：从现收现付制向社会统筹与个人账户相结合的部分积累制转变，从国家—单位保障制向多层次养老保障体系转变，从为市场经济发展服务向为构建全面的社会保障体系服务。

4. 高速发展阶段（2005 年至今）

2005 年颁布的《关于完善企业职工基本养老保险制度的决定》，主要是在企业职工养老保险的参保范围、缴费比例、养老金统筹、待遇调整等方面做出相关修订。其中，在参保范围方面，将更多民众诸如个体工商户及灵活就业者等纳入到制度的保障范围，拓宽了养老金筹资渠道；在缴费比例方面，个人账户缴费比例下降了 3 个百分点，从原来的 11% 变为8%，由个人全部缴纳并逐步做实；在基金统筹方面，提高养老金的统筹层次，逐步实现省级统筹，以促进劳动力合理流动；在待遇调整方面，针对参保对象建立科学化的待遇确定与调整机制，并根据职工工资和物价变动情况适度调整。至此，城镇企业职工养老保险制度不仅将城镇就业人口全部纳入，而且统一的费基、费率及计发办法也为养老金统筹层次的提高创造了条件。

2007 年颁布《关于推进企业职工基本养老保险省级统筹有关问题的通知》，对基本养老保险的省级统筹做出了明确规定，并制定了"六统一标准"，即养老保险制度和政策的统一、缴费基数和缴费比例的统一、计发办法和统筹项目的统一、基金调度和使用的统一、基金编制和预算的统一以及基金经办规程和管理的统一。这六大标准涵盖了从宏观政策到微观执行等诸多方面，相对而言较为完善，为今后将养老金统筹层次提高至全国奠定了坚实的基础。以此为契机，国务院于 2010 年颁布实施《城镇企业职工基本养老保险关系转移接续暂行办法》，采取一系列措施逐步完善养老保险制度，架起了各养老保险制度间的桥梁，统筹城乡社会养老保障体系的构建也由此进入关键期。

2011年7月1日起实施的《中华人民共和国社会保险法》是我国第一部社会保险法律，是社会保障制度建设的一个重要里程碑。其中该法的"基本养老保险"部分对养老保险的覆盖范围、缴费标准、统筹层次、待遇发放及转移接续等一系列问题做了统一的规定，标志着养老保险制度以法律的形式在我国正式确立。

随着城镇企业职工养老保险制度逐步完善，制度覆盖范围逐渐扩大，基金积累逐年增多，资本市场逐年完善，2015年8月，国务院颁布了《基本养老保险基金投资管理办法》，办法的出台彻底改变了我国的基本养老保险基金存银行买国债的低投资方式的现状，标志着我国基本养老保险基金正式进入资本市场，基金保值增值的目标有望实现。

在人口老龄化日益加重和国家整体经济增速放缓的背景下，国务院和人社部门在现有制度框架下，逐步对养老保险制度进行参数改革，如：延长退休年龄和降低社会保险费率等。这一阶段城镇企业职工基本养老保险制度不断完善，制度覆盖人群增多，基金统筹层次得以提升，投资方式更加多样化，制度朝着更加公平更可持续迈进。

（三）机关事业单位养老保险制度

目前，我国机关事业单位近4000万职工（含已离休、退休），机关事业单位职工多从事科学、教育、文化等重要行业。因此，完善机关事业单位养老保险制度是统筹推进社会养老保障体系的重要一步。

鉴于1951年颁布的劳动保险条例将国家机关公务员、事业单位职工被排除在覆盖范围之外，国务院于1955年专门针对国家机关工作人员制定了《国家机关工作人员退休处理暂行办法》和《国家机关工作人员退职处理暂行办法》，以此为契机推动社会养老保险制度立法工作的不断完善。上述办法对原有的退休金发放方式进行了适度调整，从一次性发放逐步过渡为按月发放，并将退休金待遇水平与工作年限相挂钩。改革后的国家机关养老保险明确规定了养老金的支付条件及待遇标准，推动了我国社会养老保险制度的日趋完善。

1957年和1958年国务院先后颁布了《关于工人、职员退休处理的暂行办法》《关于工人、职员退职处理的暂行规定》等法规，将机关事业单位及企业的养老退休办法统一立法，由此建立了全国统一的退休制度。

"文化大革命"时期，我国社会保障事业的发展遭受重创，职工社会保险制度逐步转变为单位保险制度，机关事业单位养老保险制度的发展也进入了停滞期。

"文化大革命"结束后，为弥补"文化大革命"期间养老保险制度发展的缺失，国务院颁布了《关于安置老弱病残干部的暂行办法》和《关于工人退休、退职的暂行办法》，将干部和工人的退休办法分开拟定，表明机关事业单位和城镇企业职工养老保险制度分开运行。

20世纪90年代后，伴随着经济的转轨与社会的转型，政府着手采取一系列措施，对事业单位养老保险制度进行改革。1992年，人事部颁布《关于机关事业单位养老保险制度改革有关问题的通知》，为机关事业单位工作人员的养老保险制度改革指明了方向，并制定了一系列具体的改革措施。在此背景下，部分试点地区的事业单位进行了缴费型的养老保险制度改革，各地区制度有较大差异。

2008年国务院颁布的《事业单位工作人员养老保险制度改革试点方案》，将广东、上海等五地作为与事业单位分类改革配套的养老保险制度改革的试点地区。但20世纪90年代和2008年的事业单位养老保险制度改革均未成功推广，究其原因主要在于：一是将事业单位改革先行，而非机关事业单位同步推进；二是改革直接降低了参保人的养老金待遇，未建立起多支柱的养老保障体系。

2015年1月，国务院颁布《国务院关于机关事业单位工作人员养老保险制度改革的决定》，要求以城镇职工养老保险制度为参照标准，对机关事业单位养老保险制度进行改革，并大力推动职业年金制度的构建与完善。

机关事业单位养老保险制度与城镇企业职工养老保险制度历经数次分离与合并，于2015年再次实现统一，彻底破解了城镇职工养老保险制度不统一的难题，初步实现了我国统筹城乡社会养老保险制度的第二步，也是最为艰巨而关键的一步，实现了城镇职工社会养老保险制度的公平性。

（四）其他社会养老保障制度

1. 独生子女和双女户养老保险补贴制度

（1）政策概况

我国 1966 年开始实施"计划生育"国策，2001 年通过《中华人民共和国人口与计划生育法》，该法第四章"奖励与社会保障"部分指出国家对实行计划生育的家庭给予奖励，随后各省相继出台了地方性的人口与计划生育条例，对具体的奖励政策予以细化。在《中华人民共和国人口与计划生育法》的法律框架下，各省市都进行积极探索，制定适合本地区（尤其是农村地区）的奖励扶助计划，由于东、中、西三部分经济发展水平不同，奖励扶助资金西部试点地区中央和地方出资比例分别为 80% 和 20%，中部试点地区中央与地方的出资比例均为 50%。2004 年 2 月，人口计生委和财政部联合下发了《关于开展对农村部分计划生育家庭实行奖励扶助制度试点工作的意见》（以下简称《意见》），《意见》指出符合计划生育条件（只生育 1 个孩子或 2 个女孩）的农村计生家庭夫妇年满 60 岁后，可领取不低于 600 元/人/年的奖励扶助金直至死亡。所需资金由中央和地方财政确定合理比例共同负担，纳入专项资金预算。该《意见》在中西部地区先行试点，鼓励东部地区自行试点，最后在全国展开。广东、陕西、湖南等地逐步改革完善本地城镇独生子女父母年老奖励政策，实行一次性退休奖励和加发退休金的一定比例，如湖南省城镇独生子女父母退休后每人奖 5000 元。[①]

我国农村实行新农保制度后，2009 年 12 月国家计生委、人力资源和社会保障部与财政部联合下发了《关于做好新型农村社会养老保险制度与人口和计划生育政策衔接的通知》，指出应及时推动将农村计划生育家庭养老保险融入新农保中，做好制度衔接工作，各地结合地方实际情况，制定出一系列各具特色的制度，大致分为两类，一类是山东、山西和新疆三省（区）对计划生育家庭进行基础养老金补贴，另一类是安徽、河南、

---

① 湖南省人民政府网站：《湖南新举措：城镇独生子女父母退休后每人奖五千》，http://www.gov.cn/gzdt/2009-11/12/content_1462542.htm，2009 年 11 月 12 日。

宁夏、福建、新疆5省（区）对计生户的特殊缴费补贴政策。①

（2）政策评析

在我国的城乡社会救助制度和城乡社会保险制度已基本实现了全覆盖的背景下，农村独生子女和双女户父母的年老奖励应与城乡居保制度有机结合起来，使拥护国家计划生育政策的夫妻在老年时期能获得较高的养老保障。单独"二孩"政策，尤其是2016年全面放开二孩政策标志着我国的人口政策发生了重大转折，如何妥善解决传统计划生育家庭，尤其是特殊计划生育家庭的养老问题，成为下一步工作的重点。应坚持"老人老办法，新人新办法"。在我国人口政策转变之前的计划生育家庭应继续享有此项救助或奖励，并做到待遇及时调整，保证这一群体能够老有所养，分享经济发展新成果。随着该制度覆盖人群逐年减少，也应建立起该制度的逐步退出机制或与其他制度有效衔接。对于在新的生育政策下，自愿生育一个孩子的家庭不再进行相关救助或奖励。

2. 老（高）龄补贴制度

（1）政策概况

老龄补贴属于一种社会福利制度，在我国发展尚不成熟，多是地方政府行为，在全国层面尚未出台统一的规定。该制度可追溯的全国性政策文本是2012年修订的《中华人民共和国老年人权益保障法》的第三章"社会保障"部分，文本提出"国家鼓励地方建立八十周岁以上低收入老年人高龄津贴制度"。民政部积极推进高龄老龄津贴制度覆盖，预计2013年年底80周岁以上的老人津贴和生活困难老人养老服务补贴将实现基本覆盖。在实践层面，宁夏于2009年建立了省级统筹的高龄老人津贴制度，成为我国最早建立高龄津贴制度的省区。北京、天津、河北、山西等26个省份于2016年已出台高龄津贴政策，吉林、上海等20个省份已出台了针对失能半失能困难老年人的养老服务补贴制度，17个省份出台了护理补贴制度。② 上海市将从2016年"五一"起发放老

---

① 人力资源和社会保障部官网：《各地新农保试点主要做法集锦（一）》，http：//www.mohrss.gov.cn/ncshbxs/NCSHBXSgongzuodongtai/201201/t20120109_83895.html，2012年1月9日。

② 中央政府门户网站：《图表：民政部：我国已有26个省份出台高龄津贴政策》，http：//www.gov.cn/xinwen/2016-08/23/content_510168.htm，2016年8月23日。

年综合津贴，对象是满 65 周岁的上海户籍老人，津贴标准是每人每月不低于 75 元。①

（2）政策评析

各地不同的老（高）龄津贴制度是一项主要由地方政府提供的老年人福利政策，而中央政府在老龄津贴方面的政策大多是指导性的。在学界，朱火云等②通过建立计量模型，论证了我国以 65 岁为最低老龄津贴领取年龄，农村和城市大约为每月 200 元和 400 多元的发放标准，每年以 6% 的速度增长，在较长时期内我国的财政是可承受的，并且是可持续的。而邓大松等③通过测算，则认为我国应坚持适度普惠性的老年津贴制度，在测算时间内，国家只需要投入不到财政收入比重的 1% 即可为 80 岁以上的老年人口提供津贴；而把 60 岁以上的老年群体全部纳入到老龄津贴范围内，所需投入资金较多，会对财政造成一定的压力。根据我国各省市出台的老龄补贴制度，何文炯等④从政策目标角度将之分为三类：一类是以宁夏为代表的以保障高龄老人基本生活为目标；一类是以深圳市为代表的以为老年人提供服务为目标；一类是以北京、江苏等为代表的以提高老年人生活质量共享社会发展新成果为目标。

在老（高）龄津（补）贴政策议题上，随着我国经济实力的增强，政府应负担起相应的财政供款补贴责任，逐步完善我国的老龄津贴制度。鉴于我国省市各自出台当地的老（高）龄津（补）贴制度，各地的政策定位、政策目标不统一，中央政府职能部门有必要制定发行统一的老（高）龄津（补）贴的政策文本，对老龄津贴的中央和地方财政责任进行界定，对老龄津贴的覆盖人群予以认定，使老年人真正实现"老有所养、老有所依"，使老年人共享社会发展新成果。

---

① 中央政府门户网站：《上海市将从 2016 年"五一"起发放老年综合津贴》，http：//www. gov. cn/xinwen/2016－04/06/content_ 5061719. htm，2016 年 4 月 6 日。

② 朱火云等：《基础普惠：我国高龄津贴制度的构想》，《社会保障研究》2015 年第 1 期。

③ 邓大松等：《"高龄津贴"制度探析与我国普惠型福利模式的选择》，《东北大学学报》（社会科学版）2011 年第 3 期。

④ 何文炯等：《高龄津贴：制度定位与财务可行性》，《学术研究》2012 年第 7 期。

二 统筹推进城乡社会养老保障
体系建设的理论依据

对任何一个问题的研究，一般均是依据一定的理论为研究基础的。统筹推进城乡社会保障体系建设问题事关中国特色社会主义道路发展大局的关键环节，它主要的理论来源于社会公平理论、公共物品理论、城乡一体化理论和差序平等理论。

（一）社会公平理论

1. 理论阐释

公平正义自古以来都是人类社会所追求的一种美好愿景，是众多仁人志士终生奋斗的目标，同时也是衡量一个社会文明进步程度的标尺。从古至今，无论是在东方还是在西方，人们都在追求一个没有剥削和压迫、人人自由平等的社会。儒家推崇的"大同社会"，陶渊明描绘的"世外桃源"，柏拉图提倡的"理想国"，托马斯·莫尔追求的"乌托邦"等，无一例外都是对社会公平的向往与追求。不难发现，公平已经成为人类社会一个经久不衰的话题。

在西方社会中，公平和正义的含义大致趋同，在英语中都会被翻译为justice。作为美国著名的哲学家和伦理学家，罗尔斯把公平和正义视作一个社会稳定发展的基石。恩格斯对社会公平也给出了这样的解释："一切人，或至少是一个国家的一切公民，或一个社会的一切成员，都应当有平等的政治地位和社会地位。"[①] 在中国，公平一词既会被理解为公平，也会被理解为平等。单从字面意义上理解，公平和平等均体现出一个事物和另一个事物是相等的，这种相等既有质上的相等，也存在量上的一致。

社会公平理论从社会学角度可界定为利益关系的范畴，是权力和利益在社会各个领域内社会成员间的均衡配置。[②] 但是，社会公平实质上是一

---

① 《马克思恩格斯选集》第 3 卷，人民出版社 2012 年版，第 422 页。
② 龚文君、周健宇：《社会保障核心价值理念再思考——基于社会学视角的社会公平理论分析》，《当代经济管理》2012 年第 6 期。

个相对的概念，世界上并不存在绝对意义上的公平，具体来说，社会公平可分为起点公平、过程公平和结果公平三个层次。起点公平，既可以说是权利公平，也可以理解为机会公平，是指有相同利益诉求的社会成员应当得到公平的对待，需要一视同仁地为他们提供相同的发展机会；过程公平，即规则公平，是指社会成员在社会生产和生活的过程中必须遵循既定的、符合社会公平价值观的规则，在规则面前所有人无论贫富贵贱均是平等的；结果公平，是指社会成员在参与社会生产和生活的过程中应当公平地享有与其付出相对应的待遇或者权益，结果的公平是最终衡量公平与否的重要指标。结果公平可以分为结果的绝对公平和结果的相对公平两种情况。结果的绝对公平在我国可体现为计划经济时期的"大锅饭"，其实质是一种绝对的平均主义；而结果的相对公平则允许一定差距的存在，只要这个差距在合理的范围内，并且符合社会公正的要求。虽然结果公平是社会公平的最终体现，但是它却植根于起点公平与过程公平之中，三者相辅相成，共同推动社会公平的实现。

2. 社会公平理论与城乡社会养老保障体系的建设

人人自由而全面地发展是人类社会发展进步的根本目标，体现为人人都应公平地享有发展所带来的权益。当前我国正处于政治经济体制改革的"深水区"，经济转轨和社会转型在推动我国社会经济快速发展的同时，也给国民的社会生活带来了许多新压力和新风险。面对贫富差距逐步拉大、老龄化趋势日益严峻等诸多社会问题，中国亟须建立和完善现有的社会保障体系，以保障国民的基本生活水平，促进社会的稳定与和谐。

社会保障是保障人民生活水平、优化社会资源配置的一项重要制度安排，其建设和发展必须要将公平视为根本要义，而养老保障作为社会保障的核心组成部分，更应把社会公平放到头等重要的位置。但是，受经济发展不平衡、资源配置不合理、政策制度的倾斜等因素影响，城乡居民、城镇企业职工和机关事业单位工作人员在养老金待遇水平、缴费负担和权益实现等方面存在较大的差距，无法得到平等对待，这些都有损社会公平的实现。因此，在社会养老保障体系城乡统筹的过程中，应将全体社会成员纳入保障范围中，使他们能获得平等的保障机会，公平地享有养老保障的相关权益，并加强相关基础设施的建设，使每一个社会成员都能够老有所养、老有所乐，体现出起点的公平。同时，在践行各项社会养老保障制度安排时要做到不偏不倚，对所有社会成员一视同仁，既不能让某类社会成员拥有特权，也不能让某类社会成员排除在制度之外，使城乡居民在步入老年后都能公平地获得相应的生活保障，体现过程的公平性。最后，应当逐步加强养老保障制度建设，建立起具有中国特色的、多层次的社会养老保障体系，努力提高养老保险待遇水平，缩小各群体间的待遇差距，满足城乡居民多元化的养老保障需求，最终实现结果的公平。

"现代社会保障制度不再是传统的恩赐式慈善事业，也不是以契约为基础，而是建立在社会发展进步和社会公平的基础上，是基于人们对平等、幸福、和谐生活追求和保障全体国民共享经济发展成果的正义举措。"[1] 养老保障制度作为我国社会保障制度的核心组成部分，既天然地具备社会公平的属性，也不断地推动着社会正义的实现。因此，在统筹推进城乡社会养老保障体系建设的过程中，应时刻把社会公平和正义放在首要位置，即养老保障制度不仅仅是社会公平正义和公民合法权益的保障机制，更是一种实现机制为价值导向，围绕起点公平、过程公平和结果公平不断完善相关的制度和体系，使全体社会成员都能公平地惠及国家和社会在养老方面所提供的保障，满足城乡居民"老有所养"的愿望，真正地实现社会公平与公正。

（二）城乡一体化理论

1. 理论阐释

城乡一体化思想最早起源于 16 世纪欧洲文艺复兴时期，以托马斯·莫尔、罗伯特·欧文、夏尔·傅立叶和克劳德·昂立·圣西门为代表的空想社会主义倡导者提出了城市和乡村协调发展的主张，他们认为可以通过推动城乡一体化发展创造出一个理想的社会形态，进而解决当时所面临的诸多社会经济问题。直到 19 世纪中期，城乡一体化思想才成为西方国家社会经济发展的主流思想，而学界对这方面的研究也愈加深入，其中最具代表性的观点是由英国社会活动家埃比尼泽·霍华德所提出的"田园城市"理论。1989 年，霍华德在其代表作《明日，一条通向真正改革的和平道路》中指出城市拥有吸引人的魔力，会使人口逐渐聚集到一起去生

---

① 郑功成：《农民工权益与社会保障》，《党政干部论坛》2002 年第 8 期。

产和生活，因此，应当建立起一座理想城市，这座城市既拥有城市的便利，也具备农村的优点，他称之为"田园城市"，实质上就是城市和乡村的有机结合体。

在我国，城乡一体化理论最早是针对城乡二元社会结构提出并作为其对立物而存在，其实施过程实际上也就是城乡二元社会结构逐步解体的过程。它涉及政治、经济、文化、社会和生态环境等多个领域，目的是打破阻碍城乡共同发展的壁垒，实现劳动力和生产要素的自由流动与优化配置，建立健全城乡之间政治、经济、社会运行等方面的融合机制，促进工业与农业、城市与乡村、城镇居民与农村居民形成一个有机整体，消除城乡经济协调发展的障碍，使城乡能在政策上平等、在发展上互补，最终实现城市和乡村在各领域的全面、协调、可持续发展。城乡一体化是一项重大而又深刻的社会变革，它不仅是观念上的革新，更是政策上的进步；不仅是增长方式的转变，更是利益关系的调整；不仅是体制机制的创新，更是领导方式和工作方法的改进。①

现阶段，城乡一体化在我国被赋予了新的内涵，它要求要妥善解决城市和乡村在社会经济发展过程中的各种社会问题，为城乡居民提供同等的发展机会；对城乡布局规划、政策措施和收入分配进行调整，促进劳动力等各种资源要素在城乡间的自由流动和优化配置；加强乡村对城市的推动和城市对乡村的引导，改变城乡割据发展的现状，协调城乡利益，缩小城乡差距，使城市和乡村能共享现代文明进步的成果，实现城乡二元社会结构向城乡一体化的过渡，推动城乡政治、经济、社会、文化与环境的和谐发展。

2. 城乡一体化理论与城乡社会养老保障体系的建设

破除城乡二元社会结构，实现城乡一体化发展是我国建设社会主义和谐社会的重要组成部分，是未来社会经济发展的必由之路。鉴于此，政府和社会应当着力构建均等化的社会公共服务体系，逐步缩小城乡经济发展差距，促进城乡一体化发展，而构建城乡一体化的社会养老保障体系则成为推动城乡基本公共服务均等化发展的重要手段。我国农村养老保障制度

---

① 崔西伟：《城乡一体化的理论探索与实证研究——以成都市为例》，西安财经政法大学，硕士学位论文，2007 年。

的发展现状与以构建和谐社会为目标的社会主义新农村的建设要求相比，尚存在较大的差距，若想进一步缩小此差距，需积极构建城乡一体化的养老保障体系。城乡一体化的社会养老保障体系将社会养老保障资源在城市和农村进行统一规划和配置，使城镇居民和农村居民能共享社会公共养老服务，有利于逐步缓解城乡收入分配不公等问题，促进劳动力在城乡和地区间的合理流动，实现城乡的一体化发展。简言之，要实现城乡统筹发展，就必须不断建立和完善符合社会经济发展水平的"城乡一体、覆盖全民、自由流动、保障基本"① 的社会养老保障体系。

社会养老保障体系包含了两个最基本的理念，一个是生存权，另一个是社会公平，这两者的理念和所包含范围有一定的区别。生存权体现为社会养老保障的普遍性和全面性，无论公民居住在农村还是城市，无论他们的性别、年龄、职业、信仰有何不同，只要符合相关法律的规定，他们都有权平等地享有社会养老保障所带来的权益。另外，社会养老保障是国家通过干预国民收入的初次分配和再次分配实现社会公平的制度，尽管其在不同的地区有着高低不同的水平，但是最终目的都是保障全体国民的基本生活水平。

毋庸置疑，农村老年人和城镇老年人一样，都是社会主义大家庭的重要成员，政府和社会有责任也有义务去保障其基本生活水平，使其能够体面地安度晚年。但相比之下，农村老年人的经济状况却远低于城镇老年人，他们没有固定的养老收入，所面临的风险和压力要高于城镇老年人，理应得到国家和社会更多的支持和帮助。但当前我国社会养老保障体系仍呈现出碎片化运行、制度体系残缺、地区割据发展的典型特性，无法满足社会日益庞大的养老需求，无法抵御人口老龄化对社会经济所带来的冲击。要想真正地构建起符合国情的养老"安全网"，就不能对城乡居民差别对待，必须在城乡一体化理论的指导和推动下，加强顶层设计和统筹规划，建立起覆盖全体社会成员的城乡一体化的社会养老保障体系，提高制度间的衔接性，解决好参保主体的转换、缴费义务的转换、保险待遇的转换等问题，使每一个国民的养老权益能够得到切实保障，实现社会养老保

---

① 张园：《城乡一体化社会养老保险发展阶段及实现路径研究》，《西北人口》2013 年第 4 期。

障制度城乡一体化的终极目标，促进城乡社会政治、经济和文化等方面的
全面、协调、可持续发展。

（三）公共物品理论

1. 理论阐释

公共物品是指与私人物品相对应的，具有非排他性、非竞争性和不可
分割性的物品。"公共物品"一词最早是由瑞典著名经济学家埃里克·罗
伯特·林达尔于 1919 年在《公平税收》一文中正式提出，随之产生的
"林达尔均衡"则成为公共物品理论最早的成果之一。1954 年，美国著名
经济学家保罗·萨缪尔森对公共物品作出了更加专业的解释，他认为公共
物品是这样一种物品，即"每一个人对这种物品的消费并不会减少其他
任何人对这种物品的消费"，换言之，每个社会成员对这种物品数量和质
量的消费都会是相等的。这一描述一经提出便获得大多数学者的普遍认
同，并成为公共经济学中对公共物品的经典阐释。作为新政治经济学的一
项基本理论主张，公共物品理论对于如何调节政府与市场的关系、转变政
府职能、平衡财政收支具有一定的指导意义，并随着不断的丰富和积淀，
逐步成为公共经济学中重要的基础性理论之一。

从对公共物品的阐释中不难发现，想要判断一个物品能否成为公共物
品，就必须鉴别该物品是否具备以下三方面的特征，即非排他性、非竞争
性和不可分割性。正是这三方面显著的特征，使公共物品区别于私人物
品，反映出社会的公共需求，代表着社会的公共利益。[①] 在我国，绝大多
数研究者均是按照这三方面的特征对公共物品进行界定和划分，故笔者也
将以此对公共物品进行如下分类。

第一，从消费方面来看，根据对非竞争性和非排他性的满足条件，公
共物品可分为纯公共物品和准公共物品两大类。纯公共物品是指向全体社
会成员提供的具有非排他性与非竞争性的，且任何人对它的消费都不会影
响其他人对其进行同样消费的物品或者劳务，其边际成本始终为零；准公
共物品则是指具有有限的非竞争性和有限的非排他性的公共物品，它介于
公共物品和私人物品之间，在供给方面具有公共物品的特征，在消费方面

---

① 庞绍堂：《公共物品论——概念的解析延拓》，《公共管理高层论坛》2007 年第 1 期。

却具有私人物品的特点。

第二，从形态方面来看，公共物品可分为有形公共物品和无形公共物品。有形公共物品是指现实存在的、能看得见摸得着的公共物品；无形公共物品则是区别于有形公共物品，无固定形态且不易察觉到的一种公共物品。

第三，从用途方面来看，公共物品可分为生产型公共物品和消费型公共物品。消费型公共物品是指由生产者或提供者生产或提供并直接进入流通渠道供特定区域内的消费者共同使用或消费的公共物品；而生产型公共物品则是特定区域内的一组生产商共享的生产性要素，如天气预报等。

2. 公共物品理论与城乡社会养老保障体系的建设

根据上述分析不难发现，作为社会养老保障体系的核心组成部分，社会养老保险属于一种无形的消费型准公共物品。首先，社会养老保障是为所有达到国家相关法律规定的年限或因年老丧失劳动能力而无固定收入、无法维持基本生活水平的社会成员提供的，但是这种制度安排将没有达到法律规定年龄的社会成员和那些没有或者拒绝投保而想"搭便车"的人排除在受保范围之外，在制度设计上具有明显的排他性。其次，社会成员只要达到法律规定的年龄并符合参保条件，就可以缴纳费用参与社会养老保险，享受社会养老保险带来的收益，此外，即使参与社会养老保险的人数有所增加，也不会影响其他参保者的收益水平。因此，社会养老保险具有明显的非竞争性。基于社会养老保险排他性和非竞争性的特点，可将其视作一种准公共物品。

既然社会养老保险作为一种准公共物品向广大社会成员提供服务，那么其在运作的过程中无法避免地会出现因逆向选择与道德风险等问题而造成的市场失灵的情况，其供给就无法通过市场来实现，而政府作为公共机构的代表，必须扮演"公益人"的角色，为社会成员提供相关的养老服务，这就导致政府对社会养老保险的干预和管理成为必然。同时，社会养老保险具有明显的"互济性"，它的目的是从劳动者手中募集资金以保障退休者的基本生活水平，但如果参保人数过少的话，筹集的资金也会相对减少，无法满足退休者的基本需求，社会养老保险的存在也会变得没有意义，必须通过政府的力量强制全体符合规定条件的社会成员参与社会养老保险，缴纳社会养老保险金，从而保证该项制度长期稳定地运行。此外，社会养老保险从全体社会成员中筹集资金以保障老年人的基本生活需求，具有明显的收入再分配的性质，是低收入阶层养老的主要方式，而高收入阶层通常情况下会选择保障水平比较高的商业保险。因此，为了保证养老保险金的合理筹集，达到以富济贫的目的，就必须通过国家的强制力去干预。

在我国的广大农村地区，受地理位置、风俗习惯、政治经济、历史传统等因素的影响，农村居民的经济实力和低于各种风险的能力要远低于城市居民。此时，建立完善的社会养老保障体系不失为一个有效的解决对策，它能够有效地减轻农村居民的生活负担，提高其福利水平和生活质量，并能够在一定程度上缩小城乡差距，营造和谐、公平的社会环境。在社会养老保障体系城乡统筹进程中，公共物品理论发挥着重要的引导作用，它明确了政府在其中充当的主导力量，这也是由政府公共管理和社会服务的职能所决定的。政府作为行使公共权力、配置公共资源的主体，应基于城乡养老保障发展不均衡的现状，通过提供政策支持与资金援助，以综合性、系统性、全面性的发展视角，合理协调各组成部分，动态地调整城乡间养老保障的发展差距，既不能搞城乡养老保障制度供给的整齐划一与平均主义，也不能一味地为实现农村地区的迅速赶超而政策偏袒并忽视效率，而是要从适度普惠、差异适中、制度整合、体系优化等几个方面均衡城乡间社会养老保障的制度供给，从而最大限度地满足全体社会成员的养老诉求，实现我国社会养老保障制度在城乡间更加公平、更可持续地发展。

（四）差序平等理论[①]

1. 理论阐释

"差序平等"是指人们在社会生活实践中，采取有差别的、有秩序的方式实现社会主义平等的措施。事物之间有差异就有矛盾，有矛盾就需要和谐，和谐就需要平等，而差序平等是切实可行的平等理念。平等是依靠差序平等，按照事物之间的差异性、秩序性来逐步实现其理想目标的。只有在平等与差序之间保持一种合理的张力——差序平等，才能逐步实现社会的公平正义。

---

① 凌文豪：《差序平等：中国社会保障新理念》，《社会保障研究》（北京）2011 年第 2 期。

起点平等是差序平等的首要诉求。社会平等要求起点平等，虽然差序平等和其一样也首先表现为起点平等，但是不是一味地追求抽象的、绝对的结果平等。实践证明，绝对的结果平等走向极端就会陷入平均主义的困境。起点平等即"权利平等"，也可称之为机会平等。它是"每一个社会成员都能够完全自由地发展和发挥他的全部力量和才能"①的理想目标，是古典自由主义所坚持的理论主张。"起点平等要求尊重、保护和实现每个人享有的生命权、健康权和受教育权。"②当然，起点平等的目的不是反对竞争，只是想尽量给竞争者创造一个公平的环境。因此，起点平等是差序平等的首要诉求。

实现结果平等是差序平等的目的。差序平等和公平正义、平等原则并不矛盾，它不是要摒弃公平正义和平等原则，而是社会主义社会实现公平正义和社会平等的战略选择。一方面，强调起点平等是由于中国现阶段正处于社会主义初级阶段，生产力水平还未达到实现社会平等的物质条件，必须通过社会主义市场经济创造更多的社会财富；另一方面，起点平等并不必然会自动实现社会平等。因此，强调结果平等不仅能弘扬社会主义的基本理念，防止社会主义改革过程中的不公现象，而且可以更好地保护弱势群体的利益，调节在市场竞争中造成的两极分化现象，解决收入分配不公等社会问题，努力实现社会分配的合理化。这种合理化并不能看成结果平等，但它却体现了最终结果平等的阶段性要求，符合社会主义社会的现实要求和最终目的。

平等的实现是一个差序的过程，差序平等是一个从起点到终点的渐进过程，是有计划、有步骤地推进社会保障事业发展、实现社会平等理念的过程。因此，差序平等允许过程中的不平等以及暂时的不平等，在社会保障事业的发展上则体现为尊重其轻重缓急的层次性以及对近期和远期目标的统筹兼顾。

2. 差序平等理论与城乡社会养老保障体系的建设

理念是制度的灵魂，构建与完善具有中国特色的社会保障制度，统筹

----

① 《马克思恩格斯选集》第 1 卷，人民出版社 2012 年版，第 216 页。
② 周光辉、殷冬水：《起点公平：超越自然选择的生存逻辑》，《学习与探索》2007 年第 1 期。

推进城乡社会养老保障体系建设自然离不开正确理念的指导。景天魁[1]认为，"目前中国社会保障研究中最缺乏的是理念"。综观国内专家和学者对养老保障的研究，均过分注重于社会公平正义的实现，往往忽略了社会公正虽然是人类不懈的追求目标，但这仅仅是个理想，它的真正实现需要依靠新的平等理念，即差序平等来体现。

当前我国着力推动新农保和城居保并轨，建立和完善城乡居民社会养老保险制度，旨在保障农村居民在养老保险方面能够享有和城镇居民同等的权益，这是国家与政府的责任和担当。虽然城乡居民社会养老保险在制度层面上已经实现了统一，但是与城市相比，农村的经济发展水平较低，农村居民的可支配收入相对较少，加之农民作为小生产者，受价值观、教育程度等方面的影响，会较多地考虑当前的生存状况而忽视对未来的长期规划，因此，其选择的养老保险缴费档次会相对较低。缴费档次低，农村居民到年老时领取的养老金数额也会较少，在当前物价水平飞速增长的情况下，很可能无法满足其基本的生活需求。在养老保险待遇水平方面，城乡居民之间还是存在较大差距的。

农村与城市在养老金待遇水平上的差距已经严重影响到农村居民养老保障权益的实现。但是受经济发展水平、收入状况和区位因素等方面的影响，若要快速地实现城乡居民在社会养老保险待遇水平上的完全平等是行不通的，这种根源上的差距势必无法在短期内消除，将是一个长期探索和实践的过程。公平不是绝对的，而是相对的，在城乡社会养老保障统筹过程中，应允许差别的存在，城镇和农村的积极参与、互动整合、逐步推进才是稳妥的途径。鉴于此，依据差序平等的原理，应当尊重目标轻重缓急的层次性以及对近期和远期目标的统筹兼顾，采取有差别的、有秩序的方式实现平等。首先，应当逐步完善养老保障国家财政机制，准确定位政府在统筹城乡社会养老保障一体化发展过程中的财政责任，使其由隐性化向显性化过渡，由非制度化向制度化靠拢，并科学地预测中央和地方政府的财政供给规模，确保城乡居民养老保障制度和国家财政调整机制的协调发展，使农村居民和城市居民在养老保障方面能够站在同一起跑线上，从根源上逐步消除城乡居民在养老金待遇上的差距。其次，应不断加大中央财

---

① 景天魁：《中国社会保障的理念基础》，《吉林大学社会科学学报》2003 年第 3 期。

政对基础养老金的补贴力度，按照城乡居民不同的消费和物价水平等因素渐进式地调整养老金待遇水平，在实现基本保障公平的基础上，逐步缩小城乡间养老金待遇上的差距。① 最后，不断完善城乡养老保险制度的管理体制，对相关资源进行整合配置，提高城乡养老保险制度的统筹层次，使基础养老金能够实现更高层次和更大范围的互补互济，并逐步打破户籍和职业的限制，根据"制度一体，标准衔接"的思路，加快制度间的整合衔接，提高制度的规范性和灵活性，使城乡居民能公平地共享国家和社会提供的养老保障服务，最终实现结果平等。

差序平等理论的提出，为我国社会保障事业的发展增添了新的元素，也为统筹推进城乡社会养老保障体系建设提供了新的思路。当前，我国养老保障城乡统筹工作的紧迫性为差序平等理念的发展迎来了良好的机遇期。社会养老保障城乡统筹，并不是社会养老保障的城乡简单叠加，更不是社会保障的城乡完全统一。中国社会养老保障城乡统筹的发展应是一个统放有度、同异结合的过程，应是一个积极稳妥、循序渐进的过程，是一个在差别中寻求秩序、在秩序中促进公平的过程。从理念到实践，差序平等也在不断推动着我国城乡社会养老保障体系建设向着更好的方向发展。

---

① 和俊民、杨斌：《中国城乡养老保险制度差异问题研究》，《郑州大学学报》（哲学社会科学版）2013 年第 6 期。

第二章

统筹城乡社会养老保障体系发展现状

　　社会保障是关系国家长治久安、社会和谐稳定的重大制度安排，也是党、政府、社会高度关注的民生问题，如何使社会经济发展成果惠及更多民众，社会保障制度无疑扮演着重要角色。党的十八大明确提出"统筹推进城乡社会保障体系建设"的任务，十八届三中全会指出要"建立更加公平可持续的社会保障制度"，十八届五中全会再次重申"建立更加公平更可持续的社会保障制度"。由此可见，我国日益重视社会保障制度的构建与完善。郑功成认为社会保障已成为全民共享社会经济发展新成果的基本途径与制度保证，[①] 这与"十三五"规划中"五大发展理念"的"共享发展"相一致。因此，构建更加公平更可持续的社会保障制度势在必行。养老保险作为社会保障的核心内容，其成功与否对构建与完善更加公平、更可持续的社会保障制度起着关键作用。目前，城乡居民社会养老保险制度、城镇企业职工基本养老保险制度以及机关事业单位养老保险制度作为我国城乡社会养老保障体系的"三大支柱"，对其发展现状进行阐释尤为重要。

　　我国社会养老保障制度之所以呈现碎片化，是因为设计初衷是兼顾不同群体的利益，这在当时是一种合理的选择。但随着社会经济快速发展、城乡一体化进程日益加快，社会养老保障制度碎片化的弊端日益凸显，如何协调并兼顾不同群体的利益，统筹推进城乡社会养老保障体系建设是党和国家面临的重大战略问题之一。2008 年 3 月国务院颁布的《国务院关

　　[①]　光明网：《社会保障已成共享发展的基本途径与制度保证》，http://difang.gmw.cn/cq/2016－02/17/content_ 18914688. htm，2016 年 2 月 17 日。

于完善企业职工基本养老保险制度的决定》（国发〔2005〕38号），是我国关于企业职工基本养老保险在国家层面的最早的政策文本；2009年9月国务院颁布《国务院关于开展新型农村社会保险试点的指导意见》（国发〔2009〕32号），标志着新型农村养老保险（也即"新农保"）代替了农村居民养老保险（即"老农保"），农村社会养老保险事业进入了一个崭新的发展阶段；2014年2月国务院颁布《关于建立统一的城乡居民基本养老保险制度的意见》（国发〔2014〕8号），在总结新农保和城镇居民养老保险（也即"城居保"）试点经验的基础上，将新农保和城居保两项养老保险制度合并，在全国范围内建立统一的城乡居民养老保险制度（也即"城乡居保"）；2015年1月国务院颁布了《机关事业单位工作人员养老保险制度改革的决定》（国发〔2015〕2号），为机关事业单位养老保险制度与城镇企业职工养老保险制度的"并轨"奠定了基础。至此，我国统筹城乡社会养老保障体系建设的目标任务更加明晰：首先，将城镇企业职工养老保险制度与机关事业单位养老保险制度进行合并，建立"城镇职工基本养老保险制度"；其次，将城镇职工基本养老保险制度与城乡居民社会养老保险制度进行统筹，建立全国统一的基本养老保险制度。在本课题的研究中，从城乡居民养老保险制度、城镇企业职工养老保险制度以及机关事业单位养老保险制度现状间的比较视阈出发，分析三者的异同，进而探索统筹推进城乡社会养老保障体系建设的最佳路径。

一　统筹城乡社会养老保障体系建设取得的成就

我国社会养老保障制度历经三十多年的改革和发展，已基本形成了与社会主义市场经济相适应、覆盖城乡的社会养老保障体系，并在其实践过程中取得了较大成就，主要表现在以下几个方面。

（一）观念从单一制到责任共担

在计划经济时期，城镇实行高就业制，居民均为"单位人"。国家对"单位人"实行低工资、高福利的国家保障模式，由国家和单位承担养老费用，为城镇居民提供较为全面的养老保障，个人无须对所享受的养老保障缴纳任何费用，即不承担缴费义务。国外社会保障制度发展的实践经验表明，任何由国家、单位或个人单方承担责任的养老保障制度都是难以维系的，要实现养老保障制度的可持续发展，必须实行多方责任主体共同分担机制。事实上，在计划经济时期实行的国家—单位负责制的养老保障制度，使国民形成了依赖心理，无形中扩大了政府责任，带来了严重的财政负担。自改革开放以来，由于经济体制改革的现实需要以及原有养老保障制度的弊端日益凸显，我国开始对社会养老保障制度进行改革，实行国家、单位、个人三方责任共担的养老保险制度，从而实现了由"国家负责、单位包办、全面保障、板块分割、封闭运行"向"政府主导、责任分担、社会化的多层次社会养老保障体系"转变。我国社会养老保险制度逐步强化个人责任，国民权利与义务相结合的观念已初步形成。

在农村，我国社会养老保障制度起步较晚、发展相对缓慢。计划经济时期养老保障普遍实行的是以集体经济为基础、土地为依托的传统家庭养老保障模式，农村居民养老问题的解决主要依靠集体组织和家庭的非制度性安排。随着家庭联产承包责任制的推行，我国在计划经济时期形成的以集体经济为基础的生活保障制度已丧失了发展的土壤，农村居民养老保障问题的解决主要依赖于土地保障、个人储蓄和子女赡养，集体保障功能逐渐弱化，个人与家庭的养老负担日益加重。随着社会主义市场经济快速发展、人口老龄化加剧、家庭结构日益核心化，传统的以土地为依托的家庭养老保障模式已无法满足农村居民的养老保障需求。为增强农村居民应对老年风险的能力，国家在农村建立正式的养老保险制度，即"个人缴费、集体补助、政府补贴"的农村养老保险，不仅改变了养老责任完全归属于农村居民个人及其家庭的传统观念，而且明晰了政府在农村养老保险制度建设过程中应承担的责任。

个人责任在城镇养老保障制度中的回归以及政府责任在农村养老保障制度中的明确，意味着我国国民和政府养老保障观念的革新。这不仅为我国社会养老保障制度的理性发展奠定了思想基础，而且也为社会保障制度变革扫除了观念上的障碍，为我国统筹推进城乡社会养老保障体系的发展与完善奠定了基础。

（二）制度从无到全面覆盖

新中国成立之初，由于特殊的国情以及社会经济发展的现实需要，我国实行计划经济政策，城镇居民比农村居民享受到较为全面、较高水平的养老保障待遇。在城镇，我国依照苏联建立了国家—单位保障模式，城镇就业者不仅可以普遍享受退休养老的待遇，而且还可以享受医疗、工伤、住房、津贴以及其他较为全面的福利保障。在农村，农村居民除了"三无"人员可以享受"五保"供养制度和部分社会救济待遇，以及在遭受灾害时可以获取有限的救灾物资外，其他保障待遇基本处于缺失状态，尤其是养老保障。农村居民多采用以集体经济为基础、以土地保障为依托的家庭养老保障模式，国家并未对其做相应的制度安排，农村养老保障长期维持着"自给自足"的传统家庭保障状态。

改革开放以来，我国社会经济结构发生了较大变化，人口老龄化、家庭结构核心化、人口流动加快、城镇化进程加速等新的风险和挑战日益加剧，对我国社会养老保障制度的构建和完善提出了更高的要求。历经三十多年的改革与发展，我国覆盖城乡的社会养老保障体系已基本确立。在城镇，我国不仅建立了企业职工基本养老保险制度，而且实施了机关事业单位养老保险制度改革，补充养老保障如企业年金、商业保险和社区互助等在政府的大力支持下也逐步发展起来，进一步丰富和完善了多层次的社会养老保障体系。2011 年 6 月国务院颁布了《关于开展城镇居民社会养老保险试点的指导意见》，开始推行城镇居民社会养老保险制度，把不符合职工基本养老保险参保条件的城镇非从业居民纳入社会养老保障体系中。至此，我国城镇居民被纳入正式的社会养老保障制度。在农村，自新中国成立之初至改革开放以前，我国并未建立严格意义上的农村养老保险制度。受人口老龄化、人口流动加快以及家庭结构日益核心化的影响，以土地保障为依托的家庭保障模式受到较大冲击，自我储蓄和依靠子女赡养的养老模式已无法满足农村居民的养老需求。20 世纪 90 年代起，我国各级政府开始推行农村养老保险的试点工作，但实施效果不佳。2009 年 9 月国务院颁布《关于开展新型农村社会养老保险试点的指导意见》，我国开始推行新型农村养老保险的试点工作，并在农村建立起正式的养老保险制度，首批试点的县市占全国的 10%，预计 2020 年实现制度全覆盖。2014 年 2 月国务院颁布《关于建立统一的城乡居民基本养老保险制度的意见》，将新农保与城居保两项制度合并实施为城乡居民基本养老保险。至此，覆盖城乡的社会养老保障体系正式确立。

（三）覆盖范围从单位专享到公平普惠

20 世纪 80 年代初，我国社会养老保险覆盖范围仅为国有企事业单位职工、政府工作人员和一部分集体企业职工。随着改革开放的不断深入，养老保险覆盖范围不仅扩展到集体企业、外资企业、合资企业、民营企业，也从城市扩展到农村。社会养老保险不再是"单位人"的专享，改革开放的成果逐渐惠及全体国民。

一方面，社会养老保险覆盖范围逐步扩大。2009 年我国参加基本养老保险的人数仅为 32241 万人，经过六年的发展，截至 2014 年参加基本养老保险的人数已经达到 84232 万人，参保人数呈逐年上升趋势（见图 2—1）。从城镇企业职工基本养老保险参保状况来看，2014 年年末参加城镇企业职工基本养老保险的人数为 34124 万人，比上年末增加 1906 万人。从城乡居民社会养老保险参保状况来看，截至 2009 年年末，我国在 27 个省、自治区的 838 个县（市、区、旗）和 4 个直辖市部分区县开展国家新农保的试点工作，参保人数仅为 8691 万人。2014 年年末，城乡居民基本养老保险参保人数已达 50107 万人，比上年末增加了 357 万人，增长了 0.72 个百分点，养老保险参保率得到进一步提高（见表 2—1）。①

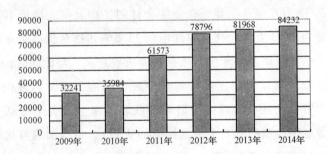

图 2—1　2009—2014 年基本养老保险参保人数（单位：万人）

资料来源：根据《2009—2014 年度人力资源和社会保障事业发展统计公报》相关数据整理。

---

① 中华人民共和国人力资源和社会保障部：《2014 年度人力资源和社会保障事业发展统计公报》，http：//www.mohrss.gov.cn/SYrlzyhshbzb/dongtaixinwen/buneiyaowen/201505/t20150528_162040.html，2015 年 5 月 28 日。

表 2—1   **2009—2014 年基本养老保险参保人数**   单位：万人

	城镇企业职工基本养老保险	城乡居民社会养老保险
2009 年	23550	8691
2010 年	25707	10277
2011 年	28391	33182
2012 年	30427	48370
2013 年	32218	49750
2014 年	34124	50107

资料来源：根据《2009—2014 年度人力资源和社会保障事业发展统计公报》相关数据整理计算。

另一方面，不仅养老保险金按时足额发放，而且其待遇水平也在逐年提升。为确保养老保险金按时足额发放，政府逐年加大对养老保障的财政投入力度，至 2014 年末，各级财政补贴基本养老保险基金 3548 亿元，比上年度增长 519 亿元。为解决城镇企业退休职工养老金水平偏低的问题，我国连续十一年对企业退休职工养老保险待遇进行调整，企业退休职工养老金水平得以提高。企业年金作为补充保障重要组成部分，截至 2014 年末全国有 7.33 万户企业实施了企业年金计划，比上年度增长 10.8%；职工参加人数为 2293 万人，比上年度增长 11.5%，这对提高企业退休职工养老保障水平，保障其老年生活质量具有重要意义。与此同时，城乡居民社会养老保险开始探索建立基础养老金最低标准的正常调整机制。2015 年 1 月人力资源和社会保障部与财政部联合颁布了《关于提高全国城乡居民基本养老保险基础养老金最低标准的通知》，将全国城乡居民基础养老金的最低标准提高至 70 元/人/月，即在原标准基础上增加 15 元，较好地保障了城乡居民共享社会经济发展新成果。

（四）管理服务水平从效率低下到运转高效

随着社会养老保险参保率的提升，养老基金规模迅速增大，人们对社会养老保障管理服务水平的要求也在逐步提高。社会养老保障管理服务体系不仅是建设服务型政府的重要窗口，而且也是保障民生的社会安全网。

因此，社会养老保障管理服务的水平也将直接影响我国社会养老保障制度的可持续性。

目前，我国社会养老保障管理服务已经取得了较大的成就。第一，我国已经在全国范围内实现了养老金的社会化发放，不仅有利于国有企业改革的顺利推进，也为经济增长创造了有利条件。第二，我国投资数十亿元进行"金保工程"建设，基本实现了社会养老保险纵向数据共享的目标。而在尚未建立全国统一电子平台的情况下，全国养老保障经办系统的工作人员也用半手工的操作方式完成了养老保险关系异地转移接续、个人账户记账对账等工作。部分地区已经开始推行社会保障一卡通应用工作，为参保人享受参保权益提供了更加便捷的条件。官方数据表明，截至 2014 年年底，我国已有 30 个省份和新疆生产建设兵团发行了全国统一的社会保障卡，实际发行社会保障卡的地市（含省本级）达到 354 个，普及率达 52.4%。全国 31 个省份和新疆生产建设兵团已建立起统一的城乡居民社会养老保险信息系统，2710 个县（市、区、旗）通过信息系统办理业务，占全国县区数的 98%。第三，养老保险信息化服务能力进一步加强。为便于人们对社会保障政策进行咨询，全国各地已基本开通 12333 公益服务电话，迄今为止，12333 咨询电话已经成为社会保障系统的品牌服务项目，为人们了解各项社会保障政策提供了便利，基本满足了参保人了解政策的需求。官方数据显示，全国已有 340 个地市级以上人社部门（含省本级）开通了 12333 电话咨询服务，开通率达到 92.9%，全年来电总量达 7839.1 万次。①

（五）法律从缺失到全面建立

以法律为依据，在管理机构监管下采取强制方式实施，一直是现代社会保障制度发展的基本特征之一。② 1953 年 2 月政务院颁布了《中华人民共和国劳动保险条例》，这是我国第一部全国统一的社会保险行政法规，标志着我国劳动保险制度的正式确立。1954 年《宪法》明确规定"中华人民共和国劳动者在年老、疾病或者丧失劳动能力的时候，有获得物质帮

---

① 根据《2014 年度人力资源和社会保障事业发展统计公报》相关数据整理计算得到。

② 郑功成：《社会保障学》，商务印书馆 2000 年版，第 372 页。

助的权利。国家举办社会保险、社会救济和群众卫生事业，并且逐步扩大这些设施，以保证劳动者享受这种权利"①。20 世纪 80 年代后，一批社会保障法律法规开始颁布实施。1982 年《宪法》对包括社会保险权在内的公民物质帮助权作出了进一步规定。1990 年颁布《关于加强养老保险基金征缴和管理工作的通知》，正式开启了养老保险基金社会统筹的进程。1994 年颁布实施的《中华人民共和国劳动法》，将"社会保险福利"单独设为一章，重新对劳动者的养老保险、医疗保险、工伤保险、失业保险和生育保险作出原则性的规定。1996 年颁布的《中华人民共和国老年人权益保护法》对养老保障部分作出了具体规定。1997 年国务院颁布《关于在全国建立城市居民最低生活保障制度的通知》，标志着现代社会救助制度在我国正式建立。1999 年 1 月国务院颁布的《社会保险费征缴暂行条例》，进一步细化了对社会养老保险基金征收的相关规定。2007 年国务院颁布了《关于在全国建立农村最低生活保障制度的通知》，将现代社会救助的实施范围扩展到广大农村。我国社会保障立法在社会养老保障制度改革初步探索阶段呈现过度的分散性，国务院或其他职能部门颁布的大多是解决社会养老保障制度实践中某一具体问题的指示、办法、意见等，导致数以百计的社会保障制度相关法律、法规和政策涌现。社会保障法制建设也存在基本法、专项法缺失的问题，导致立法碎片化现象严重，不利于社会养老保障项目的均衡、协调与可持续发展。

　　2010 年 10 月《中华人民共和国社会保险法》（简称《社会保险法》）正式颁布，这是我国首部社会保险方面的综合性法律，是对我国社会保险制度转型成果的全面总结，它不仅填补了社会保险领域综合性法律缺失的空白，而且是中国社会保障法制建设的重要里程碑。《社会保险法》不仅提出了基本养老保险基金要逐步实行全国统筹，而且对用人单位缴纳职工养老保险费的义务也做了强制性的规定；不仅对社会养老保险基金的监管作出了相应的制度安排，而且对养老、医疗保险的转移接续问题也作出了相应的规定。《社会保险法》的颁布标志着我国社会养老保障法制建设正逐步从分散走向相对集中，被誉为"改革开放以来社会养老保障体系建

　　① 《中华人民共和国宪法》（1954 年），http：//www. npc. gov. cn/wxzl/wxzl/2000 - 12/26/content_ 4264. htm，2000 年 12 月 26 日。

设的最大亮点"。

二　我国城乡社会养老保障的差异

虽然我国社会养老保险已经实现了制度全覆盖，城乡社会养老保障制度逐渐确立并日益完善，但城乡社会养老保障制度间仍存在较大差异，不利于城乡居民共享社会经济发展新成果，严重影响了我国社会养老保障制度的公平性和可持续性。

（一）城乡社会养老保障项目差异较大

受城乡二元结构的影响，我国城镇和农村的经济条件和生活方式不同，国家对城市和农村的制度安排也不尽相同，造成城市和农村在社会养老保障项目方面存在较大差异。

城镇养老保障制度在我国起步较早，1951 年政务院颁布的劳动保险条例对养老保险作出了具体的规定，我国城镇企业职工养老保险制度正式确立。改革开放以来，随着社会经济结构的变化，城镇养老保障制度得以不断发展。城镇社会养老保障不仅建设较早、体系较完善，而且国家财政对城镇养老保障建设的财政支持力度也较大，养老保障项目比较齐全、体系相对成熟。在城镇，针对不同群体的养老保险制度已经建立，如覆盖国有、集体和多种所有制企业职工在内的全国统一的企业职工基本养老保险制度，以及机关事业单位养老保险制度。为了进一步提高退休人员的生活水平，国家不仅鼓励企业建立企业年金，而且积极探索建立机关事业单位工作人员职业年金。政府不仅注重城镇社区养老基础设施的建设，逐渐丰富和完善社区养老服务，而且将养老保障的工作重点从满足老年人的物质生活需求，逐渐发展到满足老年人的精神保障需求，老年人生活晚年质量得到稳步提高。

在农村，与城镇相比，我国农村社会养老保障建设则相对滞后，尽管国家对其已做出了相应的制度安排，如农村"五保"制度，部分社会救济制度等，并起到了一定的作用，但以血缘关系为纽带的传统家庭养老仍然是农村的主流养老模式。新中国成立至改革开放以前，严格来说，我国在这一时期并未建立起真正意义上的农村社会养老保障制度。改革开放以后，我国社会经济结构开始变化，农村人口老龄化问题日益突出、家庭结构小型化以及土地养老保障作用减弱农民自身养老意识发生变化，迫切需要政府对农村居民的社会养老保障做出正式的制度性安排。民政部门从20世纪90年代初开始进行农村养老保险制度建设的试点工作，2009年"新农保"制度开始试点，正式开启了我国农村社会养老保障的新纪元。但相对于城镇而言，农村社会养老保障发展相对滞后、种类单一、待遇水平较低。由于社会经济发展以及政府财政投入的不均衡，城镇社区老年人服务机构和基础设施的建设较农村完善，不仅满足老年人物质上的需求，而且注重对老年人精神需求的满足。而农村老年人养老服务仍多依托家庭内部成员，大多数地区对老年人生活关注重点仍是温饱问题，并不能满足农村居民养老保障的需求。

（二）城乡社会养老保障待遇水平差距较大

从基本养老保障来看，城镇已经建立起较为完善的社会养老保障制度。城镇企业职工按工资的一定比例缴纳养老保险费，达到规定年限，在退休后可以领取养老金，待遇水平由职工个人养老保险参保年限、工龄、所缴费用的多少以及当地职工平均工资水平等决定。近年来，企业职工养老金实现十一连涨，待遇水平得以稳步提高。机关事业单位退休人员的养老金则以在职职工的实际收入为基数，而且随着工资和工龄的增长而增加，其替代率较高且增长速度较快。

在农村，虽然我国20世纪90年代已经在全国开展了农村社会养老保险试点工作，但农村养老保障仍主要依靠以土地保障为基础的村民互助、集体保障和家庭保障的模式，在一定程度上讲，农村的养老保障建设长期处于"自给自足"的状态。随着2009年新农保试点工作的推行，国家逐渐加大了对农村社会养老保障建设的财政支持力度，但由于城乡居民养老保障实施时间较短，发展基础相对薄弱，加之缴费标准较低，其与城镇企业职工养老保险存在较大差距。

从基本养老保险待遇水平来看，人社部官方数据表明，2009年城镇企业职工基本养老保险待遇支付为15315元/人/年，而新农保待遇支付仅为488元/人/年，前者约为后者的31.38倍。2014年末，城镇企业职工基本养老保险待遇支付为25317元/人/年，而城乡居民养老保险待遇支付仅为 1098 元/人/年,前者约为后者的 23.06 倍。由此可见,在过去的 6 年里城乡居民基本养老保险待遇差距虽然没有进一步拉大,但仍较为显著(见图 2—2)。与此同时,城镇企业为在职职工建立了企业年金,机关事业单位也为在职职工建立了职业年金,费用由单位和个人承担,以优化职工的待遇结构,构建多层次社会养老保障体系,提高职工晚年生活水平。城乡居民养老金待遇水平多依赖于个人账户的积累,政府财政补贴较少,其他补充养老保障相对缺乏,不利于城乡居民晚年生活质量的提高,无形中拉大了不同群体间的待遇差距。

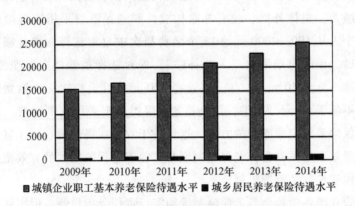

图 2—2 2009—2014 年城镇企业职工基本养老保险待遇与城乡居民养老保险待遇情况(单位:万元)

资料来源:根据《2009—2014 年度人力资源和社会保障事业发展统计公报》相关数据整理计算。

(三) 城乡社会养老保障筹资方式有失公平

社会养老保障基金是确保相应制度得以运行的经济基础,基金筹集情况将直接影响制度运行规模水平的提高。针对不同群体设计的养老保障制度体现出各个责任主体对养老保障承担责任的多寡,进而反映出社会养老保障项目的公平程度。

以社会养老保险为例,目前我国实施的机关事业单位养老保险、城镇企业职工基本养老保险、城乡居民养老保险等,因参保人身份、参保类型的不同,参保人及国家在不同保险制度中所承担的责任与义务也不尽相同。在未进行社会养老保险制度改革以前,机关事业单位工作人员无须缴纳任何费用，退休后的养老金由国家财政和单位按退休前工资的80%—90%支付。2015年1月国务院颁布《国务院关于机关事业单位工作人员养老保险制度改革的决定》（以下简称《决定》），以此为标准着手对机关事业单位养老保险制度进行改革。该《决定》规定，机关事业单位养老保险费用由单位与个人共同承担，其中，单位的缴费标准为本单位员工工资总额的20%，个人的缴费标准为本人工资总额的8%。企业职工养老保险费由用人单位和个人缴费以及政府补贴等组成，缴费标准与机关事业单位相同，具体的养老金数额可根据个人养老保险参保年限、工龄、所缴费用的多少以及当地职工平均工资等适度调整。城乡居民社会养老保险基金由个人缴费、集体补助、政府补贴构成，养老保险费采用定额缴纳的方式，即个人从100—2000元的12个缴费档次中自主选择缴费金额，集体适当补助，而政府则采取"入口补贴"，即对选择最低档次标准缴费的，补贴标准不低于30元/人/年，对选择500元及以上档次标准缴费的，补贴标准不低于60元/人/年。其他养老保险类型则采用比例缴费，城乡居民养老保险采用定额缴费的方式，这虽易于农村居民理解、便于宣传，但仍不利于城乡居民社会养老保险制度与其他养老保险制度的有效衔接，也不利于构建长效的筹资机制。

　　尽管我国各项社会养老保险制度均实行责任分担机制，但实际上各主体承担的责任仍存在些许差距。官方数据显示，2014年全国城镇企业职工基本养老保险基金征缴收入20434亿元，各级财政补贴基本养老保险基金3548亿元，共23982亿元，其中政府、单位和个人的筹资比例分别是14.8%、60.9%、24.3%。由于机关事业单位工作人员养老保险尚处于起步阶段，具体数据尚未可知。城乡居民社会养老保险基金中政府和集体补贴1644亿元，个人缴费666亿元，养老保险基金共收入2310亿元，其中政府和集体、个人的筹资比例分别为71.2%、28.8%。[①]

（四）城乡社会养老保障管理服务水平差别显著

　　长期以来，我国政府一直重视并致力于城镇社会保障制度的完善，而

---

　　① 中华人民共和国人力资源和社会保障部：《2014年度人力资源和社会保障事业发展统计公报》，http://www.mohrss.gov.cn/SYrlzyhshbzb/dongtaixinwen/buneiyaowen/201505/t20150528_162040.html，2015年5月28日。

忽视对农村社会保障制度的发展，致使城镇和农村在社会保障管理服务水平上差别明显。

我国城镇社会保障服务起步较早，经过数年的探索与发展，积累了丰富的社会保障管理服务经验，已经形成了较为完善和成熟的社会保障管理服务体系。现今我国城镇已具有较为健全的社会保障管理机构和信息网络支持系统，并且拥有一支高素质的社会保障专业人才队伍。随着国家财政对城镇各方面投入力度的加大，城镇社会保障各级管理机构赖以发展的基础也逐渐稳固。

但在我国农村，社会保障的管理服务尚处于起步阶段，社会保障管理体制尚不成熟，社会保障管理服务机构整体服务能力较弱。课题组实地调研发现，现今农村社会保障管理比较混乱，仍存在政出多门、多头管理的现象，特别是社会保障基金管理缺乏统一的监督机构和有效的监督机制，部分地区依然存在把农村居民"养老钱"挪作他用的现象，不仅导致社会保障基金大量流失，严重影响了社会保障制度的可持续性，而且影响政府的公信力。与此同时，农村社会保障管理服务信息化水平明显低于城镇，部分农村地区对参保信息的记录与整合还停留在手工操作阶段，参保者参保信息查询困难。农村社会保障管理服务工作缺乏专业人员，以养老保险为例，农村养老保险管理服务人员多称为协管员或代办员，他们处于农保经办的最末端，主要承担保费代收、参保登记资料收集整理、宣传调查等工作。协管员主要由行政村村干部兼任，或者由村干部委任村民小组长负责农保的经办服务工作，缺乏人员编制；协管员学历水平普遍较低，自身对农保政策的认识能力有限，业务能力较差，不利于服务水平的提高和政策的宣传；协管员的待遇水平较低，激励机制缺乏，导致其工作积极性较差；加之农村居民居住分散、协管员自身农活繁忙，无精力专门从事该专项工作。以上问题将严重影响农保经办机构服务质量，制约农村社会养老保障管理服务水平的提高，势必影响农村居民的参保选择。

此外，养老保障制度城乡统筹势在必行的原因主要是过低的统筹层次违背了社会保障制度"公平、正义、共享"的价值理念，这也是城镇和农村社会养老保障制度共同面临的重要问题。养老保障制度"乱账""乱象""碎片化"等问题不仅加重了政府的财政负担，也影响着社会养老保障制度的城乡统筹，因此亟须出台社会养老保障的顶层设计方案，使民众享受更加完善、合理、科学的养老服务。城镇企业职工的养老保险多由省、市、县统筹管理，这也意味着各地提取基数、待遇计发办法、服务水平等都存在一定的差异。公共部门对退休人员采取单位管理，呈现分散化的态势，一方面降低了机关事业单位的工作效率，另一方面加大了机关事业单位的管理成本。在农村，国务院颁布的《国务院关于开展新型农村社会保险试点的指导意见》中指出，新型农村社会养老保险实行属地管理，实际上，试点阶段的新农保大多是县级管理，而县级管理无论是专业服务人员配置、资金运营能力、对政策的宣传途径等都存在一定的局限性。

较低的社会养老保险统筹层次产生了不良影响，主要表现在以下几个方面。

第一，不利于人才的自由流动。经济的快速发展，使得不同行业、不同地区的劳动力流动越来越频繁，对养老保险的转移接续能力要求就越高，然而由于身份的差异、区域经济水平的差异以及地方性社会养老保险政策的差异，影响着参保人的缴费水平、养老金待遇、养老金替代率及制度赡养率。与此同时，经济较发达地区的养老金待遇通常较高，基金积累较多，对劳动力的吸引力较大，而经济欠发达地区的养老金待遇一般较低，基金积累较少，往往陷入人才流失的困境。久而久之，将无法实现劳动力资源的最优配置。

第二，缺乏互济性，无法形成规模经济，加重政府财政负担。养老金的属地管理，使基金积累在省、市、县层面，容易形成"划疆而治""利益分割"的局面，导致地方政府更多关注本地区养老金是否能够实现收支平衡，地区之间养老金的调剂遭受威胁，养老保险的互济性受到损害。以 2013 年为例，全年城镇企业职工基本养老保险基金征缴收入为 18634 亿元，全年基金总支出为 18470 亿元，收支差为 164 亿元，但在基金收支平衡且有结余的情况下，各级财政补贴基本养老保险基金的金额高达 3019 亿元。[①] 同时，这种管理方式的基金规模往往较小、投资运营渠道狭

----

① 《2013 年度人力资源和社会保障事业发展统计公报》，http：//www.mohrss.gov.cn/syr/zyhshbzb/dongtaixinwen/buneiyaowen/201405/t20140528131110.htm，中华人民共和国人力资源和社会保障部。

窄、抗风险能力较差，无法应对日益严重的人口老龄化问题以及不断扩大的养老金支付需求。

第三，统筹层次过低不利于社会养老保障服务人才队伍整体素质的提升。《中国养老金发展报告2015》的数据显示，截至2014年，我国不同行业城镇企业职工基本养老保险制度赡养率已经超过30%（见图2—3），这意味着养老保障服务人才队伍无论在质量还是数量上都亟须提升。但是在县级统筹、市级统筹、省级统筹的背景下，人员混杂、素质参差不齐，与养老服务规范性、科学性、专业化、智能化的要求相违背。将社会养老保障的统筹层次提升至国家层面，养老服务人员队伍由国家统一管理，更容易实现管理的合理性，提升服务人员的整体素质与水平。因此，提高统筹层次，完善顶层设计，对于统筹推进城乡社会养老保障体系建设具有重要意义。

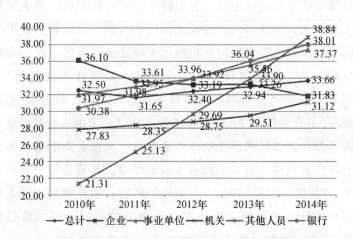

图2—3　2010—2014年不同行业城镇企业职工
基本养老保险制度赡养率（单位：%）

资料来源：《中国养老金发展报告2015》。

三　河南省统筹城乡社会养老保障发展现状

随着人口老龄化进程的加快和城镇化的深入发展，统筹城乡社会养老保障制度在我国城乡一体化进程中的重要性愈加凸显。河南省委、省政府一直致力于加快构建覆盖城乡居民的社会养老保障体系，制定了《河南省人力资源和社会保障事业发展"十二五"规划纲要》，将"加快城乡统筹步伐、进一步健全社会保障体系"作为"十二五"时期的主要任务。养老保险是社会保障的核心内容，本部分将着重分析河南省统筹推进城乡社会养老保险的发展现状，为构建更加公平、可持续的城乡社会养老保障体系提出对策建议。

（一）河南省统筹城乡社会养老保障发展成就

伴随着社会经济快速发展、人口老龄化问题日益突出，河南省城乡社会养老保障制度历经从缺失到全面、从单一到多样的过程，越来越多的城乡居民受惠于养老保险制度的发展完善，河南省统筹城乡社会养老保障取得了一定的成就。

1. 率先实现城乡居民养老保险制度全覆盖

我国城镇社会养老保险制度起步较早、发展较完善，养老保险制度的成就主要体现为城乡居民社会养老保险的构建。河南省早在中央政府正式对城乡居民社会养老保险作出制度安排之前，就已经在部分地区开展了城乡居民基本养老保险试点工作，其中最具代表性的是郑州市。2008 年 7 月郑州发布了《城乡居民基本养老保险试行办法》，规定将年满 16 周岁（不含在校学生）、具有郑州市户籍、未纳入行政事业单位编制管理或不符合参加机关事业单位养老保险、城镇企业职工基本养老保险条件的城乡居民纳入城乡居民基本养老保险。其资金筹资方式以个人缴费为主、经济组织适当补助、政府给予补贴；账户模式为个人账户与社会统筹相结合。缴费模式采用按比例缴费的原则，即以缴费基数的 6%—85% 不等的比例设置 7 个缴费档次，缴费基数则以郑州市上年度城镇居民人均可支配收入和农村居民人均纯收入的算术平均值确定，政府给予缴费基数 1.5% 作为养老保险补贴。年满 60 周岁的城乡居民需一次性补足所选缴费档次 15 年的城乡居民基本养老保险费。郑州市推行城乡居民养老保险制度试点是以统账结合为基础的，是中原地区最早实行这一模式的城市，为推行构建覆盖河南省的城乡居民养老保险制度积累了宝贵的实践经验。

2009 年 11 月，河南省颁布《关于开展新型农村社会养老保险试点的实施意见》，指出新农保覆盖人群为年满 16 周岁（不含在校学生）、未参加城镇企业职工基本养老保险的农村居民，并在河南省 10% 左右的县（市、区）试点实施推行。新农保以统账结合模式为基础，基金构成为个人缴费、集体补助和政府补贴。缴费档次实行定额缴费，共设 100—500 元不等的 5 个档次，政府对参保者给予统一的 30 元"入口补贴"，年满 60 周岁的农村居民无须缴纳费用即可领取每人每月 60 元的基础养老金。2011 年 7 月河南省颁布《关于开展城乡居民社会养老保险试点工作的实施意见》，以国家为不符合职工基本养老保险参保条件的城镇非从业居民建立城居保为契机，将新农保与城居保合并实施，推进城乡居民社会养老保险试点工作，正式建立了统筹城乡居民的社会养老保险制度。河南省自 2011 年 7 月起在全省 159 个县（市、区）有序开展了城乡居民社会养老保险试点工作，至 2012 年 7 月底已经将河南省各县（市、区）全部纳入试点范围，在全国率先实现了城乡居民社会养老保险制度的全覆盖。2014 年 11 月，在国务院制定的城乡居民养老保险政策指导下，为了满足不同参保者的需求，河南省政府颁布了《河南省人民政府关于建立城乡居民基本养老保险制度的实施意见》，该政策将缴费档次在城乡居民社会养老保险基础上增设至 16 个，并实行差额补贴制度，对选择 100—400 元档次标准的，补贴标准不低于 30 元/人/年，对选择 500 元及以上档次标准的，补贴标准不低于 60 元/人/年。至此河南省结束了城乡居民社会养老保险试点工作，在全国率先确立了城乡居民基本养老保险制度，覆盖城乡居民的社会养老保障体系框架已初步形成。

2. 参保人数增加，待遇水平逐步提高

经过不懈的努力，河南省社会养老保障制度得到了进一步发展，各项养老保险制度覆盖范围不断扩大，参保人数持续增长，社会保险待遇水平得以大幅度提升。

随着各项社会养老保险制度的推行，河南省养老保险参保人数保持逐年上升趋势。截至 2014 年末，河南省城镇企业职工基本养老保险参保人数为 1431.55 万人，比上年度增加了 81.56 万人。2015 年 1 月国务院颁布了《关于机关事业单位工作人员养老保险制度改革的决定》，正式开始对机关事业单位养老保险制度进行改革，河南省机关事业单位养老保险改革工作也在稳步推进。河南省城乡居民养老保险参保人数逐年递增，截至 2014 年末，城乡居民养老保险参保人数为 4844.79 万人，比上年度增加了 1.04 万人，参保率达 97.5%，高于国家平均水平，基本上实现了城乡居民社会养老保险制度的全覆盖。① 近五年来，河南省城镇企业职工基本养老保险和城乡居民社会养老保险参保人数均呈逐年上升趋势（见图 2—4）。对于被征地农民而言，河南省已将其纳入城镇企业职工基本养老保险之中。

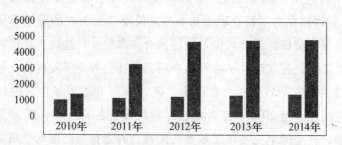

图 2—4　2010—2014 年河南省城镇企业职工基本养老保险
与城乡居民养老保险参保人数（单位：万人）

资料来源：根据河南省统计年鉴和《2012—2014 年河南省人力资源和社会保障事业发展统计公报》相关数据整理。

近五年来，河南省社会养老保险基金收入和支出呈现出逐年上涨的趋势，养老保险待遇水平也逐渐提高。截至 2014 年末，河南省城镇企业职工基本养老保险基金总收入为 923.83 亿元，比上年度增长了 10.7%，其中基金征缴收入为 832.35 亿元，比上年度增长了 9.7%；基金支出为 832.35 亿元，比上年度增长了 16.6%。与此同时，城乡居民社会养老保险基金收入为 153.98 亿元，比上年度增长了 4.1%；基金支出为 99.96 亿元，比上年度增长了 4.1%（见图 2—5）。而企业退休人员养老保险金不仅实现了社会化发放，待遇水平也得到稳步提高。2015 年河南省财政厅颁布的《关于 2015 年调整企业退休人员基本养老金的通知》将河南省企业退休人员基本养老金平均水平提高了 10%，这使企业职工基础养老金待遇水平实现十一连涨，调整后全省企业退休人员月人均养老金达到

① 根据《2014 年度河南省人力资源和社会保障事业发展统计公报》相关数据整理。

1950.21 元。城乡居民社会养老保险待遇水平也得以提高，河南省人力资源和社会保障厅、财政厅联合颁布的《关于提高城乡居民基本养老保险基础养老金最低标准的通知》明确提出，把基础养老金最低标准由原来的 60 元/人/月，提升到 78 元/人/月，比国家基础养老金最低标准高 8 元。

图 2—5　2010—2014 年社会保险基金收支情况（单位：亿元）
资料来源：根据《2014 年河南省人力资源和社会保障事业发展统计公报》相关数据整理。

3. 信息化建设发展较快

信息化建设是各项社会保障制度高效运转的基本技术支撑。为方便参保人办理各项保险业务、提高社会保险经办效率、加强社会管理，人力资源与社会保障部统一部署规划发行社会保障一卡通。2005 年，河南省启动"金保工程"一期建设工作，省级财政投入 7900 万元，"金保工程"二期建设工作业已启动。至此，河南省社会保障信息化建设已粗具规模，信息化水平相对较高。

2012 年 5 月河南省政府印发《关于加快推进社会保障一卡通工作的意见》，标志着河南省正式启动社会保障一卡通工作。社会保障一卡通已经在 3 个试点市县、6 个重点推进省辖市进行试点推行，持卡人数逐年上涨，截至 2014 年末，社会保障"一卡通"持卡人数已超过 4000 万人。2014 年 10 月河南省人力资源和社会保障厅颁布的《关于加快推进社会保障卡应用的实施意见》明确指出，到 2016 年底，河南省要实现"发卡对象覆盖全体参保人员、金融服务终端覆盖全体行政村和社会保障卡应用覆盖人社部门全部用卡业务"的"三个全覆盖"和"发卡使用率达100%、市（县）人力资源和社会保障业务信息系统省级集中率达到100%、持卡人投诉解决率达到100%"的"三个100%"。

为给参保人提供更为便捷的信息服务，提升政府公共服务能力，河南省通过政府门户网站、12333电话咨询服务系统等多种途径为参保人提供参保信息查询服务。据《2014年河南省人力资源和社会保障事业发展公报》显示，截至2014年末，河南省已经建立12333电话咨询服务系统知识库，16个省辖市开通了12333电话咨询服务，服务对象累计210万人次。总之，信息化建设已经成为河南省人力资源和社会保障工作的重要举措，它进一步推动了社会保障各项工作向精细化、一体化、科学化、规范化迈进。

目前，河南省省市两级人力资源和社会保障部门均已建立了社会保险信息数据中心，基本实现了各项保险业务数据集中在市级或省级统一管理。国家、省、市三级网络已覆盖至各类公共就业服务机构和社会保险经办机构，并向街道、乡镇、社区等基层组织延伸，基本形成了人力资源社会保障信息网络框架。信息系统基础设施得到进一步巩固，安全防护能力有所加强。为了进一步增强对社会保障基金的监管力度，河南省开辟了联网监测数据采集渠道，探索现场监督与非现场监督相结合的基金监督模式。全国绝大多数省（市）已经实施了全省统一的核心业务应用软件，就业信息系统和"五险合一"软件已基本实现全省覆盖，经办效率和服务能力的支撑力度进一步增强。①

此外，为贯彻落实党的十八大和十八届三中全会的精神，河南省本着适应流动性的原则，从2014年7月1日起开始实行《城乡养老保险制度衔接暂行办法》，目的是实现流动就业人员养老保险跨地区、跨制度间的无障碍转移接续，从而扭转了城乡间自由流动的农民工在维护自身养老保险权益时面临较大不确定性的局面。现行统一的《城乡养老保险制度衔接暂行办法》，基本实现了城镇企业职工基本养老保险与城乡

---

① 河南省人力资源与社会保障厅：《河南省人力资源和社会保障信息化建设"十二五"规划》，http://www.haxy.lss.gov.cn/html/ywzl/xxhjs/zhengcefagui/2015/0720/1483.html，2015年7月20日。

居民养老保险制度间的顺畅转移，促进了劳动力的跨区域自由流动，保障了广大城乡参保人员的合法权益，对于推进河南省城乡社会养老保障体系建设具有重要意义。截至目前，河南省已开始受理职工、居民养老保险互转衔接手续的申请，切实促进了城乡社会养老保险转移接续工作的顺利开展。

（二）河南省统筹城乡社会养老保障发展过程中存在的问题

城乡居民基本养老保险制度的正式建立，标志着统筹城乡社会养老保障制度在河南省已迈出关键性一步。河南省统筹城乡社会养老保障体系建设成就较为显著，但在发展进程中仍然存在诸多问题，主要表现在制度公平性、灵活性、可持续性和服务性等几个方面。

1. 城乡社会养老保障制度公平性不足

公平性原则是社会保障的首要原则，我国宪法中明文规定在全体公民中实施普遍、平等的社会保障。统筹城乡社会养老保障制度充分体现了社会保障制度追求社会公平的理念，尤其是农村居民社会养老保险制度的建立，为农村居民提供了基本社会养老保险待遇，从而改变了农村社会保障未被纳入国家社会保障体系的局面。尽管我国已建立起覆盖城乡的社会养老保障制度，但在实际运行过程中，其公平性仍然不足。

城乡社会养老保障制度存在显性不公平的问题，即不同群体间养老保险待遇水平差距较大。从缴费构成上看，机关事业单位和城镇企业职工养老保险费主要由单位和个人按照工资的一定比例共同缴纳，即实行比例缴费制。机关事业单位养老保险改革尚处于起步阶段，在未改革前职工无须缴纳养老保险费用。而城乡居民养老保险费的缴纳是参保者从既定的缴费档次中自由选择缴纳金额，实行定额缴费制。在城乡居民社会养老保险覆盖人群中，年满 60 岁的参保人可直接领取基础养老金，未满 60 岁的参保人养老保险基金由个人缴费、集体补助、政府补贴构成，各地补贴水平不同，但集体补助在经济不发达地区几乎为零。2014 年 10 月 1 日起开始实施的《国务院关于机关事业单位工作人员养老保险制度改革的决定》中明确规定，对机关事业单位工作人员实行"老人老办法、中人过渡办法、新人新办法"的政策，退休人员的养老金替代率可达 80%—90%，属于各群体中养老金待遇水平最高的。企业退休人员养老金待遇水平也得到稳步提升，基础养老金待遇水平实现十一连涨，调整后企业退休人员养老金达到 1950.21 元/人/月。而截至 2015 年末，城乡居民基础养老金为 78 元，即年满 60 周岁的城乡居民每人每月只能领取 78 元，与其他群体相比，养老保险待遇差距较大。

城乡居民社会养老保险制度尽管取得了较大成就，但在其运行过程中仍存在隐性的不公平，即城镇居民与农村居民在待遇水平上存在着实质性的差距，这主要体现在以下两方面。第一，是否具有土地保障。农村居民除了拥有城乡居民社会养老保险制度保障外，还有较为稳固的土地保障。尽管随着社会的发展，土地的养老保障功能日益弱化，但其对农村居民生活保障的作用仍不可忽视。而城镇居民，除了正式的养老保险制度保障外，并没有其他较为稳固的养老保障项目，虽然现今政府已在着力构建多层次养老保障体系，但对大多数城镇居民而言，年老后的生活来源仍依靠基本养老保险制度。城乡居民养老保障方式上的差异，使同一社会保险制度中同等待遇水平对二者而言仍存在隐性差距。第二，基本生活需求存在差异。2014 年河南省 85.8% 的 60 岁以上老人每月领取的基础养老金为 60 元，占 2014 年河南省城镇居民人均年收入的 2.45‰，而占农村居民人均年收入的 6.37‰，同样的 60 元养老金，在城镇与农村的实际购买力差距较大。虽然城镇居民与农村居民虽然表面上实行了统一的基础养老金发放标准，但仍存在隐性待遇差。

2. 城乡社会养老保障制度灵活性缺乏

统筹层次是市场经济发育程度的一个重要标志，也是养老保险社会化水平的重要体现。过低的统筹层次不仅违背了社会保障应遵循的"大数法则"，易造成养老保险在各个地区发展的不平衡，而且也将影响劳动力的自由流动。[①]

目前，河南省社会养老保险仍处于市级统筹阶段，较低的统筹层次既导致了各统筹单位之间存在政策不统一的现象，也造成了社会养老保险缴费基数、缴费比例、待遇标准等不尽相同的局面，从而无法对养老保险基金进行统一筹集、统一管理和统一调度，易形成各地区社会保险机构之间"划疆而治"的局面，增加参与养老保险基金运营工作单位的数量，引起

---

① 郑功成：《中国社会保障改革与发展战略》（养老保险卷），人民出版社 2011 年版。

基金结余分散、抗风险能力差的问题。从城镇企业职工基本养老保险看，若统筹层次过低，则意味着全省职工基本养老保险金的提取比例是不同的。不同地区间社会经济发展水平处于不平衡状态，在职职工的工资水平也存在较大差别，最终造成不同地区筹集到的基金数额存在一定差异。而社会养老保险基金根据多缴多得的原则在各地区调配使用的，使原本就存在基金结余的地区得到的调剂金多于存在缺口的地区，从而导致前者基金结余越来越多，后者基金缺口越来越大，终将造成养老金支付负担重的地区负担将会更重的不利局面，出现养老保险基金"凹凸面"的现象。据《2014 年度河南省人力资源和社会保障事业发展统计公报》可知，2014年河南省城镇企业职工基本养老保险基金收入为 923.83 亿元，基金支出为 832.35 亿元，收支差为 91.48 亿元。在基金收支平衡且有 91.48 亿元盈余的情况下，各级财政仍需补贴城镇企业职工基本养老保险基金242.96 亿元。与此同时，城乡居民养老保险基金收入为 153.98 亿元，基金支出为 99.96 亿元，收支差为 54.02 亿元。虽然城乡居民社会养老保险基金出现了 54.02 亿元盈余，但各级财政仍需对其补贴 114.08 亿元。加大对养老保险的投入是政府应承担的责任，但现今这种投入仅是为了弥补养老保险基金制度结构性矛盾所造成的缺口，无法从根本上解决基金使用率较低的问题，这不仅加重了政府的财政负担，而且不利于社会养老保障制度的健康发展。

提高统筹层次是我国市场经济发展的现实要求，经济快速发展、人口流动加速、就业形式多样，使得社会养老保险统筹层次的提高迫在眉睫。对于劳动力资源丰富的河南省而言，提高社会养老保险统筹层次为人力资源自由流动创造便捷的条件，具有重大意义。较低的统筹层次，不仅给劳动者养老保险关系转移接续和权益记录带来了诸多困难，而且限制了区域间人力资源的自由流动。各地区社会养老保险统筹基金不同，导致退休后劳动社会养老保险待遇差别较大。根据"用脚投票"理论，劳动者必然会向经济条件较好、待遇水平较高的地区流动，长此以往将不利于劳动力市场的健康运行，阻碍了区域经济发展。统筹区域的划分使社会养老保险基金具有浓重的"势力范围"色彩，从而使各地区在养老保险的转移接续方面出现诸多政策性壁垒，限制了社会养老保险基金的正常流动及充分利用，削弱了养老保险基金的互济性，也制约了其健康发展。

3. 城乡社会养老保障制度可持续性受挫

党的十八届三中全会、五中全会相继提出"构建更加公平更可持续的社会保障体系",可见可持续发展是实现社会保障制度公平性的重要途径。河南省城乡养老保障制度发展过程中仍存在部分人群尚未参保和养老保险基金保值增值能力较低的现象,制约了城乡社会养老保障制度的可持续运行。

虽然河南省已经实现建设覆盖城乡居民养老保险制度的目标,但仍然有部分群体游离在制度之外,即养老保险制度并未真正做到覆盖所有人群,未参保群体依然存在,特别是农村居民社会养老保险制度的扩面推进工作依然举步维艰。据河南省社会养老保险事业管理局发布的《2014 年度养老保险工作情况》显示,截至 2014 年末,全省城乡居保参保人数已达 4844 万人,参保率为 97.5%,但未参保群体依然存在,且主要集中在16—45 岁的农村居民和城镇居民中的灵活就业人员。这种现象不仅影响了制度的筹资能力,而且制约了城乡居民社会养老保险制度的可持续发展。

河南省是农业大省和人口大省,截至 2014 年末,河南省农村劳动力转移就业已经累计达到 2742 万人,其中省内转移就业 1590 万人(占58%),省外转移就业 1152 万人(占 42%)。解决农民工劳动就业问题至关重要,但健全农民工养老保障制度、做好农民工养老保障工作,也是政府亟须解决的问题。农民工具有工作时间长、工作更换较为频繁、文化水平不高、合同签约率低等特点,由于他们对养老保险政策了解程度较低,自身参保意识较弱,更愿意把有限的收入用来应对即期风险,即子女教育、医疗等,对相对较为长远的养老风险无暇顾及。与此同时,农民工用工单位或雇主对养老保险政策了解度也较低、参保意识不强,也不愿增加自身负担,因此他们为农民工缴纳养老保险金的积极性不高,这也是农民工养老保险参保率较低的主要原因之一。据《2014 年度河南省人力资源和社会保障事业发展统计公报》显示,2014 年底,参加城镇企业职工基本养老保险的农民工人数为 32.34 万人,比上年末减少 1.67 万人。

随着社会经济的发展,老年人的生活水平逐步提升,社会养老保险基金作为老年人退出工作岗位后的重要经济来源,是老年人的"养命钱",

因此社会养老保险基金亟须通过投资运营实现保值增值，是保证社会养老保险制度健康、可持续运行的关键举措。尽管河南省正逐步推进社会养老保险基金省级统筹，但仍存在部分养老保险项目的基金是由市级甚至是县级统筹。首先，由于地方政府是多元利益的综合体，当社会养老保险目标与地方其他重要发展目标发生冲突时，地方政府就可能为了政绩选择后者，舍弃前者，从而发生挪用养老金的现象。其次，由于地方政府都有维护自身利益的取向，社会养老保险基金调剂制度执行起来也较为困难，降低了其使用效率，也不利于基金互济性功能的实现。更重要的是，基金分散运营管理不利于产生规模效应，影响社会养老保险基金保值增值。社会养老保险基金保值增值问题直接关系到参保人养老金是否能按时足额发放，也关系到参保人养老保险待遇水平的提高，但是河南省的现实情况并不利于这一问题的解决。河南省基本养老保险基金是按照国家现行规定，以安全性、收益性、流动性为基本原则，实行收支两条线管理。在《基本养老保险基金投资管理办法》颁布之前，我国社会养老保险基金除了预留相当于 2 个月的支付费用外，只能用于购买国债或存入财政专户，不能直接或间接投入资本市场。2015 年 8 月国务院颁布的《基本养老保险基金投资管理办法》规定，各省、自治区、直辖市社会养老基金可在预留一定支付费用后，把基本养老保险基金适当进入资本市场，具体而言，投资股票、股票基金、混合基金、股票型养老金产品的比例，合计不得高于社会养老基金资产净值的 30%；投资国家重大项目和重点企业股权的比例，合计不得高于社会养老基金资产净值的 20%。虽然国家允许基本养老保险基金可以适当在资本市场投资，但由于我国资本市场的发展尚不成熟，操纵市场、内幕交易等现象依然较为突出，这对于基本养老保险基金保值增值目标的实现是一个重大的挑战。

4. 城乡养老保险经办机构服务性不佳

20 世纪 80 年代中期，河南省在全国统一部署下进行社会养老保险制度改革，各地区也陆续建立了养老保险业务经办的专门机构。1996 年河南省城镇企业养老保险基金管理中心和河南省机关事业单位社会保险基金管理中心成立，二者于 2008 年合并为河南省社会养老保险事业管理局，以保证企业养老保险省级统筹的顺利实行，而 2016 年 9 月河南省社会保障局的正式成立，整合了全省社会养老保障管理资源，对城乡社会养老保障事业起助推作用。但必须指出的是，当前河南省社会养老保险经办机构在管理方式及信息化程度等方面仍无法适应统筹城乡社会发展的需要，从而造成城乡社会养老保险经办机构服务性不佳，制约了社会养老保险的稳健发展。

尽管河南省社会养老保险管理体制已初步整合，但仍较为分散，大多数市县级经办机构仍按险种单独设立管理部门，在部分地区，即使同一险种也会按照参保人身份的不同单独设立保险经办机构。随着城乡居民社会养老保险制度快速发展，养老保险经办业务逐渐呈向基层下移的趋势，导致基层经办服务机构的任务越来越重。特别是县级以下经办服务机构，普遍存在服务网点少、办公场所狭小、服务窗口拥挤等问题。部分地区经办服务机构甚至没有正式的办公场所，办公地点较为分散，这给参保人办理养老保险相关业务带来了极大的不便，直接影响了经办服务机构工作效率和服务质量的提高。

社会养老保险经办服务机构人员匮乏是河南省社会养老保险经办服务体系面临的一个突出问题。社会养老保险经办机构的服务状况直接影响城乡居民对社会养老保险政策的认识，进而影响其参保行为的选择。随着城乡居民社会养老保险制度的实施，河南省养老保险覆盖人次逐年提高，经办服务机构长期处于"小马拉大车"的超负荷运转状态。作为人口大省，河南省参保人数众多、各地区经济发展不平衡，经办机构服务水平参差不齐。而对于占参保群体大多数的农村而言，其软硬件条件较为落后和缺失，难以有效满足农村居民对城乡社会养老保险经办机构服务的需求。与此同时，农村大部分地区金融、通信等社会服务资源相对匮乏，也影响了经办机构的工作效率和服务水平。

社会保险政策的落实终归是要由人来完成，但现实情况是，基层经办机构人员缺乏、能力不足、服务精神欠缺。随着参保人数的大幅增加，社会保险基层经办机构的工作量也在急剧提升，机构人员的工作负荷日趋加重。河南省社会养老保险基层经办机构的人员编制并未得到扩展，导致经办机构人员负荷比远高于国内一些省份。《中国养老金发展报告2013》数据显示，河南省养老经办人均负荷比为2512:1，而同时期甘肃和贵州分别为1091:1与1308:1。由于缺乏人员编制，基层经办人员大多是身兼数职，工作负荷过重，待遇水平较低，加之对政策认知水平有限、工作积极性不高、服务意识淡薄等，进而造成部分地区存在政策宣传不到位、工作低效运转甚至无效运转的局面，不仅严重影响了城乡居民对城乡社会养老保险政策的认知，难以达到经办业务的要求，而且日益扩大的养老保险服务诉求更难以得到有效满足。经办服务人员专业素质偏低远不能满足城乡居民对社会养老保险制度的期望，必然会降低其对制度的满意度，长此以往必将形成对城乡社会养老保险制度满意度、了解度不高的局面，严重阻碍了该制度的可持续运行。

社会保障信息化建设关系到社会保险管理部门之间的资源共享、经办机构的工作效率与质量、保险关系转移接续问题和服务社会化与便携化，它是保证整个社会保障制度高效运行的关键。目前，河南省社会保障信息化建设发展较快，已取得了显著成就，但仍存在信息共享程度较低、业务协同能力较弱等问题，因此，信息化建设尚需进一步完善。2014 年起社会保障一卡通工程开始在河南省 3 个试点市县、6 个重点推进省辖市进行试点，截至目前尚未在全省范围内通用，这不仅不利于参保人持卡缴费、领取待遇和信息查询，而且制约了养老保险关系的转移接续。

（三）河南省统筹城乡社会养老保障体系发展过程中存在问题的原因分析

河南省统筹城乡社会养老保障体系建设过程中出现的问题，不仅制约了其运行效率的提高，而且严重影响了社会养老保障制度的公平性和可持续性。剖析统筹城乡社会养老保障制度问题产生的原因对完善河南省城乡社会养老保障体系意义重大。

1. 经济因素

河南省各地区资源分布不平衡，地区间经济水平差距较大。从各地市人均 GDP 看，截至 2014 年末，在河南省 18 个省辖市中，郑州市人均 GDP 为 7.2992 万元，居全省首位，居于中位的安阳市和濮阳市分别为 3.5210 万元、3.4895 万元，处于末位的周口市仅为 2.2625 万元，郑州市人均 GDP 是周口市的 3.2 倍（见表 2—2）。河南省地区经济发展不平衡问题，短期内无法解决，影响统筹城乡社会养老保障制度的建设。

表 2—2 **2014 年河南省各市 GDP 和人均 GDP 排名**

省辖市	GDP（亿元）	GDP 排名	人均 GDP（元）	人均 GDP 排名
郑州市	6776.99	1	72992	1
开封市	1492.06	13	32454	13
洛阳市	3284.57	2	48417	6
平顶山市	1637.17	12	33016	12
安阳市	1791.81	8	35210	9
鹤壁市	682.20	17	42550	7
新乡市	1917.81	6	33696	11
焦作市	1844.31	7	52421	4
濮阳市	1253.61	14	34895	10
许昌市	2087.23	4	48471	5
漯河市	941.16	16	36366	8
三门峡市	1240.06	15	55260	3
南阳市	2675.57	3	26650	15
商丘市	1697.64	10	23359	17
信阳市	1757.34	9	27490	14
周口市	1989.75	5	22625	18
驻马店市	1691.30	11	24461	16
济源市	480.46	18	66777	2

资料来源：根据《2015 年河南统计年鉴》相关数据整理。

地区社会经济发展的不平衡，导致河南省社会养老保障制度发展呈非均衡态势。河南省各地市间城乡社会养老保障制度的发展速度快慢不一，层次水平高低不同，有些地区发展较早而有些地方则较为落后，区域差距逐步拉大且有进一步恶化的趋势。从实际情况看，一方面由于历史债务和养老负担并不均衡，经济发展水平较快的地区如郑州市，已初步实现了城乡社会养老保障制度的一体化建设，且发展速度较快、补贴水平较高，而经济水平相对落后的地区如周口市，虽然各项社会养老保险制度已开始实施，但水平普遍较低，难以满足城乡居民的养老保障需求。地区之间城乡社会养老保险制度改革也存在发展不同期、进程不协调的情况，必将严重影响统筹推进城乡社会养老保障体系的建设。另一方面，地区间仍存在较大的工资差距，经济发达地区的收入水平和收入增长率均远高于经济欠发达地区。现行基本养老保险制度筹资模式和待遇给付模式多与职工的工资水平挂钩，因此各地区工资收入水平的差异必将导致各地区养老金待遇水平参差不齐。

统筹层次是养老保险社会化水平的重要标志，社会养老保险统筹层次的高低直接关系到城乡劳动者养老保险关系的跨域转移和社会养老保险基金的互济范围，进而影响到劳动力市场的统一和各地区公平竞争环境的形成。鉴于各地区社会经济发展实际状况的差异，河南省养老保险政策的制定为各地保留了一定的政策自主实施空间，各地可以根据本地的实际情况对部分政策，如城乡居民社会养老保险中的缴费补贴、养老金待遇水平等进行适时调整。因此，河南省还未实现真正意义上的省级统筹，仍是市级统筹、省级调剂，这将严重制约各地区社会养老保险的均衡发展，违背社会保险的"大数法则"，从而影响制度的公平性和可持续性。这与各地区经济发展不平衡有很大关系，部分经济状况较好的地区对参保者各项补贴相对较多、养老金水平较高，而经济状况较差的地区基础养老金的发放都较为困难，补贴更难以实现，从而使得区域间养老保险水平、负担水平的差距逐渐拉大。较低的统筹层次也易使地方利益固化，造成养老保险基金管理分散、规模较小、效率低下的局面，从而增加社会养老保险基金收支平衡的风险，进而加重政府的财政负担。

此外，各地市经济的不平衡也制约了河南省城乡社会养老保障制度的信息化建设，尽管河南省人社厅致力于"金保工程"的建设，以期在全省建立统一的信息技术平台，改善区域间信息沟通不畅的困境，但各级政府在信息化建设过程中，关注的重点和投入的项目仅限于本级财政所覆盖的范围，造成投资的分散化。经济状况较好的地区，建设投入力度较大，信息化建设的基础设施较好，信息化发展较快，体系较为完备；经济状况较差的地区，信息化建设投入相对较少，发展缓慢。这造成了各地区信息化发展的不平衡，不利于河南省构建统一的信息技术平台。

2. 社会因素

新中国成立以后，在特殊的政治经济环境下，国家出台了一系列社会政策，把社会人为分割成边界较为清晰的两部分——城市和农村，造成我国现代化大工业和传统落后农业并存的局面，形成了城乡分割的社会体系。经济发展方式的不同也使我国农村居民和城市居民在社会养老保障方面存在较大的差异。国家在城市建立较为全面、水平较高的养老保障制度来解决城市居民养老问题，农村则固守传统的以土地为基础的家庭养老模式，农村居民基本被排除在正式的社会养老保障制度之外。受我国社会经济的发展、科学技术的进步以及计划生育政策"后遗症"的影响，老龄化问题在我国城镇和农村均较为严重。尤其是在农村推行家庭联产承包责任制以来，传统农村集体经济分担农村居民养老风险的功能已逐步消失，农村居民转变为自担风险的经营主体，他们需要独自应对未来的养老风险。与此同时，虽然越来越多的农村居民已从土地耕作中游离出来，成为各行各业的职工，但是仍然存在大部分农民工"工作在城市，养老回农村"的现象。而随着社会经济的快速发展，农村居民对生活水平提高的期望越来越强烈，已具备经济条件为保障晚年生活水平的提高而缴纳费用。这迫切要求在农村建立较为完善的与城镇差异较小的社会养老保险制度。目前我国已建立覆盖城乡的社会养老保障制度，并开始实施户籍制度改革，以期打破二元社会格局，但改革尚处于起步阶段，成效尚未可知，而城乡分割社会结构所造成的影响已根深蒂固，短期内难以消除，严重制约了统筹推进城乡社会养老保障体系建设的发展进程。

与此同时，我国社会结构快速分化，受历史原因、机会不平等、体制障碍等因素的影响，形成了不同的社会群体，而且不同群体间存在身份差异，特别是就业特征、收入水平的不同决定了其对养老保险制度的要求也不尽相同。群体间的分割势必导致各个群体在养老保险待遇方面存在较大差别。对农村居民和城镇居民而言，前者虽有非正式的土地保障和正式的社会养老保险制度，但其养老保险待遇水平相对较低，农村社区养老服务基础设施建设滞后；后者虽有社会养老保险保障和相对较为完备的社区养老服务，但养老保险待遇并无法满足其基本生活需要。养老保障需求城乡间差距依然较大，使养老保障制度实施过程中存在不公平的问题。①

3. 文化因素

中国传统文化对人们有较为深远的影响，但部分传统观念却制约了统

---

① 郑功成：《中国社会保障改革与发展战略》（养老保险卷），人民出版社 2011 年版。

筹推进城乡社会养老保障体系建设的发展。在我国五千年的历史进程中，传统的"孝文化"对人们社会生活各个领域均产生深远影响，"仰足以事父母，俯足以事妻子"被普遍视为个人应尽的责任和义务。而家庭作为各种社会关系的纽带，虽然可以为其成员提供经济上的援助、生活上的关心和精神上的慰藉，但家庭养老保障毕竟只是一种非制度化、非社会化的保障形式，它无法完全取代政府在居民养老保障方面的责任。传统观念对社会保障制度建设的影响在农村表现得尤为凸显，农民作为小生产者，受价值观念、教育程度等因素的影响，会较多考虑当下的生存状况，即面临的即期风险，而无法从长远视角来审视自身面临的养老风险。换言之，农村居民较多看重的是眼前的现实利益，从而导致在自愿性原则下，多数农民会在不确定性因素的影响下忽视长期规划，这在无形中削弱了他们参加缴费型养老保险制度的积极性。农村居民普遍存在这种心理：他们希望政府给予经济上的支持和援助，从而维持甚至是改善生产和生活条件。农村居民较多地对生活压力和疾病风险表现出忧虑，而老年风险对他们而言只是遥不可及的事。农村居民过于现实的考虑和不愿缴费的心理，在一定程度上阻碍了河南省统筹推进城乡社会养老保障体系建设的进程。

长期以来，"重城市，轻农村"的观念一直影响着我国社会保障制度的建设，城市始终被放在优先发展的地位，农村社会保障建设通常被忽视，导致统筹城乡社会保障体系建设面临着较大的观念障碍。虽然农村已建立起正式的社会养老保险制度，但尚处于起步阶段，水平相对较低。部分地方政府认为农村居民普遍有土地保障，子女数量相对较多，家庭保障资源较为丰富，传统的家庭养老保障作用仍然较大，低水平的养老保险待遇即可满足农村居民的基本养老需求。由于地方政府财力有限，部分经济条件较差的地区就更倾向于将有限的资金投入其他领域，对社会养老保险的补贴力度和养老服务的建设重视度就较低。同时，部分地方政府官员受"官本位"思想影响严重，在某种程度上会造成部分官员服务意识淡薄，突出表现在部分政府部门尚未意识到统筹推进城乡社会养老保障制度建设的重要性。与此同时，该观念也易使地方政府把实施统筹城乡社会养老保障作为政绩工程，从而导致形式主义泛滥、政府公信力下降，最终造成劳民伤财的不利局面。综上，传统观念将影响着社会养老保障制度的制定和执行，如果对传统观念错误认识的束缚不能被打破，那么原有的城乡二元社会管理体制就无法根除，从而影响统筹城乡社会养老保障建设工作的推进。

（四）完善河南省统筹城乡社会养老保障体系的对策建议

统筹推进城乡社会养老保障体系建设有利于缩小城乡差距，不仅是公平正义的体现，充分发挥社会保障"减震器"和"安全阀"的功用，而且也是社会进步的标志。养老保险作为养老保障的核心组成部分，其建设对于社会养老保障城乡统筹具有重要的作用。目前，河南省统筹城乡社会养老保障体系建设已进入高速发展期，养老保险虽已实现了制度全覆盖，但参保率仍有待提升。完善河南省城乡社会养老保险制度建设，不仅有利于提高参保率、提升养老金待遇水平，而且有利于构建更加公平和可持续的社会养老保障体系。针对河南省统筹推进城乡社会养老保障体系建设过程中出现的问题及原因的分析，特提出如下对策建议。

1. 确保制度均衡发展，提高制度公平性

"缓和社会不公平、创造并维护社会公平，是社会保障制度安排的基本出发点，也是社会保障实践的基本归宿。"① 目前，河南省城乡社会养老保障体系已进入由外延式发展向内涵式发展转变的重要阶段，逐步提高养老保险待遇水平、缩小群体间待遇差距、突出政府责任是养老保险制度公平性的关键。

多层次、多支柱的城乡社会养老保障体系对于缩小群体间养老金待遇水平差距、维护社会公平而言意义重大。随着社会主义市场经济在我国逐步确立，城乡居民的就业方式日趋多元，就业渠道逐步拓宽，导致二者的收入差距日益拉大。近年来，受老龄化程度、人口结构、劳动力流动、产业模式等诸多因素影响，河南省各地区社会经济发展水平差异较大，导致各地政府的财政实力有所不同，对社会保障事业的投入额度也参差不齐。因此，城乡社会养老保障体系建设不能参照统一的标准统筹推进，应根据不同地域、不同群体差异化的养老服务需求，构建多层次、多支柱的社会养老保障体系。对于城镇居民而言，针对不同职业、不同经济实力的群体采取统一的保障标准是不合时宜的，应基于不同群体具体的生活需求，运

---

① 郑功成：《社会保障学》，商务印书馆 2000 年版，第 257 页。

用科学的精算方法进行预测，并根据预测的结果采取有针对性的措施予以执行；对农村居民而言亦是如此。尽管该方法的执行存在一定难度，但它能最大限度地兼顾不同群体的利益诉求，确保社会养老保障制度公平性的实现。此外，政府应积极倡导、鼓励并推行居家养老，着力构建以居家养老为基础、社区养老为依托、机构养老为补充的专业化社会养老服务体系，为广大民众编织一张坚实可靠的"养老安全网"，以满足不同社会群体多元化、专业化、差异化的社会养老服务需求；应在基本养老保险"保基本"的前提下，设置类型多样、种类齐全、水平不一的补充养老保险项目，并引导城乡居民根据自身的经济实力、生活水平与养老需求进行自由选择，以有效满足城乡居民"老有所养、老有所依"的愿望，切实提高城乡居民的晚年生活质量。

为提高社会养老保障制度的公平性，在责任主体方面应坚持以政府为主导，在基本原则方面应坚持基本公共服务均等化，从而使社会经济发展成果公平地惠及社会公众。对于农村居民而言，虽有土地保障其基本生活，但是保障水平长期偏低。因此，政府应加大对农业生产的财政扶持力度，提高惠农支农政策的有效性。对于城镇居民而言，伴随着改革开放的不断深入，城镇居民中无业者或灵活就业者面临更多的不确定性，基本养老保险制度已无法满足其晚年的基本生活需求。因此，政府在提供公共服务时应坚持均等化原则，使共享理念在养老保险制度实施过程中得到充分体现。毋庸置疑，养老保险制度具有较强的正外部效应，不仅有利于缩小城乡间、地区间、行业间差距，而且有利于社会的和谐平稳运行。对此，政府应积极探索针对性、适用性的财政补贴方法，以缓解城乡社会养老保障制度间的矛盾。

2. **理顺转移接续关系，提高制度灵活性**

养老保险制度间的衔接和转移接续是顺利实施统筹城乡社会养老保险制度目标的前提条件，加快弥补制度缺失、衔接整合各项养老保险制度从而构建覆盖城乡的社会养老保险制度是建立更加公平、普惠、可持续的社会养老保障体系的坚实基础。河南省应尽快实现养老保险省级统筹，以保证人力资源的自由流动，提高社会养老保障制度的灵活性。

提高养老保险统筹层次可先从化解地方隐形债务危机入手，如通过政府财政手段或是其他方式逐渐化解各地区的隐形债务，使各地区在统筹层次提升过程中"轻装上阵",从而有效缓解养老保险基金区域利益固化的现状,因基金盈亏差异而导致的不良性影响也将得以削弱。为确保社会养老保险基金的持续平稳运行,应尽量遵循"大数法则",从而尽可能筹集到更多的资金,最大限度地发挥养老保险互助共济的功能。现今,河南省社会养老保险基金统筹层次仍停留在市一级,从而导致养老保险管理主体较多且过于分散,造成社会养老保险互补共济功能的弱化,不利于缩小各地区养老保险待遇水平差距。虽然"城职保"已经按照《社会保险法》的规定从省级统筹过渡到了全国统筹,但城乡居民社会养老保险受社会经济发展水平的影响,在短时期内难以实现全国统筹,而河南省依然停留在市级统筹、省级调剂的层面,并未实现真正意义上的省级统筹。因此,河南省应通过化解地方债务危机,加快推进社会养老保险省级统筹建设。

提高统筹层次,必须健全制度的激励机制,使更多人能够积极主动参与到社会养老保障制度中来。受"财政分权"的影响,地方保护主义盛行且利益固化。同时,地方政府绩效考核多以 GDP 为导向,而养老保险属于社会福利的重要组成部分,对经济发展的刺激作用无法立竿见影,因此逐渐被地方政府边缘化。目前,养老保障制度"统账结合"模式易使地方政府在自我利益的驱使下出现逆向选择问题,即养老金结余较多的省份不愿与收不抵支的省份统筹,后者在养老基金筹资及运营方面会面临较大的困难,而前者则可享受养老金结余带来的社会经济效益,前者对后者的排斥严重违背了社会养老保险筹层次提高的初衷,不利于养老保险制度的可持续发展。鉴于此,为体现区域间的经济差异和不同群体间的职业差别,可依照具体问题具体分析的思路,根据各地区的实际情况设置多层次、灵活性的缴费档次,同时将养老金增长标准与各统筹地区的社会经济发展水平相挂钩,从而在制度设计方面减少各地方政府在养老保障城乡统筹过程中出现逆向选择的可能。①

将社会养老保险从制度全覆盖向人群全覆盖过渡,是当前统筹推进城乡社会养老保障体系建设的工作重点。但养老保险制度"碎片化"现象依然存在,这不符合在我国经济快速发展和人口流动性加快的情况下,劳动

① 王晓东:《城乡统筹视阈下社会养老保险制度统筹层次问题再讨论》,《东岳论坛》2014年第 2 期。

者对养老保险制度顺畅转移接续的要求。因此，要加快推进各项社会养老保险制度间的优化整合，使社会养老保险的转移接续能顺利实现，从而提高制度的灵活性。具体而言，可以实施三步走的社会养老保险发展战略：第一步，对城镇居民与农村居民社会养老保险制度进行整合，该步骤已基本实现；第二步，对城镇企业职工、事业单位和公务员的社会养老保险制度进行整合，该步骤正在进行，但进程缓慢；第三步，对城镇职工与城乡居民的社会养老保险制度进行整合，该步骤将是政府未来工作的重点。

3. 优化制度设计，提升制度可持续性

目前，我国城乡居民社会养老保险制度存在参保质量较低、收入能力有限等问题，这制约了该制度的可持续性，而提升其可持续性是实现社会保障制度公平性的重要途径。因此，只有通过建立健全城乡居民社会养老保险制度的激励机制，提高参保质量，增强制度收入能力，才能确保制度的可持续发展。

河南省社会养老保险已实现制度全覆盖，各项制度的参保率也在逐年提高。当前，我省社会养老保险的扩面工作已进入攻坚阶段，需要采取有针对性的措施鼓励未参保群体参与到这一制度中来。对于企业职工基本养老保险制度而言，要进一步加强对企业参保方面的监督，一方面可以采用税收优惠或其他减轻企业负担的政策，继续鼓励企业为职工办理养老保险。另一方面，应对违反法规的行为加大处罚力度，提高企业的违法成本。最重要的是，通过政策宣传和激励机制，增强企业的社会责任感和参保意识，使企业充分认识到为职工办理养老保险制度的重要意义。与此同时，也应加强对在职职工的宣传教育力度，使其充分意识到老年风险的存在以及养老保险制度对化解老年风险的重要作用，提高企业及职工的参保热情；而对城乡居民社会养老保险制度而言，应健全激励机制，提高居民参保质量。城乡居民社会养老保险制度的主要目标是"保基本"，即满足参保人的基本养老需求。目前城乡居民大多选择较低的缴费档次，不仅不利于更好地防范老年风险、满足其养老需求，而且削弱了制度的筹资能力，损害了基本养老保险制度的共济性。由于目前城乡居民社会养老保险中国家补助微乎其微、集体扶持杯水车薪，应适当提高集体补助的比重，加大政府财政扶持力度。河南省已在国家设定的缴费档次基础上增设高档次的缴费标准，但仍要继续实行差异化的补贴策略，引导城乡居民选择更高的缴费档次,从而激励城乡居民"长缴多得""多缴多得"。因此,建立合理的缴费激励机制尤为重要。

逐步提高养老保险基金的管理水平,增强制度收入的能力。目前我国社会养老保险基金投资运营管理的渠道较为狭窄,投资方式相对单一,投资市场尚不完善,阻碍了养老基金的保值增值。养老保险基金的投资运营管理历经筹集、运营和给付等一系列环节,每一环节的运行都关系到整个基金管理的健康发展。首先,应遵循收支两条线的管理方式,即对城乡社会养老保险基金的收支实行分开管理,从而有效规避财政腐败等不良现象的发生,明晰各部门的具体职责,保障基金投资管理的合理运营;其次,应坚持精算平衡原则,提高基金运营效率,增强基金盈余能力,确保养老保险基金投资回报率逐步提升;最后,应加大基金的监管力度,防止基金管理过程中人为造成的资金流失,同时发挥各级人力资源和社会保障部门的监管作用,完善有关养老保险方面的管理制度和业务流程,畅通信息沟通渠道,加大社会监督力度,从而实现政府管理的公开透明;更为重要的是,应积极拓宽城乡社会养老保险基金的投资渠道,以 2015 年《基本养老保险基金投资管理办法》的出台为契机,在保障养老基金安全性的条件下,主动探求养老基金的投资渠道,多渠道实现养老基金的保值增值。

4. 提升机构管理能力,提高制度的服务性

提升社会养老保险经办机构服务能力是确保社会养老保障制度顺利运行的基础条件。政府应采取必要措施以提高城乡社会养老保险经办机构的服务水平。

首先,优化社会养老保障管理体制。第一,应进一步优化社会养老保障管理服务机制。为克服社会养老保障管理政出多门、多头管理的现象,不仅应明确各部门的管理业务和职责,建立部门联动机制,而且要对社会养老保障管理体制进行分阶段改革,即改变"地方请客,政府埋单"的局面,把财权和事权统一收归中央,克服行政管理体制的路径依赖。第二,应调动地方政府完善社会保障制度的热情,把社会稳定程度和社会保障制度完善程度作为地方领导政绩考核指标,从而使地方政府切实承担起养老保障的责任,真正做到社会养老资源"取之于民,用之于民"。第三,应着力实现社会养老保险制度间的衔接与整合,明确各管理部门的职责,建立统筹协调机制,从而形成高效可持续的管理局面。第四,应尽快

为社会养老保险经办机构配备必要的配套设施，创造良好的工作环境，为城乡居民提供便捷、高效、优质的养老服务。

其次，提升经办机构工作人员服务能力。第一，应增加人员编制，特别是要根据地区人口发展的规律，对社会保险经办机构工作人员的数量实行动态配比机制；第二，应定期对经办机构工作人员进行业务培训，从而提升工作人员专业素质、工作热情、服务能力，为参保者提供优质高效的养老服务；第三，应鼓励社会保障相关专业的大学毕业生参与到社会保险经办服务工作中，充分利用河南省丰富的高校资源，建立大学生志愿服务的长效机制，这不仅有利于提升社会保险经办队伍的专业化水平，也有助于大学生学以致用，实现双赢；第四，应明确经办机构工作人员的职责，健全问责机制，防止失职、渎职等违规行为的发生；第五，应加强对社会保险经办机构工作人员的绩效考核，将考核结果与薪酬挂钩，采用薪酬激励机制，提高其工作积极性。

最后，加快信息化建设步伐，实现信息资源共享。第一，应建立起覆盖城乡的社会养老保障基本信息数据库，继续推进城乡社会养老保险关系转移接续信息系统的应用，并尽快实现经办机构的全覆盖。第二，应构建全省统一的社会养老保障信息化公共服务平台，实现各项社会保险业务信息在部门间、地区间的共享。第三，应推进全省社会保障一卡通的发放、使用工作，提高经办服务的效率和质量。

第 三 章

统筹城乡视阈下河南省城乡
居民社会养老保险制度研究

长期以来，以血缘关系为纽带的家庭养老是我国民众主要的养老保障模式。随着我国社会经济快速发展、人口流动速度加快、家庭结构日益核心化，个人养老问题已不仅仅是一个家庭的问题，业已逐渐演变成一个社会问题。目前，传统的家庭养老保障模式已无法适应现代社会经济发展的要求，养老保障正逐步走向社会化。随着人口老龄化日益加剧，在城市已建立较为完备的社会养老保障制度；但在农村，社会养老保障制度安排相对滞后，部分群体仍游离于制度之外。鉴于此，民政部门自 20 世纪 90 年代开始在农村推进社会养老保险试点工作，以此为发端，统筹城乡的社会养老保障制度初步确立。

一　河南省城乡居民社会养老保险制度发展历程

河南省作为农业大省和人口大省，梳理其城乡居民社会养老保险制度统筹推进的实施概况及发展历程，发掘推进这一制度发展的影响因素，从而对构建与完善更加公平和更可持续的社会养老保障体系具有重要意义。

（一）"老农保"实施阶段

改革开放以来，随着家庭联产承包责任制的逐步推行，农村集体经济防范农村贫困居民养老风险的功能逐渐消失，计划生育政策的推行，使家庭结构日益小型化、核心化，加大了农村居民的养老风险。加之社会经济的发展、就业结构的变化、农村居民收入渠道的拓宽、不孝子女道德约束和惩罚机制的弱化，均对传统家庭养老模式产生较大冲击。①

在此背景下，1986 年民政部等相关部委在江苏省沙洲县召开农村基层社会保障工作座谈会，决定在经济较发达地区推行农村社会保障试点工作。1991 年 6 月《国务院关于企业职工养老保险改革的决定》明确要求民政部负责农村（含乡镇企业）养老保险改革。同年，民政部在全国选取 20 个县进行试点，并在总结成功试点经验的基础上，于 1992 年 1 月颁布《县级农村社会养老保险基本方案（试行）》，鼓励地方政府推行农村居民养老保险（简称"老农保"）试点工作。政府鼓励年轻居民为将来可能面临的老年风险提前积累资金，老农保制度主要面向非城镇户口、不由国家供应商品粮的 20—60 周岁的农村人口，领取年龄一般为 60 周岁以上。该制度的筹资模式为基金积累式的个人账户，实行"个人缴纳为主、集体补助为辅，国家予以政策支持"的三方责任共担机制。参保农民实行定额缴费制，月缴费标准可从 2—20 元 10 个档次中自由选择，筹集的社会养老保险基金以县（区）为单位进行统一管理。但该制度仅在部分地区推行，并未在全国范围内普遍实施，各项配套措施并不完善，问题较为突出。特别是由于当时养老保险基金筹集未遵循责任共担机制，多数地方政府和村集体并未真正投入资金，社会养老保险基金的筹集主要依赖于个人缴费积累，农民参保积极性无法得以有效提升。此外，在老农保实施过程中，部分农民参保并非出于自愿，多由基层工作人员在任务、指标压力下强行向农民摊派，农民参保积极性普遍不高，保障水平较低，制度缺乏活力。1999 年 7 月国务院下发《国务院批转整顿保险业工作小组（保险业整顿与改革方案）的通知》（以下简称《通知》），着手对农村社会养老保险进行清理整顿，老农保的实施工作处于停滞状态。尽管河南在全省 78 个县（市、区）相继开展了老农保工作，但随着中央政策的调整，实施老农保的地区逐渐减少。在《通知》下发后，除郑州、开封、南阳等七市外，其他省辖市相继停止开展农保新业务，其中濮阳、周口等五市已将保费退还给参保农民。至此，我国自 1986 年开始试点、1992 年正式

————————
① 崔红志：《新型农村社会养老保险制度适应性的实证研究》，社会科学文献出版社 2012 年版，第 65 页。

推广、1999 年停止经办并进行整顿规范的农村社会养老保险制度就成为老农保的专有名词。①

(二) 新农保探索阶段

进入 21 世纪后，随着我国社会经济的快速发展，传统的养老保障理念和模式受到冲击并逐渐发生变化。党和政府致力于全面建设小康社会，并把逐步完善社会保障制度作为工作重点。党的十六大报告指出，社会保障体系的建设应与各地区实际社会经济发展水平相适应，倡导具体问题具体分析，鼓励各地区积极探索，以提高制度的针对性与适应性。至此，养老保险试点工作在全国逐步推广。作为主要试点地区之一的河南省也根据省情积极探索，其中郑州地区的试点工作较为突出。

郑州市自 2008 年开始探索建立城乡居民养老保险制度，并于同年 7 月颁布《郑州市城乡居民基本养老保险试行办法》，开始在全市范围内推行城乡居民基本养老保险试点工作。在"保基本、广覆盖、可持续、易衔接"的指导原则下，坚持权利与义务相结合，同时兼顾效率与公平，并采取个人、集体、政府三方筹资机制，逐步扩充养老基金规模。养老基金由郑州市统筹管理，在县（区）实行分级经办，以方便符合领取条件的城乡居民就近领取养老金。值得注意的是，参保对象须符合以下标准：第一，必须为年满 16 周岁的城乡居民（不含在校学生）；第二，必须具有郑州市户籍；第三，未被纳入机关事业单位的工作编制；第四，未参加城镇企业职工养老保险制度。

参照比例缴费制的筹资方式，以上一年度郑州市城镇居民人均可支配收入和农村居民人均纯收入的算术平均数作为缴费基数，缴费比例可按照缴费基数的 6%、7.5%、10%、20% 和 30% 自由选择，经济实力较强的居民也可按照缴费基数的 50% 或 85% 缴纳。其中，45—60 周岁的参保人需要按参保年份的缴费基数和选择的缴费比例计算，补足不足年限的养老保险费；年满 60 周岁的参保人则需要根据其所在年份的缴费基数和选择的缴费比例逐交 15 年的养老保险费。政府为未满 60 周岁的参保者给予缴费

---

① 邓大松等：《可持续发展的中国新型农村社会养老保险制度研究》，经济科学出版社 2014 年版，第 7 页。

基数 1.5% 的养老保险补贴，对高龄参保者亦是如此，具体标准：针对年满 60 周岁的城乡居民，政府一次性补贴 400 元，且每增加 1 岁补贴标准增加 400 元，直至 74 周岁为止。养老保险账户模式为社会统筹与个人账户相结合，个人缴费和政府财政补贴中的 1% 计入个人账户，政府补贴中的 0.5% 计入社会统筹。城乡居民基本养老金由基础养老金和个人账户养老金共同构成，其中，基础养老金可根据城镇居民人均可支配收入及农村居民人均纯收入的变动情况适度调整。同时，《郑州市城乡居民基本养老保险试行办法》也提出根据本市社会经济发展状况、人民生活水平和基金收支情况，适时调整城乡居民基本养老保险待遇，并对参保者进行高龄补贴：针对年满 70 周岁的参保者，按照 20 元/人/月的标准发放高龄生活补贴；针对年满 80 周岁的参保者，补贴标准提升 30 元/人/月；针对 100 周岁以上的参保者，补贴标准再次提升 50 元/人/月。而参保时就已超出上述年龄段的参保者，从领取基本养老金的当月起便可享受上述标准的高龄生活补贴。

郑州是中部地区较早推行城乡居民基本养老保险试点工作的城市，其以统账结合模式为基础，采取按比例缴费的方式，明确了养老保险缴费标准和待遇水平随着城乡居民收入的提高而自然增长的机制，并确立了高龄补贴制度，为后续新农保制度的制定与实施积累了宝贵的实践经验。

（三）新农保实施阶段

2009 年 11 月，根据《国务院关于开展新型农村社会养老保险试点的指导意见》的要求，河南省政府颁布《河南省人民政府关于开展新型农村社会养老保险试点工作的实施意见》，开始推行新型农村社会养老保险试点工作，试点覆盖面为全省 10% 左右的县（市、区）。

新农保以"保基本、广覆盖、有弹性、可持续"为基本原则，采用社会统筹与个人账户相结合的模式，提出将新农保与家庭养老、土地保障、社会救助等其他社会保障政策措施相配套。参保对象为年满 16 周岁（不含在校学生）、未参加城镇企业职工基本养老保险的农村居民，参保缴费遵循自愿性原则。新农保基金由个人缴费、集体补助、政府补贴构成，其中个人缴费采取定额缴费的方式，设置 100—500 元五个档次，试点地区可根据本地区实际需求增设缴费档次供参保者自由选择。缴费困难群体由试点县（市、区）为其代缴最低标准的养老保险费，政府给予参保对象统一 30 元/人/年的"人口补贴"，有条件的村集体可以通过村民委员会进行商议给予参保者适当补贴，并为参保者建立个人账户。其中，个人缴费、集体补助及政府补贴将全部记入参保人个人账户。基本养老金由基础养老金和个人账户养老金共同构成，而社会养老保险待遇水平的提高需要省政府根据国家统一安排和经济发展、物价变动等情况适时调整。年满 60 周岁、未享受城镇职工基本养老保险待遇的农村居民无须缴费即可按月领取 60 元基础养老金，但其符合参保条件的子女必须参保，否则其父母也无法享受相关的养老金待遇；未满 60 周岁的累计缴费不得少于 15 年。社会养老保险基金实行收支两条线管理，虽然政府对新农保和"老农保"之间的衔接做了相应制度安排，但对新农保与其他制度间的转移接续并未有明确的规定。

通过河南省新农保政策的实施状况可以看出，该政策完全依照国家的指导意见推行，并对郑州市的试点工作做出了较大调整，将原来试点中实行的个人账户与社会统筹相结合的模式调整为基础养老金和个人账户相结合的模式。从社会养老保险费用计算方式看，试点采用比例缴费制，而新农保采用定额缴费制。从政府补贴看，试点采用比例补贴制，而新农保实行统一的 30 元/人/年的定额补贴。对年满 60 周岁的农村居民而言，试点要求补缴 15 年的保险费，并对高龄老人进行定额补贴；新农保规定 60 周岁以上农村居民无须缴费即可享受 60 元/人/月的基础养老金。虽然新农保采取自愿参保原则，但并未针对参保人的退保行为和养老金的正常调整机制作出相关规定，加之新农保制度实行家庭捆绑机制，基金统筹层次较低，均严重影响了该制度的可持续运行。

（四）城乡居民社会养老保险试点阶段

2011 年 7 月，根据《国务院关于开展新型农村社会养老保险试点的指导意见》及《国务院关于开展城镇居民社会养老保险试点的指导意见》，在汲取推行新农保试点工作经验教训的基础上，河南省颁布《河南省人民政府关于开展城乡居民社会养老保险试点工作的实施意见》，直接将新农保与城居保合并实施，推行城乡居民社会养老保险试点工作。城乡居民社会养老保险制度将参保人群覆盖至不符合职工基本养老保险参保条件的城镇非从业居民，并将缴费档次增设为 100—1000 元 10 个档次。同时，实施意见明确提出，要随着试点范围的不断扩大，逐步提高社会养老保险基金统筹层次。更为重要的是，实施意见废除了 60 周岁以上城乡居民领取基础养老金，其符合参保条件的子女必须参保缴费的捆绑机制。而其他政策规定与新农保政策大体一致。这一政策为今后构建与完善统一的城乡居民养老保险制度、统筹推进城乡社会养老保障体系建设奠定了坚实的基础。

截至 2012 年末，河南省 159 个县（市、区）已全部被纳入国家城乡居民社会养老保险试点范围，城乡居民社会养老保险参保人数达到 4719 万人，参保率超过 90%，远高于全国平均水平。实际待遇领取人数为 1140 万人，缴费人数占参保人数的比例达到 76%。经过不懈努力，河南省提前 8 年就实现了城乡居民社会养老保险制度的全覆盖。

（五）城乡居民社会养老保险实施阶段

2014 年 2 月，国务院颁布了《关于建立统一的城乡居民基本养老保险制度的意见》，同年 11 月，河南省随之颁布了《河南省人民政府关于建立城乡居民基本养老保险制度的实施意见》，在总结推行城乡居民社会养老保险试点工作经验教训的基础上，结合实际情况，对新农保和城居保进行制度整合，建立了全省统一的城乡居民社会养老保险制度。该制度的基本原则为"全覆盖、保基本、有弹性、可持续"，将之前的"广覆盖"调整为"全覆盖"，并将任务目标调整为"'十二五'末实现与职工基本养老保险制度相衔接，2020 年前全面建成公平、统一、规范的城乡居民养老保险制度"。城乡居民社会养老保险的缴费档次为 100—5000 元 16 个缴费档次，多于国家设置的 100—2000 元的 12 个缴费档次。政府对参保者实施差额补贴制度，对选择 100—400 元缴费档次的，补贴标准不低于 30 元/人/年；对选择 500 元及以上档次标准缴费的，补贴标准不低于 60 元/人/年。与此同时，将基础养老金提升至 78 元/人/月，并明确指出要适时调整基础养老金最低标准，逐步建立基础养老金正常调整机制，进而实现城乡居民社会养老保险基金的省级统筹。

从实施意见可以看出，随着城乡居民社会养老保险工作的逐步推行，养老保险政策的制定日趋完善，体现出满足不同参保群体差异化养老保障

需求的特点。截至 2014 年末，城乡居民社会养老保险参保人数为
4844.79 万人，比上年度增加了 1.04 万人，参保率达 97.5%，参保覆盖
率高于国家平均水平，基本上实现了城乡居民社会养老保险参保人群的全
覆盖（见图 3—1）。①

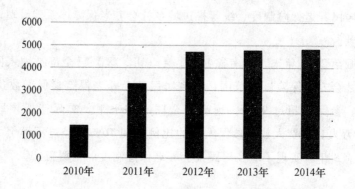

图 3—1　2010—2014 年河南省城乡居民
社会养老保险参保人数变化趋势（单位：万人）

资料来源：根据《河南省统计年鉴》和《2012—2014 年河南省人力资源和社会保障事业发
展统计公报》相关数据整理。

二　基于实地调研的发现

为了构建更加公平、更可持续的社会保障体系，统筹推进城乡社会养
老保障制度的建设，采用实地调研的方式考察河南省城乡居民社会养老保
险制度的发展现状是尤为必要的。课题组于 2013 年 11 月—2014 年 9 月对
河南省 87 个县（市）区进行深入调研，重点考察了河南省城乡居民社会
养老保险制度的运行情况，以期发现其中存在的问题，并对统筹推进城乡
社会养老保障体系建设的发展提出相应的对策建议。

（一）数据来源

为充分了解城乡居民社会养老保险制度的运行状况，本次调研地点覆

① 根据《2014 年度河南省人力资源和社会保障事业发展统计公报》相关数据整理。

盖河南省87个县（市）区，调研内容主要包括河南省城乡居民社会养老保险参保情况、城乡居民对社会养老保险的了解和评价、个人及家庭基本情况三大部分，调研对象为年满16周岁符合社会养老保险参保条件的城乡居民，调研方式为城乡居民问卷调查、一对一访谈、与相关部门领导以及工作人员座谈等，调研成员主要是河南大学社会保障专业硕士研究生和本科生。课题组共发放调查问卷5000份，回收有效问卷4754份，问卷回收率达95.08%。为避免出现误差，数据记录与录入工作均由河南大学社会保障专业硕士研究生完成。

调研地点的选取主要是以地区经济发展状况为基础条件，课题组采取分层抽样和判断抽样的方法，即在每个调研县（市）区分别选择两个经济发展水平存在差距的城乡社区展开调研，文中未标明来源的数据均源于此次调研。在调研过程中，由于调研内容涉及诸如经济状况、对居住社区的评价等较为敏感的话题，在其他人围观或是有社区干部在场的情况下，得到的答案极有可能会失真。因此，所得部分结果的真实性有待进一步商榷，课题组也只能尽量根据调研的实际情况作出客观的反映。

（二）研究发现

1. 城乡居民社会养老保险存在的必要性

（1）家庭养老功能弱化，社区互助衰退

随着社会经济的快速发展、计划生育政策的稳步实施，我国人口社会结构均发生了较大变化，导致人口流动的加快以及家庭结构日趋小型化、核心化。本次调研数据显示，有76.6%的被调查者家庭人口（指一起居住、吃饭的人口）为5人以下。家庭结构的小型化、核心化，使得大部分老年人在生活能够自理的情况下都会主动选择或者被动选择单独居住，子女与老年人之间形成了两个互不交集的生活系统，大部分的子女不愿再和父母一起生活，无法就近照料父母。加之近年来人口流动的加快使很多家庭成员居住分散，从而使家庭成员间的代际契约被空间隔断，即造成大量"留守老人""空巢老人"等特殊社会群体的出现，家庭养老保障功能逐渐弱化。从调查结果看，45岁及以下的被调查者多以打工为主，而45岁以上的被调查者多以务农为主。从户口类型来看，非农户口的被调查者多以务工、灵活就业和个体户为主；农村户口的被调查者大多数选择务工；以打工为主的被调查者中，"留乡"打工者较少，工作场地多在外市、外省，与家人长期处于分隔状态。

除受家庭结构小型化的影响以外，子女对父母赡养意愿的下降也加快了家庭养老保障功能的弱化。改革开放后，随着我国社会主义市场经济的飞速发展，人们的生活水平得以大幅提升，但道德教育长期处于缺失状态，传统的"孝文化"观念逐渐淡薄。加之人口流动速度加快，道德规范的约束惩罚机制逐渐失灵，子女对父母的赡养意识日趋弱化。相关研究表明家庭成员之间的地位及相互关系是由其谈判能力所决定的，而谈判能力的高低则主要取决于家庭成员间合作关系破裂后每个成员的"退路"，情感、爱心、社会压力与规范等因素在此过程中也发挥了一定的作用。父母在家庭中的地位将会影响子女的赡养意愿，子女赡养意愿降低则直接导致了家庭养老保障功能的弱化。①

目前，老年人在家庭中处于不利的谈判地位。首先，年老是一个身体各项机能逐渐弱化的过程，在此期间老年人的患病风险会大幅增加。调查发现，日常生活开支和医疗保健费用在老年人日常消费中排在前两位，老年人的经济消费水平普遍较低。其次，老年人受教育程度整体较低。调查结果显示，60 岁以上被调查者中有 45.7% 未接受过正规教育，33.5% 的被调查者的学历水平是小学，15.2% 的被调查者的学历水平为初中，而接受过初中以上教育的被调查者仅占 5.6%。教育程度普遍偏低使得老年人不仅在工作能力方面，而且在获取工作机会方面均弱于年轻人。最后，随着年龄的增加，老年人获取社会资源的能力逐渐降低。据调查结果显示，对于老年人而言，失去工作业已成为普遍现象，尽管低龄健康老年人有获取工作的机会，但随着其年龄的增加，选择继续工作的可能性也在降低（见表 3—1）。对 60 岁以上农村被调查者的研究发现，被调查者的职业多以务农为主（见表 3—2），这与现今农村年轻人多外出务工，老年人多"留守"的现实情况相符。

对于农村老年人而言没有"退休"这一概念，只要身体状况允许，他们仍会选择继续从事劳动。值得关注的是，农村老年人除了要继续从事

————————

① 崔红志：《新型农村社会养老保险制度适应性的实证研究》，社会科学文献出版社 2012 年版，第 18 页。

农业劳作之外，部分身体状况较好的农村老年人会选择在农闲时"打零工"并照顾孙辈，依靠自我储蓄以应对老年风险的能力较低。尽管农村居民可依靠土地保障养老，但随着家庭联产承包责任制的推行，农民享有土地的使用权，而农村老年人通常在年老无法从事农业生产活动时会把土地使用权转让给子女，进而导致其丧失了对该土地的使用权与转让权。总体而言，老年人在家庭中处于不利的谈判地位，导致子女赡养意愿降低，这可能会改变其与父母间的赡养契约。即随着老年居民在家庭中谈判能力和子女赡养意愿的下降，以血缘关系为纽带、以社会道德和法律为约束的建立在代际契约上的非正式养老保障制度安排——家庭养老保障的功能日益弱化。

表 3—1　　　　非农户口 60 岁以上被调查者与目前职业的交互分析　　　单位:%

年龄	目前职业						合计
	打工	个体户	经商	灵活就业	无业	其他	
60—69 岁	9.5	4.1	4.1	14.7	63.5	4.1	100.0
70—79 岁	5.2	0.0	0.0	0.0	89.5	5.3	100.0
80 岁及以上	0.0	0.0	0.0	7.7	92.3	0.0	100.0

表 3—2　　　　农村户口 60 岁以上被调查者与目前职业的交互分析　　　单位:%

年龄	目前职业						合计
	务农	打工	个体户	经商	灵活就业	无业	
60—69 岁	63.1	5.6	2.8	0.9	2.0	25.6	100.0
70—79 岁	43.5	1.2	2.0	0.8	0.8	52.2	100.0
80 岁及以上	41.3	2.7				56.0	100.0

传统的中国社会是一个"熟人社会"，特别是在以自然或行政划分的特定区域——单个社区中，这一社会特质表现得较为突出。在传统社区内部，社区成员间形成了以生存伦理为基础的互助机制。社区作为成员间互帮互助的集体，能够帮助成员抵御家庭无法应对的生产和生活风险，具有共济性特点。自古以来，我国在养老保障方面始终坚持家庭保障、邻里互助的模式，特别是在农村地区，这种模式尤为显著。而随着社会和家庭结

构的变化，社区内部邻里互助的功能正逐步弱化。对城镇居民而言，高楼大厦虽组建起了现代社区，但沉重的铁门却阻隔了传统文化中的邻里乡情，在社区已不再是"熟人社会"了，"隔门不相识"基本成为社区成员间的相处常态。对农村居民而言，外出务工人员数量增多、人口流动加速以及生活节奏加快，业已改变了传统意义上的村落形态，邻里之间的互助保障功能逐渐衰退。课题组在调研中发现，在问及遇到困难时的求助对象时，多数被调查者会首先选择亲戚，其次是朋友邻里。传统的社区互助共同体逐步被打破，处于濒临瓦解的状态。

城乡居民社会养老保险是政府采取补贴的手段鼓励城乡居民为应对老年风险提前进行的制度安排，但这一政策能否被广大受众群体所接受主要取决于他们认为老年风险是否真正存在，且是否具有提前储蓄以应对老年风险的内在需求。家庭养老保障功能的弱化和社区互助共同体的瓦解，使城乡居民面临较大的养老风险，这迫切需要建立正式的社会养老保障制度以提高城乡居民应对老年风险的能力。

（2）城乡居民养老保障观念发生转变

受城乡二元制的影响，城镇居民更多依靠国家来解决养老难题，而大部分农村家庭继承了我国传统社会的特质，多依托家庭来解决养老问题，"养儿防老"观念根深蒂固。但随着社会经济的发展，传统的类似于四世同堂的家庭模式已不复存在，家庭结构日趋小型化、核心化，人们的养老观念也发生了较大的改变。从本次调研情况看，被调查者一家在一起居住吃饭的人数低于四口的占被调查者总数的26.7%，四口的占被调查者总数的26.1%，五口的占被调查者总数的23.9%，五口以上的占被调查者总数的23.4%。由此可知，被调查者家庭人数多为四口或者五口，即多为"小家庭"模式。随着社会经济的发展及家庭结构的变化，城乡居民对养老问题的看法已有所转变。

本研究设计"您对自己的养老问题是否担心？""哪一种养老方式对您是最重要的"两个问题，以此来研究现今城乡居民对养老问题的看法。调查结果显示，对"您对自己的养老问题是否担心"这一问题，表示"非常担心"的占被调查者总数的8.3%，表示"担心"的占被调查者总数的38.9%，表示"无所谓"的占15.1%，表示"不担心"的占34.1%，表示"一点都不担心"的占3.6%。总体而言，被调查者对自身养老问题并不过分担心。对"哪一种养老方式对您是最重要的"这一问题，表示"子女养老"的占被调查者总数的40.1%，表示"依靠自己存钱养老"的占36.2%，表示"参加城乡居民社会养老保险"的占18%，表示"依靠政府救助"的占3.1%，表示"购买商业养老保险"的占2.6%。从整体上看，"依靠子女养老"和"依靠自己存钱养老"的养老方式对被调查者而言比较重要。为了更深入地研究城乡居民对养老问题的看法，后续将引入其他变量进行具体分析。

尽管城镇居民更多依靠国家、农村居民多依托家庭来解决养老难题，仅靠单一的国家和家庭养老方式已无法适应当前社会经济快速发展的背景下，城乡居民日益增长的养老需求。为研究城市居民和农村居民对养老问题的态度是否存在差异，课题组引入户口类型这一变量，对"户口类型"和"是否担心自己的养老问题""哪一种养老方式对您是最重要的"分别进行交互分析。结果显示，非农户口的被调查者对养老问题的担心程度比农村户口的被调查者要高，这或许是由于农村居民有土地作为保障，且生活成本相对较低，尽管家庭养老功能已日益弱化，但仍能发挥举足轻重的作用。而城镇居民在退休之后多依靠退休金进行养老，且城市生活成本较高，家庭养老保障功能较农村更为弱化，加之城镇居民信息获取渠道较农村居民更为广泛，对养老风险更为了解，因此对养老问题更加担忧（见表3—3）。

表3—3　　　　　户口类型与是否担心自己的养老问题交互统计　　　单位:%

户口类型	是否担心自己的养老问题					合计
	非常担心	担心	无所谓	不担心	一点都不担心	
农村户口	7.5	38.7	15.1	35.0	3.7	100.0
非农户口	12.7	39.9	15.2	29.5	2.7	100.0

从"哪一种养老方式对您是最重要的"这一问题来看，农村被调查者多认为"子女养老"对自己比较重要，占被调查者总数的43.6%，由此可见，农村居民受传统"养儿防老"观念的影响仍然较大；"自己存钱养老"所占比重也较大，占被调查者总数的35.2%，说明农村居民的养老观念已逐步发生变化。对非农户口的被调查者而言，认为"自己存钱

养老"这一养老方式较为重要的占被调查者总数的 41.6%，而认为"参加城乡居民社会养老保险"更为重要的占 25.5%，这可能是由于城市居民长期把养老问题长期依托国家来养老，导致家庭养老保障功能较农村更为弱化。相对于农村被调查者而言，非农户口的被调查者更多认为"购买商业保险"是最重要的养老方式，占非农户口被调查者总数的 6.5%。这可能是由于城镇居民的收入水平和对养老保险政策的了解程度相对较高，通过选择参加商业保险来防范老年风险的可能性也就更高（见表 3—4）。

表 3—4　　　　户口类型与自己觉得最重要的养老方式交互统计　　　　单位:%

户口类型	自己觉得最重要的养老方式					合计
	子女养老	自己存钱养老	参加城乡居民社会养老保险	依靠政府救助	购买商业保险	
农村户口	43.6	35.2	16.4	2.9	1.9	100.0
非农户口	22.3	41.6	25.5	4.1	6.5	100.0

为更深入研究被调查者对养老问题的看法，课题组引入被调查者年龄这一变量，对被调查者年龄和"是否担心自己的养老问题""哪一种养老方式对您是最重要的"分别进行交互分析，将被调查者按年龄分为 16—30 岁、31—44 岁、45—59 岁和 60 岁及以上共 4 组。分析结果显示，城乡居民对社会养老问题的担心程度较高。其中，31—44 岁这一年龄段的被调查者对自己的养老问题担心程度相对较高，占该群体总人数的 40.8%。这可能与该年龄段被调查者正处于"上有老、下有小"的境况有关。在这一年龄段的被调查者中，其父母年龄普遍较高，照顾父母需付出更多的时间、精力、资金等成本。同时，该年龄段人群还需考虑子女抚养、教育支出等现实问题，尚无法为防范老年风险而采取积极有效的措施。因此，该年龄段群体对养老问题的担心程度相对较高。60 岁以上年龄段的被调查者对自身养老问题担心程度相对较低，这或许是由于该年龄段群体已步入老年，完成了为子女"成家立业"的"责任"，正是应该"颐养天年""含饴弄孙"，"担心不担心已经不重要了"。部分身体状况较好的老年人仍可继续工作，为抵抗老年风险进行自我储蓄，有时间和精

力为自身的养老问题做出谋划安排。16—30 岁这一年龄段的被调查者对自身的养老问题担心程度也较低,其中,表示"无所谓"的占比相对较高。这可能是由于老年风险对他们而言较为长远,他们更多关注的是现实生活的压力及即期风险对生活的影响(见表3—5)。

表3—5　　　　年龄与是否担心自己的养老问题交互统计　　　单位:%

年龄	是否担心自己的养老问题					合计
	非常担心	担心	无所谓	不担心	一点都不担心	
16—30 岁	7.0	37.2	22.3	30.0	3.5	100.0
31—44 岁	8.3	40.8	17.3	30.2	3.4	100.0
45—59 岁	9.4	38.6	13.7	34.8	3.5	100.0
60 岁及以上	7.0	38.5	10.4	40.2	3.9	100.0

对"哪一种养老方式对您是最重要的"这一问题,16—30 岁和31—44 岁的被调查者普遍认为最重要的养老方式是"自己存钱养老",分别占各自年龄段被调查者总数的57.5%和42.5%,这或许是由于这类群体获取资源的能力较强,养老问题对他们而言还较为长远,尚有能力和时间为应对养老风险作出充分准备。45—59 岁和60 岁及以上的被调查者普遍认为"子女养老"较为重要,分别占各自年龄段的43.8%和51.9%,这可能是由于这部分群体获取资源的能力正逐步下降,养老问题对他们而言是迫切需要应对的,所以他们寄希望于子女养老的传统方式(见表3—6)。

表3—6　　　　年龄与对自己最重要的养老方式交互统计　　　单位:%

年龄	对自己最重要的养老方式					合计
	子女养老	自己存钱养老	参加城乡居民社会养老保险	依靠政府救助	购买商业保险	
16—30 岁	21.5	57.5	14.2	2.4	4.4	100.0
31—44 岁	34.3	42.5	18.0	1.5	3.7	100.0
45—59 岁	43.8	34.0	17.0	2.9	2.3	100.0
60 岁及以上	51.9	19.3	22.1	5.7	1.0	100.0

从以上数据的分析可以看出，从户口类型看，城镇居民对养老问题的担心程度普遍高于农村居民，依靠子女的养老保障方式对农村居民而言仍然较为重要，而城镇居民则更多倾向于自我储蓄养老；从年龄段看，相对于其他年龄段群体，31—44 岁的被调查者对养老问题担心程度较高，且年龄越小的群体越认为靠自我储蓄进行养老的方式比较重要。由此可见，随着人们对子女赡养意愿和赡养能力担忧程度的日渐加深，传统"养儿防老"的观念已发生较大改变。现今，养老问题已不再仅是家庭和个人的问题，而亟须政府为城乡居民的养老保障做出相应的制度安排，这才能体现出城乡居民社会养老保险制度存在的价值。

（3）城乡居民对政府及社会养老保险制度的信任度较高

城乡居民社会养老保险制度具有一定的社会福利性，城乡居民参保缴费的过程中相当于与政府签订了一个跨期兑现的契约，是否参保缴费取决于其信任政府兑现契约的程度。因此，课题组设计了几个直观的问题来考察城乡居民对政府的信任度。针对"政府是值得百姓依靠的"这一问题，被调查者中 18.5% "非常赞同"，48.9% "赞成"，认为"一般"的占 27.7%；针对"政府有能力带领老百姓过上好日子"这一问题，18.5% 的被调查者表示"非常赞同"，49.4% 的被调查者表示"赞同"，认为"一般"的占 26.5%；针对"政府是重视老百姓利益的"这一问题，被调查者中 19.1% "非常赞同"，48.3% 表示"赞成"，认为"一般"的占 26.2%。由此可见，城乡居民对政府的信任度普遍较高。

城乡居民是否会参保缴费以及是否能持续参保缴费主要取决于其对城乡居民社会养老保险制度的信任度，城乡居民对制度的信任度越高，城乡居民参保缴费并维持这一行为的可能性也就越高。课题组主要从制度持续性、基金管理和公平性三个方面分别设计了相关问题以考察城乡居民对社会养老保险制度的信任度。

从城乡居民对制度持续性的信任度看，针对"这项制度能得到稳定持续的实施"这一问题，被调查者中 15.1% "非常相信"，55.1% 表示"相信"，27.2% 认为"说不清"；针对"政府对养老金的补贴会持续不断"这一问题，12.7% 的被调查者"非常相信"，55.4% 表示"相信"，27.8% 认为"说不清"。针对"养老金待遇水平会逐渐提高"这一问题，13.8% 的被调查者"非常相信"，55.4% 表示"相信"，26.4% 认为"说不清"；针对"按规定参保，养老金可以支付终身"这一问题，11%的被调查者"非常相信"，45.5%表示"相信"，33.6%认为"说不清"。

从城乡居民对基金管理的信任度看，针对"政府部门能做好养老基金的管理"这一问题，表示"非常相信"的占被调查者总数的9.8%，表示"相信"的占43.8%，表示"说不清"的占36.7%；针对"个人缴的参保费不会被贪污挪用"这一问题，表示"非常相信"的占7.9%，表示"相信"的占28.9%，表示"说不清"的占42.7%；对于"个人缴的参保费不会贬值"这一问题，表示"非常相信"的占被调查者总数的7.7%，表示"相信"的占31.2%，表示"说不清"的占44.4%。

从城乡居民对制度公平性的信任度看，针对"干部和群众缴费收益标准一致"这一问题，表示"非常相信"的占被调查者总数的10.5%，表示"相信"的占45.1%，表示"说不清"的占30.5%。针对"养老保险政策对每个人都公平"这一问题，表示"非常相信"的占被调查者总数的12.2%，表示"相信"的占45.6%，表示"说不清"的占29.3%。由此可见，城乡居民对社会养老保险制度的信任度较高。此外，通过访谈发现，在以上问题中表示"说不清"的被调查者多是由于对这一制度缺乏了解。

2. 城乡居民社会养老保险制度运行中存在的问题

城乡居民社会养老保险制度在实际运行过程中，虽然取得了一定成绩，但仍存在一些问题亟待解决。

（1）制度完整性不足——未参保群体仍然存在

河南省早在2012年就已实现了城乡居民社会养老保险制度全覆盖，但此种意义上的全覆盖仅意味着覆盖了整个河南省的行政区域，并不意味着真正覆盖了所有目标群体，即每个符合参保条件的个体都加入这一制度。在本次调研中，24%的被调查者尚未参加城乡居民社会养老保险（见图3—2），这部分人群游离于城乡居民社会养老保险制度之外，必将严重影响到制度的完整性和持续性。

课题组对未参保者的调查显示，当问及未参保原因时，30.0%的被调查者表示"不了解政策"，20.0%表示"经济条件不允许"，表示"不需要"的占被调查者总数的15.1%，13.5%认为"怕政策变化，不能兑现"，10.6%将未参保的原因归结为"养老金太少"（见表3—7）。

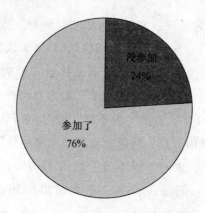

图3—2　是否参加城乡居民养老保险

受到城乡分割的二元社会体制根深蒂固的影响，城镇居民和农村居民的具体情况是不同的，为了了解城镇居民和农村居民未参保原因是否存在差别，引入户口类型变量进行分析。结果发现对农村居民中未参保者而言，未参保原因排在前两位的是"不了解政策"和"经济条件不允许"，而对城镇居民中未参保者而言，未参保原因排在前两位的是"不了解政策"和"不需要"（见表3—7）。

表3—7　　　　　未参保被调查者未参保原因与户口类型交互统计　　　单位：%

未参保原因	户口类型		合计
	农村户口	非农户口	
经济条件不允许	20.4	18.4	20.0
怕政策变化，不能兑现	14.4	10.0	13.5
不了解政策	30.2	29.3	30.0
错过了参保	6.9	5.9	6.7
养老金太少	10.3	11.7	10.6
不需要	14.1	18.8	15.1
其他	3.7	5.9	4.2
合计	100.0	100.0	100.0

综合来看，对政策缺乏了解将影响到城乡居民的参保意愿。对农村居民而言，经济状况对其是否选择参保影响也较大。访谈结果显示，

"经济条件不允许"并非托词，收入的有限性才是决定农村居民日常生活中医疗、教育、人情等支出的重要因素，农村居民暂不愿考虑对他们而言较为长远的老年风险。就某种程度而言，这也是由于收入和储蓄的多用途性与城乡居民养老保险费无法自由流动之间的矛盾造成的。而部分经济条件较差的被调查者也明确表示"眼前的事都顾不到，没空想以后的事"，与较长远的老年风险相比，他们更倾向于用有限的收入应对即期风险；对城镇居民而言，"不需要参加城乡居民养老保险"的观念制约了城镇居民的参保缴费，通过访谈发现，该部分未参保的城镇居民身体状况及家庭经济条件普遍较好，他们普遍认为城乡居民养老保险待遇水平较低，不足以满足自己的养老保障需求，因而更倾向于通过自我储蓄进行养老。调查显示，在决定是否参保时，48%的被调查者并未充分考虑到养老保险的收益及风险问题，而更多考虑的是自身条件和现实需要（见图3—3）。

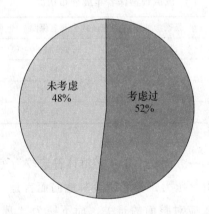

图3—3　是否仔细考虑过参保的成本、益处和风险

课题组调研发现，在推行试点的过程中，地方政府在参保任务和指标考核的压力下，为了追求参保率的提升，通常会采取不合理的措施变相强制城乡居民参保。更有甚者，在国家已明令禁止新农保制度中实施"捆绑"政策的情况下，仍未对参保群体作出相应解释说明，依旧强调这一强制性政策措施的存在。这种行为严重违背了城乡居民社会养老保险制度中"自愿参保"原则，不利于扩面工作的顺利推进。

（2）制度可持续性受挫——参保结构不合理

虽然河南省城乡居民社会养老保险的参保率相对较高，但参保结构并不合理，这必将制约城乡居民养老保险制度的完善及可持续发展。城乡居民社会养老保险参保结构不合理主要表现在参保者年龄分布、缴费档次的选择和参保原因等方面，本部分将对这三个方面进行具体剖析。

首先，参保者年龄分布不合理易造成城乡居民社会养老保险基金收支失衡，加重政府的财政负担。从参保者的年龄分布看，不同年龄段城乡居民的参保积极性大不相同。调研数据显示，参保者中年龄在45岁以下的仅占总数的31.8%。具体而言，在参加城乡居民社会养老保险的被调查者中，16—30岁年龄段的参保者占该年龄段总数的43.2%，31—44岁年龄段的占73.1%，45—59岁年龄段的占77.7%，参保人群趋向老龄化（见表3—8）。

表3—8　　　　　　　　　　被调查参保者年龄分布状况　　　　　　　单位：%

年龄	是否参加了城乡居民社会养老保险		合计
	没参加	参加了	
16—30 岁	56.8	43.2	100.0
31—44 岁	26.9	73.1	100.0
45—59 岁	22.3	77.7	100.0

访谈结果显示，一方面是由于年轻群体普遍较为短视，他们较多考虑的是当前所面临的生存压力，养老风险对他们而言是"以后的事"，他们更愿意用有限的收入应对眼前的难关，而不愿为"现在还看不到的、几十年之后才会发生的事"提前储蓄预防。另一方面是由于城乡居民社会养老保险制度规定的最低缴费年限是15年，部分被调查者明确表示"如果没有更好的政策选择，45岁以后再交也不迟"。加之，部分被调查者认为，自新农保政策推行至今短短几年，关于城乡居民社会养老保险政策的出台较为频繁，使其产生"现在缴费谁知道以后会不会变"的想法，对政策的稳定性心存担忧。从参保人数与领取待遇人数的比例看，2013年河南省待遇领取人数占参保总人数的比例较上年度提高了1.18个百分点，城乡居民社会养老保险支出占收入的比重也在逐年上升，这无形中增加了

城乡居民养老保险待遇给付的压力，严重影响了制度的可持续性。①

其次，城乡居民社会养老保险采取定额缴费的方式，参保者可以在固定的缴费档次中自由选择。这既易于政府相关部门宣传操作，又便于参保群体对社会养老保险具体政策的理解，但也容易形成"最低缴费档次困境"，即参保者普遍选择最低缴费档次。缴费档次的高低将会直接影响缴费者个人账户的累计额，而个人账户累计额又与居民养老保险待遇计发相挂钩。因此，较低的缴费档次不仅不利于居民有效抵御老年风险，而且也与城乡居民社会养老保险制度的设计初衷相违背。从缴费档次看，调研数据显示，被调查的参保者中76.4%选择了100元的最低缴费档次，8.7%选择了200元的缴费档次，这两部分共占参保者总数的85.1%，这说明参保人员整体缴费档次普遍较低（见图3—4）。访谈结果显示，此类状况的出现主要是由于：一方面基层工作人员在宣传过程中，为了追求工作的便捷、有效，提出仅有100元的缴费档次可供参保者选择；另一方面，部分被调查者明确表示对这一政策的稳定性和长期性心存担忧，担心城乡居民社会养老保险政策会半途而废，从而选择较低的缴费档次以降低自身的投资风险。此外，大部分被调查者明确表示"别人交多少自己就会交多少"，仅是在"随大流"，目的是降低自身的参保风险，这无形中体现出参保者的盲从心理。

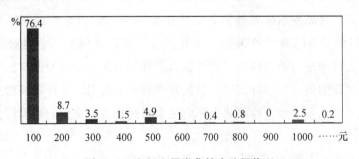

图3—4　参保人员缴费档次选择状况

最后，从参保原因看，制度本身的吸引力不足，即激励效果不明显。当问及参保者参保缴费的具体原因时，50.1%的被调查者明确表示是

① 郑秉文：《中国养老金发展报告2014》，经济管理出版社2014年版。

"为自己的养老考虑"，26.1%的被调查者认为"自己只是在随大流"，4.8%的被调查者提出"自己是在干部劝说的情况下参保的"，而19%选择了"其他"，包括"为了家里老人能直接享受养老金"等，这与新农保政策实施时的捆绑性规定有关，即60周岁以上城乡居民无须缴费即可直接享受基础养老金，但前提是其符合参保条件的子女必须参保缴费。整体而言，被调查者的参保目的与城乡居民社会养老保险制度的设计初衷相一致，但为应对老年风险而参保的城乡居民占总人数的比例仍然不高，这说明其他因素对城乡居民参保行为的影响较大。之所以会出现此类现象，一方面受参保者自身状况的影响，另一方面城乡居民社会养老保险制度的自身缺陷也不容忽视。调研期间，河南省城乡居民社会养老保险缴费档次为100—1000元10个档次供居民自主选择，政府对参保缴费的入口补贴均为30元，多缴多得的激励机制仅依赖于个人账户的积累，而且参保者在短时期内也无法享受到其所带来的福利，这必将会影响到其对制度的满意度，从而使参保行为趋向消极。与此同时，城乡居民社会养老保险制度规定，对60周岁以上符合条件的城乡居民统一发放60元的基础养老金，但城乡居民社会养老保险金的待遇调整机制并未真正建立起来，60元的基础养老金无法有效满足城乡居民的基本养老需求。从河南省2014年人均年收入看，60元的基础养老金仅占当年农村居民人均年收入的6.37‰，这说明城乡居民养老金待遇水平较低。虽然2015年河南省根据国家相关政策规定，将城乡居民基础养老金提升至78元/人/月，较国家标准高出8元，但调整后的具体效果仍未可知。若一直保持较低的养老金待遇水平，不及时构建与地方经济、物价指数相挂钩的养老金待遇调整机制，就会降低制度的吸引力，导致城乡居民参保意愿不强烈，选择较低缴费档次的人数就会大幅增加，这必将会影响城乡居民社会养老保险制度的公平性与可持续性。

（3）制度认知度不高——政策了解度较低

城乡居民对社会养老保险制度的了解程度将影响到其对该制度的认知，政策了解度较低不仅不利于城乡居民充分认识到这一制度安排对抵御老年风险的重要意义，也不利于城乡居民做出积极的参保行为，从而影响到人群全覆盖目标的实现，违背了制度的设计初衷。

调研数据显示，针对"城乡居民社会养老保险政策的了解程度"这一问题，仅有 2% 的被调查者表示"非常了解"，28% 的被调查者表示"了解"，表示"不太了解"的被调查者占 14%，而表示"不了解"的被调查者占比达 56%。这表明被调查者对城乡居民社会养老保险政策的整体了解度偏低（见图 3—5）。

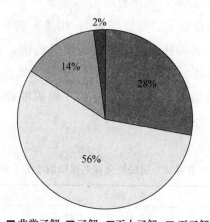

■非常了解 ■了解 ■不太了解 □不了解

图 3—5　被调查者对城乡居民社会养老
保险政策的了解度

被调查者对城乡居民社会养老保险政策了解度整体偏低，这种情况在未参保群体中表现得尤为明显。在被调查的参保者中，对城乡居民社会养老保险政策"非常了解"的占参保者总数的 2.2%，而在未参保者中仅占 0.7%；表示"了解"的参保者占参保者总数的 31.9%，未参保者仅占 17.6%（见表 3—9）。

表 3—9　　是否参保与对城乡居民社会养老保险制度了解度交互分析　单位:%

是否参加城乡居民社会养老保险	对社会养老保险政策了解度				合计
	非常了解	了解	不太了解	不了解	
没参加	0.7	17.6	62.9	18.8	100.0
参加了	2.2	31.9	53.5	12.4	100.0

为探究城乡居民对社会养老保险制度的了解程度，课题组对被调查者

就城乡居民社会养老保险的缴费档次、参保补贴、缴费年限、领取养老金的年龄、每月领取养老金金额、养老金待遇计算和缴纳保费是否存在利息等 7 个方面的了解程度进行调研。从调查结果看，被调查者对养老金领取年龄的了解度最高，表示"非常了解"的占被调查者总数的 18.2%，而表示"了解"的占 60.2%；被调查者对养老金待遇计算的了解度最低，仅有 2.9% 的被调查者表示"非常了解"，10.8% 表示"了解"。整体而言，被调查者对城乡居民社会养老保险的缴费档次、参保补贴、缴费年限、领取养老金的年龄、每月领取养老金金额的了解程度相对较高，而对养老金待遇计算和缴纳保费是否有利息的了解程度普遍较低（见表3—10）。

表 3—10　　　　被调查者对城乡居民社会养老保险制度的了解度　　　　单位:%

	非常了解	了解	不太了解	不了解
缴费档次	6.8	34.4	38.1	20.7
参保补贴	4.7	30.3	37.3	27.7
缴费年限	9.8	48.3	25.8	16.1
领取养老金年龄	18.2	60.2	14.8	6.8
每月领取养老金金额	11.3	49.1	26.7	12.9
养老金待遇计算	2.9	10.8	41.6	44.7
缴纳的保费是否有利息	3.3	15.4	39.5	41.8

访谈结果显示，城乡居民之所以对同一政策的了解程度存在差异，一方面是由于城乡居民社会养老保险政策中的缴费档次、参保补贴、缴费年限是具体数值，简单易懂、便于宣传和记忆。尤其是领取养老金的年龄、每月领取养老金金额等政策不仅简单易懂，而且城乡居民也可通过身边已领取养老金者进行了解。而养老金待遇计算和缴纳保费是否存在利息等政策需要一定的计算和专业的解读，作为城乡居民社会养老保险的参保主体，农村居民受教育程度普遍偏低，当涉及具体的计算和相关的专业名词时，其认知能力通常会受到一定制约，"也没闲工夫去了解"，他们更倾向于接受较为简单易懂的政策；另一方面，为了便于政策宣传、节省工作时间并尽快达到预期目标，基层经办机构的相关人员在工作过程中会对目

标群体便于理解和接受的政策大力宣传，而对难以理解或较为复杂的问题则尽量"避而不谈"。调研中也发现，部分基层经办机构的工作人员缺乏专业的理论知识，对城乡居民社会养老保险某些政策的了解度也不高，无法为参保者进行准确解读。

（4）制度满意度较低——部分政策设定不能满足需要

城乡居民对社会养老保险制度的满意度是影响其参保行为和参保持续性的关键性因素。

本次调研从缴费档次设置、待遇发放水平、财政补贴水平、服务水平、政策宣传和政府承担的责任六方面考察城乡居民对现行社会养老保险制度的满意度。被调查者对城乡居民社会养老保险制度的满意度多为"满意"和"一般"，这说明城乡居民对社会养老保险制度的满意度普遍不高。本部分就城乡居民对社会养老保险制度的满意度作出详细剖析（见表3—11）。

表3—11　　　　被调查者对城乡居民社会养老保险制度的满意度　　　　单位：%

	非常满意	满意	一般	不满意	非常不满意
缴费档次设置	7.9	46.6	41.3	3.9	0.3
待遇发放水平	5.5	36.6	42.8	14.3	0.8
财政补贴水平	5.6	34.7	43.5	15.2	1.0
服务水平	7.1	37.7	42.6	11.3	1.3
政策宣传	8.5	41.0	39.4	10.0	1.1
政府承担的责任	8.0	38.6	40.2	11.2	2.0

从缴费档次看，被调查者对缴费档次设置表示"非常满意"的占总数的7.9%，表示"满意"的占46.6%，相对而言，被调查者对缴费档次设置满意度较高。通过访谈发现，这主要是由于城乡居民社会养老保险在100—1000元间设置10个缴费档次，满足了不同群体多元化的参保需求。这一方面兼顾了低收入者和观望者，使前者可依据自身的经济条件，选择可以承担的缴费档次；后者不仅会担心政策变化而不愿过多缴费，又会考虑到不参加城乡居民社会养老保险"对自己今后的影响"。因此，参保者在权衡比较下可根据自身的具体情况在多层次缴费档次中自由选择。

另一方面，满足了高收入养老保障者的高层次需求，经济水平较高、欲维持较高老年生活水平的城乡居民可选择较高的缴费档次。对缴费档次设置的满意度表示"一般"的占总数的41.3%，这主要是由于被调查者普遍认为，虽然城乡居民社会养老保险设置多层次的缴费档次，但参保者限于自身条件只能选择最低的缴费档次，此种多样性对他们而言"没有意义"。

从待遇发放水平看，表示"非常满意"的占被调查者总数的5.5%，表示"满意"的占36.6%，表示"一般"的占42.8%。整体而言，被调查者对养老金待遇水平的满意度普遍较低，这可能是由于在城乡居民社会养老保险"保基本"的前提下，养老金待遇水平无法得以切实提高。调研期间，60周岁及以上的城乡居民只能领取60元/人/月的基础养老金，这仅占2014年河南省城市居民人均年收入的2.45‰，占农村居民人均年收入的6.37‰。此外，河南省仍未真正建立起养老金待遇水平的调整机制，较低的保障水平无法有效满足城乡居民的养老保障需求。

从财政补贴水平看，被调查者中表示"非常满意"的仅占总数的5.6%，表示"满意"的占34.7%，表示"一般"的占43.5%。整体而言，被调查者对财政补贴水平的满意度普遍较低。调研期间，政府针对城乡居民社会养老保险统一发放30元的入口补贴，"缴多缴少一个样"，养老金待遇水平完全依靠个人账户积累，"多缴多得、长缴多得"的激励机制并未完全体现出来，势必会影响到被调查者的制度满意度。

从服务水平看，被调查者表示"非常满意"的仅占总数的7.1%，表示"满意"的占37.7%，表示一般的占42.6%，整体而言，被调查者对经办服务水平的满意度普遍较低。

从政策宣传看，8.5%的被调查者表示"非常满意"，41%表示"满意"，表示"一般"的占39.4%。整体而言，被调查者对政策宣传的满意度普遍较低。这主要是由于基层养老保险经办机构相关人员的能力水平有限，无法有效满足城乡居民对高质、高效服务的实际需求。

从政府承担的责任看，8%的被调查者表示"非常满意"，38.6%认为"满意"，表示"一般"的占40.2%。整体而言，被调查者对政府责任的满意度并不高。这或许是随着近年来政府惠农政策的实行，民众对政府构建更高水平社会养老保险制度的期望值不断提高，而城乡居民社会养老保险的实际发展水平却相对较低，现实与期望之间存在较大差距。

（5）制度服务性缺失——经办机构服务能力不足

社会保险经办机构服务能力是保障社会保险制度稳定运行的基础条件。经办服务状况将会影响城乡居民对社会养老保险制度的认知度，进而影响城乡居民的参保意愿。从经办服务水平看，参保者表示"满意"的占总数的52.1%，未参保者这一比例仅为24.5%；参保者表示"不满意"的占总数的9.3%，未参保者则达到24.6%。总体而言，被调查者对经办服务水平的满意度普遍较低。从政策宣传看，参保者表示"满意"的占总数的56.4%，未参保者这一比例仅为30.2%；参保者表示"不满意"的占总数的8.6%，未参保者则占17.7%。总而言之，被调查者对政策宣传的满意度普遍不高（见表3—12）。

表3—12　　　　　被调查者对城乡居民养老保险满意度情况分布　　　单位：%

	满意		一般		不满意	
	参保者	未参保者	参保者	未参保者	参保者	未参保者
经办服务水平	52.1	24.5	38.6	52.9	9.3	24.6
政策宣传	56.4	30.2	35.0	52.1	8.6	17.7

由于城乡居民社会养老保险经办机构服务能力偏低，64%的被调查者普遍认为缴费、领取养老金、查询个人参保信息等相关服务并不方便（见图3—6）：之所以会出现这种情况，主要是由于：一方面，河南省参

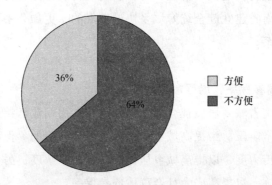

图3—6　缴费、领取养老金、查询个人参保信息等是否方便

保人数较多、各地区经济发展极不平衡，特别是对于农村的参保群体而言，社会保险经办机构的软硬件设施较为落后，基础设施并不完善，难以有效满足这一参保群体的养老服务需求。与此同时，农村大部分地区金融、通信等社会服务资源也相对匮乏，严重影响到经办机构服务效率和服务水平的提高；另一方面，政策的执行与落实终归是要由人来完成的，但现实情况是，经办机构相关人员的服务能力严重不足，这种现象在基层会表现得尤为明显。究其原因，主要是由于：第一，基层经办机构人员编制匮乏，经办人员大多是身兼数职，工作负荷过重，且待遇水平较低；第二，工作人员对政策的认知水平有限，工作积极性较差，服务意识欠缺等。这将造成部分地区存在政策宣传不到位的情况，导致相关配套服务工作低效甚至无效运转，从而严重影响到城乡居民对社会养老保险制度的认知度，不利于城乡居民社会养老保险的可持续发展。

三 完善河南省城乡居民社会养老保险对策建议

河南省城乡居民社会养老保险已经进入高速发展期，业已实现了制度上的全覆盖，现正向大幅提升城乡居民社会养老保险参保率的方向迈进。完善河南省城乡居民社会养老保险制度，不仅有利于提高参保率与保障养老待遇水平，更有利于构建更加公平、更可持续的社会养老保障体系。城乡居民社会养老保险试点工作的经验教训对河南省完善这一制度有着重要的借鉴意义。针对河南省城乡居民社会养老保险制度在运行过程中存在的问题，课题组结合实地调研情况，对该制度的发展和完善提出相关对策建议，以期在河南省建立健全统筹城乡协调发展的、更加公平更可持续的社会养老保障体系。

（一）提高参保率，增强制度的完整性

当前，河南省城乡居民社会养老保险高速扩面期业已接近尾声，扩面工作已步入攻坚阶段。为提高城乡居民社会养老保险的参保率，一方面应加大政策的宣传力度，以提高城乡居民对政策的了解度；另一方面应采取切实可行的措施，以提高广大社会群体的参保率。

对经济条件较好的群体而言，政府应加大政策宣传力度，使其充分意

识到老年风险的存在，并认识到参加社会养老保险的重要性。此外，政府在加大对选择较高缴费档次参保者的补贴力度、确保"多缴多得"原则得以实现的同时，也应把握好补贴的"度"，防止因补贴水平过高导致城乡居民间贫富差距的进一步拉大。城乡居民社会养老保险政策的设计初衷是抵御老年风险，保障城乡居民"老有所养"。因此，只要能确保城乡居民晚年生活有保障，可以鼓励有条件的参加更高保障水平的商业保险，不能仅片面强调城乡居民社会养老保险的普及。

对经济困难群体而言，应采取相关措施予以适当照顾。城乡居民社会养老保险虽带有浓厚的福利色彩，但社会保险应遵循"权利与义务相结合"的原则，即享受养老保险待遇的前提是要缴纳相应的社会保险费。现今，城乡居民社会养老保险政策规定的最低缴费档次为100元，但对经济困难群体而言，即使最低缴费档次仍是无力承担的，参加城乡居民社会养老保险是件"心有余而力不足"的事。通常情况下，这部分群体面临养老风险的压力最大，正是城乡居民社会养老保险制度亟须覆盖的人群。因此，政府和集体组织应积极采取适当措施，筛选出无力缴纳参保费用的人员，将其纳入制度中，并给予一定的经济援助，从而真正发挥城乡居民社会养老保险"保基本"的功用。

（二）提升参保质量，确保制度的可持续性

城乡居民社会养老保险参保结构不合理，体现出这一养老保险政策参保质量较低，亟须政府积极采取有效措施，提高城乡居民社会养老保险的参保质量，促进制度的可持续性。具体可以从以下几个方面着手。

首先，应提高统筹层次，适应年轻群体的参保需求。现今城乡居民社会养老保险扩面工作的瓶颈主要是16—45岁这一年龄段群体的参保率较低，该群体具有参保缴费周期长、流动性大等特点。一方面，统筹层次过低不利于这部分群体养老保险关系的转移接续，制约了参保率的有效提升，影响制度的可持续运行。因此，若要改变现今统筹层次偏低的现状，应尽快实现城乡居民社会养老保险的省级统筹。另一方面，应尽快完善相应的政策法规，如明确"多缴多得、长缴多得"的激励机制，完善社会养老保险关系转移接续制度等，以充分适应该群体参保缴费周期长、流动性大的特点，有效满足其对城乡居民社会养老保险的需要。与此同时，亟须规范"大龄人员"的参保规定。大龄人员指的是未满 60 周岁但将要到达 60 周岁的人群，政策规定该群体在一次性缴足规定年限的参保费用后可直接领取养老金。按照此规定，大龄人员可在短期内迅速得到养老金并收回参保成本，这对年轻群体易形成负面影响，导致逆向选择的产生，不利于参保率的有效提高。鉴于此，建议对该政策设定严格的期限，即以城乡居民社会养老保险政策颁布之时为节点，阻断延迟参保的行为。

其次，建立健全激励机制，使城乡居民逐步提高缴费档次。城乡居民社会养老保险制度的设计初衷是"保基本"，即满足广大参保人员的基本养老需求。目前，城乡居民大多选择较低的缴费档次，这不仅不利于有效防范养老风险、满足其养老需求，而且削弱了制度的筹资能力，损害了基本养老保险的共济性和可持续性。因此，建立健全合理的缴费激励机制已势在必行。为有效满足参保者的基本养老需求，河南省已在国家设定的缴费档次基础上增设更高档次的缴费标准，即设置为 100—5000 元 16 个缴费档次，并将政府的补贴标准由之前的 30 元/人/年调整为：对选择 100—400 元缴费档次的，补贴标准不低于 30 元/人/年；对选择 500 元及以上缴费档次的，补贴标准不低于 60/人/年。与此同时，也应继续强化差异化补贴策略，引导城乡居民选择更高的缴费档次。针对目前城乡居民社会养老保险"国家补贴微乎其微，集体补助杯水车薪"的状况，应加大政府财政的扶持力度，适度提高集体经济的补助比重，从而有效引导和激励城乡居民"多缴多得、长缴多得"。

最后，针对城乡居民参保受"随大流"影响较为严重的情况，应积极探索向非政府组织购买公共服务的方式。我国城乡社区内存在形式各异的非政府组织，该组织的成员虽与其他社会成员身份相同，但具有较高的社会威望，对其他社会成员能起到一定的引导带动作用，适宜从事城乡居民养老保险的宣传工作。政府可通过向非政府组织购买公共服务的方式，推动城乡居民社会养老保险工作的顺利开展。利用这类人群向城乡居民宣传社会养老保险制度并解读与其相关的各种政策，将更易于城乡居民接受，从而积极鼓励他们参与到城乡居民社会养老保险制度中来。

（三）拓宽政策的宣传渠道，提高制度的认知度

对政策的了解度影响城乡居民对制度的认知度，进而影响到其参保行

为的选择。城乡居民对制度缺乏了解，会使其不能理性分析参保的益处和风险，从而要么不参保、要么"随大流"，这均不利于制度的持续性运行。因此，政府必须尽快采取相关措施，提高城乡居民对社会养老保险制度的认知度。

课题组调研发现，"干部入户宣传""村里广播"和"邻里之间交流"是城乡居民了解社会养老保险制度的主要途径。鉴于此，首先，应采取灵活多样的形式宣传城乡居民社会养老保险政策，尽量使其通俗易懂、易于接受。其次，应充分利用电视、广播等新闻媒体解读各类养老保险政策，并在重点时段予以滚动播报，使城乡居民及时、准确地了解相关政策。与此同时，政府也应注意及时处理城乡居民的反馈，并综合利用多媒体平台，加强与城乡居民的双向互动交流。再次，应针对城乡居民较为关注的问题，如缴费补贴、参保年限、待遇计算等进行重点宣传，从而便于城乡居民接受。最后，作为城乡居民社会养老保险的参保主体，农村居民通常会产生"随大流"的心理倾向，即亲戚、朋友、邻里等周边人群的讨论和做法会影响到其参保缴费时的选择。因此，应采取适当的鼓励手段，让参保先进者积极引导并带动后来者，从而形成积极参保的良好社会氛围。

值得关注的是，政府相关部门应逐步加强针对外出务工人员的政策宣传力度。随着城乡居民中外出务工人员的数量日趋增多，在政策宣传过程中，要针对这部分群体采用灵活多样的宣讲方式。例如，可利用节假日或农忙等外出务工人员的返乡高峰期，见缝插针地对其进行政策宣传。此外，也应重视对这部分群体家属的动员与宣传工作，使他们能够对外出务工的家庭成员进行引导与说服，在降低宣传成本的同时，有效提高外出务工人员的政策认知度。

（四）优化政策的设计，提高制度的满意度

据调研结果显示，城乡居民对社会养老保险制度的满意度相对较低，这在一定程度上体现出当前城乡居民社会养老保险的制度设计无法满足城乡居民对这一政策的期望，鉴于此，进一步优化政策设计就显得尤为重要。为切实提高城乡居民对社会养老保险制度的满意度，在结合实际调研的基础上，课题组提出如下建议。

第一，采用比例缴费制，适度调整缴费档次设置。针对城乡居民社会养老保险缴费档次满意度偏低的问题，应采用与城镇企业职工基本养老保险相同的比例缴费制，对城乡居民社会养老保险缴费档次的设置作出适当调整。尽管定额缴费易于宣传且便于理解，但不利于与其他养老保险制度间的转移接续。早在国家出台新农保政策之前，郑州市就已经采用了比例缴费制，其缴费基数为上年度城镇居民人均可支配收入和农村居民人均纯收入的算术平均值。当前，城乡居民社会养老保险制度的实施也可借鉴之前的经验，把缴费档次与城乡居民的人均收入相挂钩，并设置不同的缴费档次供参保人员自由选择，这样既可满足有城乡居民更高层次的参保需求，也有利于后续对城乡居民社会养老保险和城镇职工基本养老保险的整合。

第二，建立健全待遇调整机制，全面提升养老金待遇水平。针对城乡居民社会养老保险待遇水平偏低的情况，应建立健全城乡居民养老保险的养老金待遇调整机制，以全面提高城乡居民的养老保险待遇水平，缩小其与其他养老保险间的差距。对此，可借鉴城镇企业职工基本养老保险金的调整机制，根据区域经济发展水平及物价指数进行调整，以保证城乡居民的基本养老需求。与此同时，也应逐步提高城乡居民社会养老保险制度的待遇水平，建立健全养老保险待遇的稳健增长机制，将基础养老金的调整与缴费年限及缴费金额相挂钩。具体而言，可针对不同的缴费年限，按一定的标准增发基础养老金，以鼓励参保人员提前参保并长期缴费，从而切实提高城乡居民的养老金待遇水平。

第三，强化养老金差额补贴，确保参保者利益。针对财政补贴水平满意度不高的问题，应进一步强化养老金差额补贴制度，确保参保者"多缴多得、长缴多得"。目前，城乡居民社会养老保险虽然已改变了试点期间的"一刀切"补贴制度，但由于起步较晚，实施效果尚未凸显。

第四，拓宽宣传渠道，采取灵活多样的方式。针对政策宣传满意度不高的问题，除积极拓宽宣传渠道外，还应针对不同的参保群体采用灵活多样的宣传方式。与此同时，也应逐步重视对经办机构服务人员专业素质的提升，使其能更准确地将政策信息及时高效地传递给城乡居民。

第五，加大财政投入力度，鼓励探索非制度化介入。针对政府责任满意度不高的问题，应结合城乡居民的实际情况和需要，加大财政投入力度，鼓励地方政府积极探索非制度化的养老模式，进而逐步打破单一靠家庭养老的传统模式，不断建立健全制度化养老和非制度化养老相结合、多种养老方式并存的多支柱养老保障体系，从而有效落实政府在统筹推进城乡社会养老保障体系建设中的责任。

（五）完善经办服务体系，提升制度的服务性

社会保险经办机构是确保社会保险制度顺利运行的基础，提高经办机构服务能力对于河南省统筹推进城乡社会养老保障体系建设至关重要。

一方面，完善城乡居民社会养老保险经办机构的硬件设施建设。首先，为加快信息化建设的步伐，应尽快建立起覆盖城乡的河南省社会保障基本信息数据库，从而实现资源的合理共享；应继续推进城乡居民养老保险和社会保险关系转移接续信息系统的应用，将其覆盖至河南省所有的经办机构，为实现社会养老保险关系在不同地区间的转移接续创造条件；应搭建河南省统一的社会保障信息化公共服务平台，使社会保障相关信息能够在河南省各部门、各地区间自由共享；应进一步扩大社会保障一卡通的应用范围，进一步提高经办服务的效率和质量。其次，应进一步改善经办机构的工作环境。鉴于此，政府应逐步加大财政投入力度，在为社会保险经办机构提供办公场地的同时配备必要的软、硬件服务设施，从而为经办机构营造良好的工作环境，以确保服务的便捷、高效和优质。在此过程中，对农村基层经办机构硬件设施的建设尤为重要，应逐步加大对农村养老基础设施的投入力度，尽快改变农村养老服务基础设施建设较为滞后的状态，为统筹推进城乡社会养老保障体系建设奠定坚实的基础。最后，应继续探索政府公共部门向商业保险公司购买经办服务的方式，充分利用商业保险公司所拥有的众多营业网点和专业营销人员，向城乡居民提供便捷化、多样化、专业化的养老保险经办服务，从而利用社会力量来弥补社保经办机构服务水平不佳的缺憾。

另一方面，提升经办机构工作人员的服务能力。针对基层经办机构相关人员工作负荷过重的情况，课题组建议应对经办机构工作人员实行动态配比制，即根据所在区域的实际需要配备适量的工作人员。针对因经办机构工作人员专业素质偏低而无法满足城乡居民对养老保险经办服务期望的状况，课题组主张应对工作人员定期进行相关培训，以提升其理论基础、实践技能、专业素养及服务意识，从而为城乡居民提供优质高效的保险经办服务。与此同时，据调研结果显示，经办机构相关人员的工作积极性不高。鉴于此，应逐步完善对基层经办人员的定期绩效考核制度，并建立健全与其薪酬相挂钩的激励机制。值得关注的是，绩效考核不应单纯地以参保率为指标，也要将城乡居民对经办机构工作人员各项经办服务的满意度纳入考核指标体系之中。

第 四 章

河南省城乡居民社会养老保险
制度参保选择问题研究

　　尽管我国已建立了较为完善的城镇企业职工养老保险制度，但农村居民、自由从业人员等群体一直游离于正式的社会养老保障制度之外。2009年新农保制度的建立，农村居民被正式纳入社会养老保障制度中，2011年城居保制度的实施，城镇非从业居民也被正式纳入社会养老保障制度中。至此，我国覆盖全民的社会养老保障制度得以正式建立。作为人口大省和农业大省的河南以2011年国家推行城居保为契机，将新农保与城居保合并实施，建立城乡居民社会养老保险制度。尽管该制度的建立对于河南省而言意义重大，但如何维持其可持续运行则成为亟待解决的问题。2015年10月召开的十八届五中全会明确指出"建立更加公平更可持续的社会保障制度"，作为我国社会养老保障体系重要组成部分，城乡居民社会养老保险是一项主要依靠财政支持的具有社会福利性质的养老保险制度，其可持续运行不仅是检验我国社会养老保障制度完善与否的关键，而且是实现全体国民"老有所养"终极目标的重要前提。

　　自2009年新农保制度的试点实施，到2012年城乡居民社会养老保险在全省实现制度全覆盖，尽管河南省城乡居民社会养老保险制度的构建与完善取得了一定成就，但它仍面临着维持制度可持续性的压力。截至2014年末，河南省城乡居民社会养老保险参保人数已达4843.79万人，比上年度增长了0.98%，但增速却下滑了0.66个百分点。整体看来，城乡居民社会养老保险参保人数的高速增长期已基本止步。从领取待遇的人数看，2014年河南省城乡居民社会养老保险领取待遇人数为1234.26万人，相比上年度增长了 0.39%，但增速却下滑了 6.17 个百分点。从领取待遇人数占参保人数的比例看，2014 年河南省城乡居民社会养老保险领取待遇人数占参保人数的比例为 25.48%，较上年度下降了 0.06 个百分点。① 从 2014 年河南省城乡居民社会养老保险基金收支看，基金收入为 153.1 亿元，比上年度增长了 4.71%；基金支出为 99.62 亿元，比上年度增长了 4.06%。从基金支出收入比看，河南省支出收入比高达 65.07%，比上年度降低了 0.39 个百分点。② 提高城乡居民社会养老保险制度的筹资能力将直接关系到该制度的财务可持续性，进而影响其可持续发展。

2014 年 11 月，河南省开始推行城乡居民社会养老保险的试点工作，在此期间对城乡居民参保意愿进行分析为后续工作的顺利开展具有重要的借鉴意义。课题组基于对河南省城乡居民社会养老保险制度的实地调研，重点分析了影响其参保质量的两个重要方面，即参保率和缴费档次，以期为后续河南省城乡居民社会养老保险制度的完善，乃至全国统筹推进城乡社会养老保障体系建设提供依据和着力点。

一　城乡居民参保的影响因素研究

城乡居民社会养老保险制度虽带有浓厚的社会福利色彩，但作为社会保险项目的重要组成部分，该制度与其他基本养老保险制度存在一定的差异，即城乡居民社会养老保险遵循自愿性原则，城乡居民可自由选择是否参保。城乡居民的参保意愿能直接体现出城乡居民社会养老保险制度的适应性，从而影响该制度的筹资能力与制度的可持续性。因此，探究其影响因素对完善城乡居民社会养老保险制度意义重大。

（一）样本来源

城乡居民社会养老保险制度规定，年满 60 周岁的城乡居民无须缴纳养老保险费用即可直接领取基础养老金，而 16 周岁以上、60 周岁以下年龄段的城乡居民则需按规定缴纳相应的养老保险费用，且缴纳满 15 年后

---

① 郑秉文：《中国养老金发展报告 2015》，经济管理出版社 2015 年版，第 54—57 页。
② 同上书，第 88 页。

才能享受相关的养老保障待遇。因此，课题组选取被调查者中该年龄段的城乡居民共 3682 人作为样本进行分析，首先使用 Excel 软件对数据进行整理，在此基础上运用 Spss19.0 软件对数据进行分析处理。虽然本次调查已尽量避免误差的出现，但由于调研内容涉及如经济状况、对居住社区的评价等较为敏感的话题，在其他人围观或是有社区干部在场的情况下，可能会出现被调查者对部分问题刻意回避的状况，获取的部分答案有可能会失真。因调研期间河南省尚处于城乡居民社会养老保险试点阶段，本部分通过对试点期间城乡居民的参保意愿进行数据分析，以期为河南省推行城乡居民社会养老保险政策以及全国统筹推进城乡社会养老保障体系建设提供启迪与借鉴。

（二）参保意愿影响因素的描述性分析

1. 城乡居民参保意愿

为了解城乡居民的实际参保情况，本问卷设计"您是否参加了城乡居民社会养老保险？"的问题对城乡居民进行调查。此次调查中，有 2579 名被调查者表示参加了城乡居民社会养老保险，占有效样本总数的 30%。有 1103 名被调查者表示未参加城乡居民社会养老保险，占有效样本总数的 70%。

在对未参保原因的分析中，19.9% 的被调查者表示"经济条件不允许"，13.5% 表示"怕政策变化，不能兑现"，29.9% 表示"不了解政策"，6.7% 表示"错过了参保"，10.5% 表示"养老金太少"，15.2% 表示"不需要"，4.3% 则是出于其他原因没有参保。整体而言，对政策的了解程度偏低以及经济条件制约将会影响城乡居民的参保决策。

在对参保原因的分析中，50.2% 的被调查者表示"为自己的养老考虑"，25.8% 表示"随大流"，4.8% 表示"干部劝说、动员"。由于新农保制度运行初期捆绑性机制的存在，19.2% 的被调查者表示参保原因是"为了家里的老人能直接享受养老金"。整体而言，城乡居民对养老问题的认知度将会对其参保行为产生较大影响。

2. 影响因素的描述性分析

（1）个体层面

从性别特征看，在参保的被调查者中，男性占 49.2%，女性占

50.8%；在未参保的被调查者中，男性占50.9%，女性占49.1%，性别差异并不明显。由此可见，性别因素对城乡居民参保意愿的影响较小。

从年龄段看，参保的被调查者平均年龄为44岁，主要集中在45—50岁；未参保者的平均年龄为38岁，比参保的被调查者小6岁，主要集中在20—30岁和45—50岁这两个年龄段。

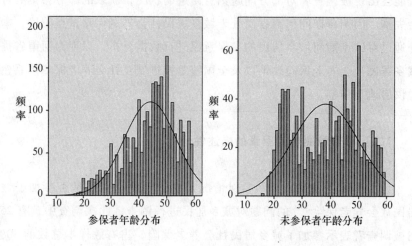

图4—1 被调查者年龄分布

从受教育程度看，被调查者中，未接受过正规教育的占6.7%，小学学历水平的占21%，初中的占38.1%，中专和技校的占8.9%，高中的占14.3%，大专及以上的占11%。由此可知，被调查者受教育程度以初中学历为主。其中，在参保的被调查者中，未接受过正规教育的占7.8%，小学学历水平的占22.8%，初中的占41%，中专和技校的占7.8%，高中的占13.4%，大专及以上的占7.2%；在未参保的被调查者中，未接受过正规教育的占4.1%，小学学历水平的占16.6%，初中的占31.5%，中专和技校的占11.5%，高中的占16.8%，大专及以上的占19.5%。整体而言，在参保和未参保的被调查者中，虽然受教育程度仍以初中为主，但对比发现，未参保群体中受教育程度为高中及以上的被调查者所占比例比参保群体高19.2个百分点。

从户口类型看，被调查者中农业户口的占82.3%，非农户口的占17.7%，这说明被调查者以农业户口为主。其中，在参保的被调查者中，农业户口的占 84.3%，非农户口的占 15.7%，参保者多为农业户口；在未参保的被调查者中，农业户口的占 77.6%，非农户口的占 22.4%，参保者仍以农业户口为主。这主要是由于城乡居民社会养老保险的参保群体主要为农村居民，因此，此次调查以农村居民为调研主体。比较而言，参保群体中农业户口的被调查者所占比例高于未参保群体 6.7 个百分点。

从健康状况看，被调查者中，对自身身体状况评价"很好"的占 26.2%，评价"好"的占 41.2%，评价"一般"的占 26.9%，评价"差"的占 5.3%，评价"很差"的占 0.4%。整体而言，被调查者身体健康状况普遍较好。其中，在参保的被调查者中，对自身身体状况评价"很好"的占 24.3%，评价"好"的占 41.7%，评价"一般"的占 27.7%，评价"差"的占 5.9%，评价"很差"的占 0.4%；在未参保的被调查者中，对自身身体状况评价"很好"的占 30.5%，评价"好"的占 40.1%，评价"一般"的占 24.9%，评价"差"的占 4%，评价"很差"的占 0.5%。对比发现，在未参保群体中健康状况为"很好"的比参保群体高出 4.3 个百分点。

从对自身养老问题的担心程度看，被调查者表示"非常担心"的占 8.6%，表示"担心"的占 39.1%，表示"无所谓"的占 16.4%，表示"不担心"的占 32.5%，表示"一点都不担心"的占 3.4%。整体而言，被调查者对养老问题普遍较为担心。其中，在参保的被调查者中，8.8% 表示"非常担心"，39.1% 表示"担心"，14.4% 表示"无所谓"，34.3% 表示"不担心"，3.4% 表示"一点不担心"；在未参保的被调查者中，表示"非常担心"的占 8.3%，表示"担心"的占 39%，表示"无所谓"的占 20.9%，表示"不担心"的占 28.2%，表示"一点不担心"的占 3.6%。对比发现，被调查者中参保群体对自身养老问题"不担心"的比未参保群体高出 6.1 个百分点。

（2）家庭层面

从子女数量看，被调查者子女数量以 2 个居多，占被调查者总数的 49.1%。而子女数量为 1 个的占被调查者总数的 21.6%，3 个的为 15.3%。在参保者中，子女数量平均为 1.9 个，其中有 2 个的占被调查者总数的 53.4%，1 个的占 20.4%，3 个的占 16.5%；在未参保者中，子女数量平均为 1.5 个（见表 4—1）。

表 4—1   **参保者和未参保者子女数量的百分比**

子女数量	百分比（%）	
	参保者	未参保者
0	5.0	21.4
1	20.5	24.3
2	53.4	39.2
3	16.5	12.2
4	3.8	2.0
5	0.6	0.3
6	0.1	0.1
7	0.1	0.0
9	0.0	0.5
合计	100.0	100.0

从家庭经济水平自评看，被调查者经济水平自评为"上游"的占 2.2%，"中等偏上"的占 12.6%，"中等"的占 51.2%，"中等偏下"的占 26.4%，"下游"的占 7.5%。整体而言，被调查者经济水平自评普遍以中等为主。其中，在参保的被调查者中，经济水平自评为"上游"的占 2.1%，"中等偏上"的占 12.4%，"中等"的占 52.8%，"中等偏下"的占 26.7%，"下游"的占 6.1%；在未参保的被调查者中，经济水平自评为"上游"的占 2.5%，"中等偏上"的占 13%，"中等"的占 47.6%，"中等偏下"的占 25.8%，"下游"的占 11%。整体而言，参保者和未参保者经济水平自评均以中等为主，但对比发现，被调查者中，参保群体经济状况水平自评为中等以下的比例与未参保者相比高出 4 个百分点。

（3）制度层面

本部分主要从被调查者对制度的了解度、信任度和满意度展开，重点考察城乡居民对社会养老保险制度认知度。

从对制度的了解度看，被调查者对城乡居民社会养老保险表示"非常了解"的占 2.1%，表示"了解"的占 29%，表示"不太了解"的占

56.6%，表示"不了解"的占 12.3%。整体而言，被调查者对城乡居民社会养老保险制度的了解度偏低。其中，在参保的被调查者中，表示"非常了解"的占 2.6%，表示"了解"的占 33.9%，表示"不太了解"的占 53.8%，表示"不了解"的占 9.6%；在未参保的被调查者中，表示"非常了解"的占 0.7%，表示"了解"的占 17.5%，表示"不太了解"的占 63.1%，表示"不了解"的占 18.8%。对比发现，参保群体对城乡居民社会养老保险制度"了解"及以上的比未参保群体要高出 18.3 个百分点。

为深入探究城乡居民对社会养老保险相关政策的了解度，调查问卷中特设计了 7 个关于城乡居民社会养老保险的相关问题对被调查者进行考察。其中，每一问题均设置"不了解""不太了解""了解"和"非常了解"四个选项，并分别赋值 1 分、2 分、3 分和 4 分，得分较低表示被调查者对城乡居民社会养老保险相关政策的了解度较低，得分较高表示了解度较高。统计分析结果显示，被调查者对城乡居民社会养老保险"缴费档次设置""政府对参保的补贴""缴费年限""领取养老金年龄"和"每月领取养老金数目"的了解度均相对较高，而对"养老金待遇计算"和"个人缴纳保费是否有利息"的了解度相对较低。对比发现，未参保群体除对"领取养老金年龄"的评价均值高于参保群体 0.48 分外，参保者其他指标的评价均值均高于未参保者（见表 4—2）。

表 4—2　　被调查者对城乡居民社会养老保险相关政策的了解程度

指标	有效频数		最小值	最大值	均值	
	参保者	未参保者			参保者	未参保者
缴费档次设置	2574	1103	1	4	2.45	2.03
政府对参保的补贴	2573	1103	1	4	2.24	1.95
缴费年限	2571	1103	1	4	2.72	2.25
领取养老金年龄	2572	1102	1	4	2.05	2.53
每月领取养老金数目	2572	1099	1	4	2.66	2.23
养老金待遇计算	2574	1102	1	4	1.78	1.7
个人缴纳保费是否有利息	2573	1101	1	4	1.88	1.7

课题组设计了"这项制度能得到稳定持续的实施""政府对养老金的补贴会持续不断""养老金待遇水平会逐渐提高""政府部门能做好养老基金的管理""个人缴的参保费不会被贪污挪用""个人缴的参保费不会贬值""按规定参保，养老金可以支付终身""干部和群众缴费收益标准一致"和"养老保险政策对每个人都公平"9个变量来考察被调查者对城乡居民社会养老保险政策的信任度，并针对上述问题，设置"非常不相信""不相信""说不清""相信"和"非常相信"5个选项，并分别赋值1—5分。被调查者得分越高则表示对城乡居民社会养老保险相关政策的信任度越高，得分越低信任度较低。数据分析结果显示，被调查者对"这项制度能得到稳定持续的实施"的评价均值最高，为3.79分；对"个人缴的参保费不会被贪污挪用"的评价均值最低，为3.13分。

被调查者对城乡居民社会养老保险制度的信任度普遍偏低。其中，参保群体和未参保群体对"这项制度能得到稳定持续的实施"的评价均值均最高，分别达3.89分和3.55分；对"个人缴的参保费不会被贪污挪用"的评价均值均最低，分别为3.25分和2.86分。对比发现，未参保者对制度的信任度明显低于参保者（见表4—3）。

表4—3　　　被调查者对城乡居民社会养老保险制度的信任程度

指标	有效频数		最小值	最大值	均值	
	参保者	未参保者			参保者	未参保者
这项制度能得到稳定持续的实施	2572	1102	1	5	3.89	3.55
政府对养老金的补贴会持续不断	2573	1102	1	5	3.83	3.5
养老金待遇水平会逐渐提高	2570	1101	1	5	3.85	3.54
政府部门能做好养老基金的管理	2570	1101	1	5	3.59	3.2
个人缴的参保费不会被贪污挪用	2569	1101	1	5	3.25	2.86

指标	有效频数		最小值	最大值	均值	
	参保者	未参保者			参保者	未参保者
个人缴的参保费不会贬值	2566	1100	1	5	3.31	2.99
按规定参保，养老金可以支付终身	2569	1099	1	5	3.63	3.21
干部和群众缴费收益标准一致	2569	1102	1	5	3.57	3.15
养老保险政策对每个人都公平	2571	1102	1	5	3.63	3.13

　　课题组设计了"从缴费档次设置""待遇发放水平""财政补贴水平""经办服务水平""政策宣传和政府承担的责任"6个方面考察城乡居民对社会养老保险制度的满意度，设置"非常不满意""不满意""一般""满意"和"非常满意"5个选项，并分别赋值为1—5分。被调查者得分越高则表示对城乡居民社会养老保险制度的满意程度越高，得分越低则表示满意度越低。统计分析结果显示，被调查者对缴费档次设置满意度均值较高，为3.54分，而对财政补贴水平满意程度均值较低，为3.22分。由此可见，被调查者对城乡居民社会养老保险相关制度的满意度偏低。其中，虽然参保群体和未参保群体均对城乡居民社会养老保险缴费档次设置的满意度相对较高、对财政补贴水平的满意度相对较低，但未参保群体对这两项制度满意程度的均值较参保群体分别低0.35分和0.26分（见表4—4）。

表4—4　　　　被调查者对城乡居民社会养老保险制度的满意程度

指标	有效频数		最小值	最大值	均值	
	参保者	未参保者			参保者	未参保者
缴费档次设置	2573	1101	1	5	3.64	3.29
待遇发放水平	2572	1101	1	5	3.33	3.08

续表

指标	有效频数		最小值	最大值	均值	
	参保者	未参保者			参保者	未参保者
财政补贴水平	2568	1100	1	5	3.31	3.02
经办服务水平	2570	1099	1	5	3.45	3.01
政策宣传	2569	1101	1	5	3.51	3.12
政府承担的责任	5869	1101	1	5	3.46	3.03

（三）研究综述与研究假设

自新农保制度建立至今，学界对其研究成果颇丰，主要集中在对农村居民参保意愿影响因素的研究上。

王永礼等认为男性参保的可能性高于女性，因为男性更倾向于自我养老，且接受新鲜事物的意愿更强。[1] 但邓大松等认为女性参保意愿高于男性，主要是由于女性平均寿命较长，面临的养老风险也就更为持久，因此参保的可能性就会有所提升。[2] 王海江研究发现，年龄与农民的参保选择相关，相对而言中年农民的参保意愿最高，青年和老年农民的参保意愿较低。[3] 吴罗发认为文化程度较高的农村居民更善于识别、把握生产经营中的盈利机会，以降低在市场经济活动中面临的各种风险，因此他们不愿参加社会养老保险。[4] 杜云素指出，农民的参保决策是在估算收益后做出的，农民寿命越长，获得的养老金就越多，因此身体越健康的农民参保的可能性越高。[5] 穆怀中等通过研究发现农业户口的居民参保的可能性较

---

[1] 王永礼、林本喜：《新农保制度下农民参保行为影响因素分析——对福建 656 户农民的实证研究》，《福建论坛》（人文社会科学版）2012 年第 6 期。

[2] 邓大松、刘国磊：《新型农村社会养老保险参保行为影响因素分析》，《统计与决策》2013 年第 7 期。

[3] 王海江：《影响农民参加社会养老保险的因素分析——以山东、安徽省六村农民为例》，《中国人口科学》1998 年第 6 期。

[4] 吴罗发：《中部地区农民社会养老保险参与意愿分析——以江西省为例》，《农业经济问题》2008 年第 4 期。

[5] 杜云素、钟涨宝：《我国农民参与新型农村社会养老保险现状调查——以湖北省武汉市新洲区为例》，《江苏农业科学》2012 年第 4 期。

高，这主要是由于农民对关乎自身的社会养老保障制度的认可度较高。①
高文书通过研究发现，农业户口者比非农户口者的参保可能性更高，但家
庭规模越大的城乡居民参保的可能性就越低。② 李连重基于老年人对高质
量生活的需求，发现农民家庭收入越高越倾向于参保。③ 但杨丽等通过对
云南省的调研指出，随着农民年收入的增长，其购买能力也会提高，这无
形中减少了其对年老时的生存顾虑，因此参保意愿会随之降低。④ 王海江
调研发现，子女数量越多的农民参保的可能性越小，这是由于子女不孝的
风险被分担，农民对子女养老的信心更足。但田北海等通过调查发现，子
女数量越多的农村居民参保意愿反而会更强烈。这可能是由于拥有较多子
女的农民，为了防范子女在养老问题上出现纠纷，其参保积极性也就较
高。⑤ 成志刚等认为对新农保制度了解度较低的农民选择参保的可能性较
高，因为在对具体制度缺乏了解的情况下，农民易受从众心理的影响。⑥
但王志刚等（2013）研究发现，政府政策宣传力度对农民参保意愿提高
的影响并不显著，因为政府对政策的宣传大多流于形式，相比而言其他因
素对农民参保意愿的影响会更大。⑦ 金刚等通过调查发现，农民的参保选
择是理性分析的结果，认为参加新农保制度较为划算的农民选择参保的可
能性较高。⑧ 崔红志指出，若农民对基层政府的信任度较低，就会影响其

---

①　穆怀中、闫琳琳：《新型农村养老保险参保决策影响因素研究》，《人口研究》2012 年第
1 期。

②　高文书：《新型农村社会养老保险参保影响因素分析——对成都市的实地调查研究》，
《华中师范大学学报》（人文社会科学版）2012 年第 7 期。

③　李连重：《农村社会养老保险调查与研究》，《北京邮电大学学报》1999 年第 4 期。

④　杨丽、王明钢：《影响新型农村社会养老保险参保的主要因素研究——基于昆明农村的
调查与分析》，《经济问题》2012 年第 6 期。

⑤　田北海、丁镇：《农民参与新型农村社会养老保险的意愿研究》，《甘肃行政学院学报》
2011 年第 3 期。

⑥　成志刚、曹平：《新型农村社会养老保险参保影响因素实证研究——基于对湖南省试点
县数据的分析》，《湘潭大学学报》（哲学与社会科学版）2013 年第 1 期。

⑦　王志刚、孙云曼、黄圣男：《农村居民对新农保的认知、参保意愿及其行为研究——来
自闽南三市的问卷调查》，《新疆农垦经济》2013 年第 3 期。

⑧　金刚、张秋秋、闫琳琳：《新型农村社会养老保险参保意愿研究——基于有序 Probit 模
型的估计》，《辽宁大学学报》（哲学与社会科学版）2014 年第 3 期。

对政府主导的新农保制度的认识，从而降低其参保缴费的积极性。① 林淑周通过对福州市的实证分析指出，制度的合理性以及政府的公信力会对农民的参保意愿和参保行为产生正向的影响。② 姚俊指出，受基层政府曾向农村居民征收各种费用的消极影响，干群关系恶化，易使农村居民对基层政权收取费用的项目产生不信任情绪，导致基层政权和普通农村居民之间的政策共同体已趋于离散，从而造成自愿性政策工具的低效甚至无效运转，影响新农保制度的稳健运行。③ 李兵水等指出，老农保制度运行的失败使部分农民对新农保制度持怀疑态度，这将严重影响其参保积极性。④ 吴玉锋通过对农民参保行为主观影响因素的三个方面分析发现，农民对新农保制度的信任度和了解度对其参保行为呈正相关，而新农保制度的满意度对农民参保缴费影响并不显著。⑤ 凌文豪通过对河南省首批 21 个试点县（市、区）的实证研究指出，农民对养老金发放标准的满意度会对其参保行为的选择产生直接影响。⑥

2. 研究假设

基于学界已有的研究成果和课题组调研的实际情况，本部分针对城乡居民参保意愿的影响因素，提出如下假设：

第一，城乡居民的个体特征影响其参保意愿：①性别影响城乡居民的参保意愿，与男性相比，女性的平均寿命更长，其面临的养老风险也就更为持久，因此参保的可能性会有所提升；②年龄与城乡居民的参保意愿呈正相关，即城乡居民的年龄越大，通过参保化解老年风险的需求也就越迫切，参保的可能性也会随之提高；③受教育程度与城乡居民的参保意愿呈

---

① 崔红志：《影响农民参加新型农村社会养老保险的因素》，《中国青年政治学院学报》2013 年第 3 期。

② 林淑周：《农民参与新型农村社会养老保险意愿研究》，《东南学术》2010 年第 4 期。

③ 姚俊：《新型农村社会养老保险的制度困境分析：嵌入性的视角》，《学海》2013 年第 5 期。

④ 李兵水、祝明银：《农民参加新型农村社会养老保险动因刍议》，《江苏大学学报》（社会科学版）2012 年第 1 期。

⑤ 吴玉锋：《新型农村社会养老保险参保行为主观影响因素实证研究》，《保险研究》2011 年第 10 期。

⑥ 凌文豪：《新型农村社会养老保险参保行为的影响因素研究——基于河南省首批 21 个试点的调研》，《社会主义研究》2013 年第 6 期。

正相关，城乡居民的受教育程度越高，其获取社会资源的能力也就越高，防范风险的意识则会更强烈，参保的可能性也会随之提高；④户口类型影响城乡居民的参保意愿，农业户口的居民参保的可能性更高；⑤身体健康状况与城乡居民参保意愿呈负相关，即城乡居民的身体健康状况越好，其参保的可能性也就越低；⑥对养老问题的担心程度与城乡居民的参保意愿呈正相关，即城乡居民对养老问题越担心，其对化解老年风险的制度安排的需求也就越迫切，参保的可能性会随之提高。

第二，城乡居民家庭特征影响其参保意愿：①家庭经济水平状况与城乡居民参保意愿呈正相关，即城乡居民的家庭经济状况越好，其参保的可能性也就越高；②家庭子女数量与城乡居民的参保意愿呈负相关，即城乡居民的子女越多，其参保的可能性也就越低。

第三，城乡居民对社会养老保险制度的认知度影响其参保意愿：①城乡居民对社会养老保险制度了解度与城乡居民的参保意愿呈正相关，制度了解度越高，参保的可能性也就越高；②城乡居民对社会养老保险制度信任度与城乡居民的参保意愿呈正相关，信任度越高，参保的可能性也就越高；③城乡居民对社会养老保险制度满意度与城乡居民的参保意愿呈正相关，制度满意度越高，参保的可能性也就越高。

（四）参保意愿的影响因素分析

1. 变量设定

本部分的研究重点是对城乡居民参保意愿的影响因素进行分析，由于城乡居民参保意愿是二分变量，因此将选择"是"的赋值为 1，选择"否"的赋值为 0。

城乡居民参保意愿的影响因素为本次分析的自变量，基于问卷的设计内容，本部分主要从个体特征、家庭特征以及对制度的认知度等三个方面对城乡居民的参保行为展开研究。其中个体特征选取性别、年龄、受教育程度、户口类型、身体健康状况、对养老问题的担心程度 6 个方面，家庭特征则包括子女数量、经济状况 2 个变量，而对制度的认知度主要包括对城乡居民社会养老保险制度的了解度、信任度和满意度 3 个变量。

本部分对相关变量进行赋值。具体而言，性别为二分变量，1 表示男性，0 表示女性；受教育程度从"没上过学"至"大专及以上"分为 6

个等级，并分别对不同等级进行赋值，小学及以下赋值为 1 分，初中赋值为 2 分，高中及以上赋值为 3 分；户口类型为二分变量，农业户口赋值为 1 分，非农户口赋值为 0 分；身体状况设置为"很差""差""一般""好"和"很好"共 5 个选项，将前两个选项合并为"差"，并赋值为 1 分，"一般"赋值为 2 分，将后两个选项合并为"好"，赋值为 3 分；按对自身养老问题的担心程度，分为"一点都不担心""不担心""无所谓""担心"和"非常担心"5 个选项，将前两个选项合并为"不担心"，赋值为 1 分，"无所谓"赋值为 2 分，后两个选项合并为"担心"，赋值为 3 分；经济水平自评设置"下游""中等偏下""中等""中等偏上"和"上游"共 5 个选项，将前两个选项合并为"下游"，赋值为 1 分，"中等"赋值为 2 分，后两个选项合并为"上游"，赋值为 3 分。

将城乡居民对社会养老保险政策的了解度选取 7 个子变量，分别是：缴费档次、政府每年缴费补贴、缴费年限、养老金领取年龄、每月养老金领取金额、养老金待遇计算和缴纳保费是否存在利息。每个自变量设置"不了解""不太了解""了解"和"非常了解"4 个选项，分别从 0—3 分进行赋值，并将各个子变量赋值相加，取值范围为 0—21，被调查者得分越高，表明对城乡居民社会养老保险制度的了解度越高。

将城乡居民对社会养老保险政策的信任度选取 9 个子变量，分别是：政策会稳定持续实施、按规定参保养老金可支付终身、政府补贴会持续不断、养老金待遇水平会逐渐提高、政府能做好养老基金管理、参保费不会被贪污挪用、参保费不会贬值、干群收益标准一致和政策对每个人公平，每个子变量设置"非常不相信""不相信""说不清""相信"和"非常相信"5 个选项，并分别从 0—4 分进行赋值，并将各个子变量赋值相加，取值范围为 0—36，得分越高表明被调查者对城乡居民社会养老保险政策的信任度越高。

将城乡居民对社会养老保险政策的满意度选取 6 个子变量，分别是：缴费档次设置、待遇发放水平、财政补贴水平、经办服务水平、政策宣传和政府承担的责任。每个子变量设置"非常不满意""不满意""一般""满意"和"非常满意"5 个选项，并分别从 0—4 分进行赋值，并将各个子变量赋值相加，取值范围为 0—20，得分越高表明被调查者对城乡居民社会养老保险政策的满意度越高（见表 4—5）。

表 4—5 **变量的选择以及赋值方式**

变量名称	变量尺度	变量赋值	可能影响方向
个体特征			
性别	定类变量	1 = 男；0 = 女	—
年龄	定距变量	16—59	+
受教育程度	定序变量	1 = 小学及以下；2 = 初中；3 = 高中及以上	+
户口类型	定类变量	1 = 农业户口；0 = 非农户口	+
身体健康状况	定序变量	1 = 差；2 = 一般；3 = 好	—
养老问题担心程度	定序变量	1 = 不担心；2 = 无所谓；3 = 担心	+
家庭特征			
经济水平自评	定序变量	1 = 下游；2 = 中等；3 = 上游	+
子女个数	定距变量	0—6	—
对城乡居民社会养老保险制度认知			
制度了解度	定距变量	0—21	+
制度信任度	定距变量	0—36	+
制度满意度	定距变量	0—24	+

2. Logistic 回归分析结果

Binary Logistic 回归模型简称 Logistic 回归分析，该类回归模型的前提是因变量必须是二元分类变量。本部分的因变量是城乡居民参保意愿，即参保和未参保两个答案，因变量是二元分类变量，因此可以使用 Logistic 回归模型进行数据分析。

课题组将相关变量代入 Logistic 回归模型，对城乡居民参保意愿的影响因素进行分析。从模型适配度检验看，各模型 Hosmer-Lemeshow 显著性概率值 P 均大于 0.05，说明各回归模型适配度良好。数据分析结果表明，年龄、受教育程度、户口类型、子女个数、制度了解度、制度信任度和制度满意度等变量对城乡居民参保意愿的影响未通过显著性检验，但自变量

如性别、身体健康状况、对养老问题的担心程度、经济水平自评等通过了
显著性水平检验（见表4—6）。

表4—6   城乡居民参保意愿与相关变量之间的 Logistic 回归分析

	模型 1	模型 2	模型 3
性别	0.930	0.943	0.883
年龄	1.051***	1.044***	1.031***
受教育程度	0.810***	0.829***	0.803***
户口类型	1.312***	1.303***	1.468***
身体健康状况	0.852*	0.862	1.017
养老问题担心程度	0.959	0.978	0.967
经济水平自评		1.081	0.965
子女个数		1.149**	1.171***
制度了解度			1.116***
制度信任度			1.062***
制度满意度			1.066***
常量	0.520**	0.413***	0.006***

根据上述分析结果可得出如下结论：

第一，城乡居民的个体特征会对其参保意愿产生影响。①年龄与城乡
居民参保意愿呈正相关：城乡居民的年龄每提高 1 岁，参保的概率会增加
3.1%，这与假设一致。②受教育程度与城乡居民的参保意愿呈负相关：
城乡居民受教育程度每提高 1 个层次，其参保的可能性会降低 18.7%，
这与假设截然相反，这可能是由于城乡居民的受教育程度越高，其获取社
会资源的能力也就越高，可供其选择的应对老年风险的渠道也随之更宽，
而城乡居民社会养老保障的前提是"保基本"，可能无法满足高层次的养
老需求，因此其参保的意愿相对较低。③户口类型影响城乡居民的参保意
愿：农业户口的居民参保的可能性比非农户口的居民高出 46.8 个百分点，
这与假设一致。

第二，城乡居民的家庭特征会对其参保意愿产生一定影响。城乡居民的子女越多，其参保的可能性也就越高，通常情况下，子女数量每增加1个，其参保的可能性会提高17.1%，这与假设截然相反，可能是由于家庭养老保障功能已逐渐弱化，城乡居民依靠子女养老的观念业已发生转变，加之子女对老年人赡养意愿的降低，为防范子女推卸自身的养老义务，城乡居民选择参保的可能性更高。

第三，城乡居民对社会养老保险制度的认知度影响其参保意愿。①城乡居民对社会养老保险制度的了解度与其参保意愿呈正相关：城乡居民对制度的了解度每提高1分，其参保的可能性就会提高11.6%，这与假设一致。②城乡居民对社会养老保险制度的信任度与其参保意愿呈正相关：城乡居民对制度的信任度每提高1分，其参保的可能性就会提高6.2%，这与假设一致。③城乡居民对社会养老保险制度的满意度与其参保意愿呈正相关：城乡居民对制度的满意度每提高1分，其参保的可能性就会提高6.6%，这与假设一致。但性别、身体健康状况、对养老问题担心程度、经济水平自评等变量未通过显著性水平检验，这都与假设不一致。

（五）启示

本部分是基于对河南省城乡居民社会养老保险试点工作期间的实地调研进行数据分析展开的，课题组以此次调查中年满16周岁、未满60周岁的城乡居民为对象，通过对其参保意愿的影响因素进行分析，结果表明：城乡居民的参保意愿受年龄、受教育程度、户口类型、子女个数、制度了解度、制度信任度和制度满意度等因素的影响。其中，受教育程度与城乡居民的参保意愿呈负相关，而其他变量与其参保意愿呈正相关。为提高城乡居民的参保积极性，确保城乡居民社会养老保险制度实现真正意义上的"全覆盖"，实现城乡居民"老有所养"的目标。拓宽政策宣传渠道，加深城乡居民对制度的认知度；优化城乡居民社会养老保险的制度设计，提高城乡居民对制度的满意度；完善城乡居民养老保险经办服务体系，提升经办机构服务能力。在结合实证研究的基础上，除上述建议外，课题组特提出以下建议：

第一，提高青年群体的参保积极性。城乡居民社会养老保险制度规定，年满60周岁的城乡居民无须缴纳保险费即可直接领取基础养老金，未满 60 周岁的需要缴纳至少 15 年的养老保险费。因此，城乡居民社会养老保险政策对年纪偏大、能在短期内快速领取养老金的城乡居民的吸引力较大。当前，城乡居民养老保险制度扩面工作的瓶颈主要集中于 16—45 岁年龄段的群体。因此，在后续城乡居民社会养老保险制度实施过程中，应该逐步强化对这一群体"多缴多得、长缴多得"的激励机制。与此同时，应增强制度的灵活性以适应青年群体流动性较强的特点，并设置更加灵活多样的缴费方式，为青年群体缴费提供政策上的便利。此外，也应在宣传过程中加强对该群体参保的引导与鼓励，以不断提高其参保积极性。

第二，增强制度的吸引力。基于上述数据分析可知，随着城乡居民受教育程度的提高，其参保的可能性会逐步下降。通过进一步访谈发现，这主要是由于受教育程度较高的城乡居民更倾向于选择收益水平更高的养老保障方式，如商业保险和城镇企业职工基本养老保险等。对他们而言，城乡居民社会养老保险"保基本"的前提无法满足其基本的养老需求。尽管城乡居民社会养老保险设置多样性的缴费档次，城乡居民可根据自身的实际需求选择较高的缴费档次，但他们普遍表示"既然要交那么多钱，还不如直接参加其他待遇水平更高的养老保险"。由此可见，城乡居民社会养老保险制度的吸引力较差。因此，若要有效提升城乡居民社会养老保险制度的吸引力，可通过强化多缴多得机制、建立养老金正常调整机制、提高基金统筹层次等方式，激励对养老保障待遇水平要求较高的城乡居民参与到制度中来。

第三，建立多支柱养老保障体系。城乡居民社会养老保险制度的设计初衷是保障城乡居民"老有所养"，但单纯依靠城乡居民社会养老保险还远无法实现这一目标。为有效满足城乡居民多元化的养老需求，除了大力完善城乡居民养老保险制度外，还应通过构建多层次的养老保障体系，编织更为牢固的养老保障安全网。鉴于此，在不破坏制度公平性的前提下，以城乡居民社会养老保险"保基本"的理念为指导，针对城乡居民在生活水平、经济条件和养老需求等方面的差异，设置多种类型的补充养老保险项目供城乡居民依据自身状况自由选择，从而真正满足城乡居民"老有所养"的诉求。

二　城乡居民社会养老保险缴费档次问题研究

作为社会保险制度的重要组成部分，城乡居民社会养老保险坚持"权利与义务相结合"的原则，即城乡居民享受社会养老保险待遇的前提是必须缴纳相应的参保费用。我国城乡居民社会养老保险制度实行定额缴费制，参保的城乡居民可自由选择缴费档次。河南省推行城乡居民社会养老保险制度之初，设置 100—1000 元 10 个缴费档次，各地可根据实地情况适当增设缴费档次。这一制度安排既满足了城乡居民养老需求的多样性，又可根据自身情况自由选择缴费档次。

围于制度规定的缴费档次设置多样性、参保选择的自愿性以及其他因素的影响，城乡居民社会养老保险制度长期受"最低缴费档次困境"的困扰，即参保者普遍选择 100 元的最低缴费档次。截至 2014 年末，河南省城乡居民社会养老保险基金收入为 153.98 亿元，其中个人缴费 39.9 亿元，比上年度减少了 4.3 个百分点。① 由此可见，该制度带有浓厚的福利色彩，其收入来源主要是政府财政补贴。我国城乡居民的基本养老金由基础养老金和个人账户养老金共同组成，其中，个人账户养老金主要是由个人缴纳的保险费构成。因此，缴费档次选择将直接影响到参保者养老金待遇水平的高低，缴费档次过低则会影响参保者老年生活水平的提高。这不仅不利于该制度充分发挥保障城乡居民老年生活的功用，也削弱了制度的筹资能力，影响了制度的可持续运行。

本部分将基于课题组在河南省的实地调研，对城乡居民社会养老保险缴费档次选择的影响因素进行分析，以期为后续城乡居民社会养老保险在提高缴费水平方面提供经验借鉴，从而促进统筹推进城乡社会养老保障体系的建设。

---

① 《2014 年度河南省人力资源与社会保障事业发展统计公报》，http：//www.ha.hrss.gov.cn/reviewcmslnfo.do？=ff8080814f696030014f8d6fe46957ca，河南省人社厅，2015-09-02。

（一）研究综述与研究假设

1. 研究综述

由于城乡居民社会养老保险制度起步较晚、运行时间较短，学界对城乡居民社会养老保险的研究相对较少，而将个体缴费档次选择影响因素的分析重点集于新农保上，研究主体主要为农村居民。海龙等指出，新农保试点中农村居民的缴费档次普遍存在"就低不就高"的逆向选择问题，通过对当前两种财政补贴激励机制对各缴费档次收益率的影响发现，诱发逆向选择行为的关键因素是政府的财政补贴激励机制产生了负效应，而与农民的实际支付能力关联较小。[1] 王敏刚等通过实地调研指出，年龄、收入水平、缴费人数、未来能否多领养老金、政府补贴等因素将会影响农民的缴费能力和缴费水平。[2] 邓道才等通过对安徽省的调查发现，收入水平较低的农民在信息获取方面处于劣势，从而导致其对新农保政策的认知程度较低，进而倾向于选择较低的缴费档次。[3] 邓大松等通过实证研究指出，对新农保的认知程度和信任程度将会与农民缴费档次的选择呈正相关，而年龄对农民的缴费档次选择的影响则呈现出"U"形线性关系。[4]

通过对学界现有的相关文献进行梳理剖析发现，个体缴费档次的选择受多种因素的影响。理性选择理论认为，个体通常先对自身所获取的信息和条件进行分析计算，然后选取能获得最大收益的方案，并在作出是否参与某项社会制度的选择之前，也会将该制度对自身选择所产生的影响作为参考条件。城乡居民社会养老保险制度规定，参保者年满60周岁才可领取养老保险金，换言之，参保者缴费和待遇领取间存在一定的时间差，加之收入的有限性和用途的多样性，城乡居民可能在权衡各种因素后作出缴费档次的选择。城乡居民在认知程度和资源占有上存在差异，会导致其在

---

① 海龙、赵建国：《新型农村社会养老保险财政补贴机制评析与优化》，《现代经济探讨》2013 年第 12 期。

② 王敏刚、易建芬：《欠发达地区新型农村社会养老保险需求分析——以陕西省佳县为例》，《人口与经济》2012 年第 3 期。

③ 邓道才、蒋智陶：《知沟效应、政策认知与新农保最低档次缴费困境——基于安徽调查数据的实证分析》，《江西财经大学学报》2014 年第 1 期。

④ 邓大松、李玉娇：《制度信任、政策认知与新农保个人账户缴费档次选择困境——基于 Ordered Probit 模型的估计》，《农村经济》2014 年第 8 期。

缴费档次的选择上有所不同。

2. 研究假设

实地调研发现，城乡居民普遍选择最低缴费档次，鉴于此，课题组将被调查者分为选择最低缴费档次和未选择最低缴费档次两个群体，并综合运用 Logistic 回归方法对其进行分析。

结合理论分析和现实情况，课题组选取以下变量进行分析：①个人特征对城乡居民缴费档次的影响。基于人口学和社会经济指标，选取城乡居民的性别、年龄、受教育程度、户口类型、身体健康状况和对养老问题的担心程度等 6 个变量进行分析。②家庭作为城乡居民生活的主要场所，必然会对城乡居民缴费档次的选择产生一定的影响。因此，课题组将子女数量和家庭经济层次两个变量引入分析之中。③城乡居民养老保险费用缴纳和待遇享受间存在较长的时间差，因而城乡居民对制度的稳定性及基金管理的信任度将会影响其缴费档次的选择；对社会养老保险制度的了解度及经办机构的服务水平将直接影响到其认知度，进而对其缴费档次的选择产生一定影响。因此，课题组将制度稳定性的信任度、基金管理的信任度、制度的了解度以及服务水平的满意度 4 个变量作为制度层面的因素进行分析。

鉴于此，本部分特作出以下假设：

第一，城乡居民缴费档次的选择受个体特征影响，即受性别、年龄、受教育程度、户口类型、身体健康状况和对养老问题的担心程度等因素的影响。假设认为：①女性选择最低缴费档次的可能性较高；②年龄越低选择最低缴费档次的可能性越高；③受教育程度越高选择最低缴费档次的可能性越低；④农村居民选择最低缴费档次的可能性较高；⑤身体健康状况越好的城乡居民选择最低缴费档次的可能性越高；⑥对养老问题担心程度越高的城乡居民选择最低缴费档次的可能性越低。

第二，城乡居民缴费档次选择受家庭特征的影响，即受子女数量及家庭经济状况等因素的影响。假设认为：①子女越多的城乡居民选择最低缴费档次的可能性越高；②经济状况越差的城乡居民选择最低缴费档次的可能性越高。

第三，城乡居民缴费档次的选择受制度层面的影响，即受其对制度稳定性的信任度、基金管理的信任度、制度的了解程度以及服务水平满意度等因素的影响。假设认为：①城乡居民对制度稳定性的信任度越高，其选择最低缴费档次的可能性越低；②城乡居民对养老保险基金管理的信任度越高，其选择最低缴费档次的可能性越低；③城乡居民对制度的了解度越高，其选择最低缴费档次的可能性越低；④城乡居民对经办服务水平的满意度越高，其选择最低缴费档次的可能性越低。

（二）样本的基本情况

课题组将此次调查中的参保缴费者作为研究主体，调查数据显示年满16周岁、未满60周岁年龄段的参保者共有2579名，其中有效问卷有2554份。本部分首先运用 Excel 软件对数据进行整理，在此基础上运用 Spss19.0 数据分析软件对整理后的数据进行分析处理。

在本次分析所选取的样本中，从性别看，男性占50.9%，女性占49.1%；从年龄段看，45岁以下占44.2%，45岁及以上占55.8%；从受教育程度看，小学及以下的占30.5%，初中的占41%，高中及以上的占28.4%，被调查者普遍以初中及以下受教育程度为主；从户口类型看，农业户口的占84.5%，非农户口的占15.5%，被调查者普遍以农业户口为主；从身体健康状况看，6.3%的被调查者觉得身体健康状况差，27.8%觉得一般，而高达65.9%的被调查者觉得身体健康状况较好，简而言之，被调查者普遍自我感觉身体健康状况良好；从养老问题担心程度看，48%的被调查者表示对养老问题担心，这说明被调查者对养老问题担心程度普遍不高；从子女数量看，被调查者有2个子女的占样本总量的53.3%，这说明被调查者的子女数量普遍以2个为主；从家庭经济状况看，仅有14.5%的被调查者表示家庭经济状况处于上游，大多数被调查者家庭经济状况仍以中等为主，占样本总量的52.6%；从对制度稳定性的信任度看，被调查者表示信任的占样本总量的74.2%，被调查者对城乡居民社会养老保险制度稳定性的信任程度相对较高；从对基金管理的信任度看，被调查者对养老保险基金管理表示信任的占样本总量的56.7%，这说明被调查者对管理的信任程度相对偏低；从对制度的了解度看，被调查者对城乡居民社会养老保险制度表示不了解的占比高达63.5%，这说明被调查者对这一制度的了解程度普遍偏低；从服务水平满意度看，被调查者表示满意的占47.4%，这说明城乡居民对经办服务满意程度普遍较低（见表4—7）。

表 4—7   相关变量分布

变量类型	变量名	观测值	变量分布（N）		有效百分比（%）
个体层面	性别	2531	男	1244	50.8
			女	1287	49.2
	年龄	2554	45 岁以下	1128	44.2
			45 岁及以上	1426	55.8
	受教育程度	2551	小学及以下	779	30.5
			初中	1047	41.0
			高中及以上	725	28.4
	户口类型	2536	农业户口	2143	84.5
			非农户口	393	15.5
	身体健康状况	2510	差	159	6.3
			一般	697	27.8
			好	1654	65.9
	养老问题担心程度	2548	不担心	957	37.6
			无所谓	367	14.4
			担心	1224	48.0
家庭层面	子女个数	2536	0—1 个	643	25.4
			2 个	1354	53.3
			3 个及以上	539	21.3
	家庭经济状况	2538	下游	836	32.9
			中等	1334	52.6
			上游	368	14.5
制度层面	制度持续性信任程度	2547	不相信	51	2.0
			说不清	607	23.8
			相信	1889	74.2
	养老保险基金管理信任程度	2545	不相信	202	7.9
			说不清	900	35.4
			相信	1443	56.7
	制度了解程度	2518	不了解	1598	63.5
			了解	920	36.5
	经办服务满意程度	2545	不满意	266	10.5
			一般	1073	42.2
			满意	1206	47.4

（三）城乡居民是否选择最低缴费档次与相关变量的交互分析

在此次调研的参保缴费者中，1951 名被调查者选择了最低缴费档次，占总数的 76.4%，603 名被调查者未选择最低缴费档次，占 23.6%。总体而言，被调查者大部分选择了 100 元的最低缴费档次。本部分将基于调查问卷对城乡居民缴费档次选择的影响因素进行交互分析。

1. 个体特征的描述性分析

由于大部分的男性和女性被调查者均选择了最低缴费档次，因此性别并未通过显著性检验。此外，卡方检验的结果也显示出男性和女性被调查者在最低缴费档次的选择上并不存在显著性差异，这说明性别与被调查者是否选择最低缴费档次关系不大（见表 4—8）。

表 4—8　　　　　　是否选择最低缴费档次与性别的交互分析

性别	是否选择最低缴费档次				合计		
	是		否				
	频数	百分比	频数	百分比	频数	百分比	P = 0.457
男	934	75.90%	297	24.10%	1231	100.00%	
女	985	77.10%	292	22.90%	1277	100.00%	

从年龄段看，此次分析根据被调查者的选择可将其分为 45 岁以下和 45 岁及以上两个年龄段，分析结果显示，被调查者普遍选择了最低缴费档次，差别并不明显。卡方检验的结果也显示出，45 岁以下和 45 岁及以上两个年龄段的被调查者在最低缴费档次选择上并不存在显著性差异，这说明年龄段对被调查者是否选择最低缴费档次的影响较小（见表 4—9）。

表 4—9　　　　　　是否选择最低缴费档次与年龄分组的交互分析

年龄分组	是否选择最低缴费档次				合计		
	是		否				
	频数	百分比	频数	百分比	频数	百分比	P = 0.976
45 岁以下	862	76.40%	266	23.60%	1128	100.00%	
45 岁及以上	1089	76.40%	337	23.60%	1426	100.00%	

从受教育程度看，此次分析根据被调查者的选择可将其分为小学及以下、初中和高中三个群体。分析结果显示，受教育程度为"高中及以上"的被调查者选择最低缴费档次的占比为65.5%，而受教育程度为"小学及以下"的则高达82.7%。卡方检验结果也显示出，不同受教育程度的被调查者在是否选择最低缴费档次上存在显著性差异，说明被调查者受教育程度越低，其选择最低缴费档次的可能性越高（见表4—10）。

表4—10　　　　是否选择最低缴费档次与受教育程度的交互分析

受教育程度	是否选择最低缴费档次				合计		P = 0.000
	是		否				
	频数	百分比	频数	百分比	频数	百分比	
小学及以下	644	82.60%	135	17.40%	779	100.00%	
初中	830	79.30%	217	20.70%	1047	100.00%	
高中	475	65.50%	250	34.50%	725	100.00%	

从户口类型看，对比农业户口和非农户口两个群体，在农业户口的被调查中，高达80.4%的被调查者选择最低缴费档次，在非农户口的被调查者中，选择最低缴费档次的被调查者仅占54.5%。卡方检验的结果也显示农业户口和非农户口的被调查者在最低缴费档次选择上存在显著性差异，农业户口的被调查者选择最低缴费档次的可能性较高（见表4—11）。

表4—11　　　　是否选择最低缴费档次户口类型的交互分析

户口类型	是否选择最低缴费档次				合计		P = 0.000
	是		否				
	频数	百分比	频数	百分比	频数	百分比	
农业户口	1723	80.40%	420	19.60%	2143	100.00%	
非农户口	214	54.50%	179	45.50%	393	100.00%	

从身体健康状况看，根据被调查者的选择将其分为"差""一般"和"好"三个群体。分析结果显示，对身体健康状况"差"的群体选择最低缴

费档次的在三个群体中占比较高，达82.4%。身体状况"好"的群体在三个群体中占比较低，为76.2%。卡方检验的结果也显示出，三个群体的被调查者在最低缴费档次选择上并不存在显著性差异，说明身体被调查者健康状况与其是否选择最低缴费档次间关系并不显著（见表4—12）。

表4—12　　是否选择最低缴费档次与身体健康状况的交互分析

身体健康状况	是否选择最低缴费档次				合计		
	是		否				
	频数	百分比	频数	百分比	频数	百分比	P = 0.205
差	131	82.40%	28	17.60%	159	100.00%	
一般	532	76.30%	165	23.70%	697	100.00%	
好	1260	76.20%	394	23.80%	1654	100.00%	

从对养老问题担心程度看，根据被调查者的选择可将其分为"不担心""无所谓"和"担心"三个群体。分析结果显示，对养老问题表示"无所谓"的群体选择最低缴费档次的占比最高，达81.5%。对养老问题表示"担心"的群体选择最低缴费档次的占比最低，为71.5%。卡方检验的结果也显示出，三个群体在最低缴费档次的选择上存在显著性差异，说明被调查者对养老问题的担心程度越高，其选择最低缴费档次的可能性越高（见表4—13）。

表4—13　　是否选择最低缴费档次与养老问题担心程度的交互分析

养老问题担心程度	是否选择最低缴费档次				合计		
	是		否				
	频数	百分比	频数	百分比	频数	百分比	P = 0.000
不担心	771	80.60%	186	19.40%	957	100.00%	
无所谓	299	81.50%	68	18.50%	367	100.00%	
担心	875	71.50%	349	28.50%	1224	100.00%	

2. 家庭特征的描述性分析

从子女数量看，根据被调查者的选择可将其分为有"1个及以下"

"2个"和"3个及以上"子女共三个群体。分析结果显示，有"1个及以下"子女的群体选择最低缴费档次的占比在三个群体中相对较低，为73.9%。有"3个及以上"子女的被调查者选择最低缴费档次的占比在三个群体中相对较高，达79.4%。卡方检验的结果也显示出，三个群体在最低缴费档次选择上存在显著性差异，说明被调查者子女数量越多，其选择最低缴费档次的可能性越高（见表4—14）。

表4—14　是否选择最低缴费档次与子女个数的交互分析

子女个数	是否选择最低缴费档次				合计		
	是		否		频数	百分比	
	频数	百分比	频数	百分比			P = 0.083
1个以及下	475	73.90%	168	26.10%	643	100.00%	
2个	1033	76.30%	321	23.70%	1354	100.00%	
3个及以上	428	79.40%	111	20.60%	539	100.00%	

从家庭经济状况看，根据被调查者的选择可将其分为"下游""中等"和"上游"三个群体。分析结果显示，家庭经济状况为"下游"的群体选择最低缴费档次的占比在三个群体中最高，达81.6%。家庭经济状况为"中等"的群体选择最低缴费档次的占比在三个群体中最低，为23.5%。卡方检验的结果也显示出三个群体在最低缴费档次选择上存在显著性差异，说明家庭经济状况越差的被调查者，其选择最低缴费档次的可能性越高（见表4—15）。

表4—15　是否选择最低缴费档次与家庭经济状况的交互分析

家庭经济状况	是否选择最低缴费档次				合计		
	是		否		频数	百分比	
	频数	百分比	频数	百分比			P = 0.000
下游	682	81.60%	154	18.40%	836	100.00%	
中等	1021	23.50%	313	76.50%	1334	100.00%	
上游	239	35.10%	129	64.90%	368	100.00%	

3. 制度层面的描述性分析

从对制度稳定性的信任度看，根据被调查者的选择可将其分为"不相信""说不清"和"相信"三个群体。分析结果显示，对制度稳定性的信任度表示"相信"的群体选择最低缴费档次的在三个群体中占比最高，达24.2%。表示"说不清"的群体在三个群体中占比最低，为21.6%。卡方检验的结果也显示出，三个群体在最低缴费档次的选择上并不存在显著性差异，说明被调查者对制度稳定性的信任程度与被调查者是否选择最低缴费档次间的关系并不明显（见表4—16）。

表4—16   是否选择最低缴费档次与制度稳定性信任程度的交互分析

制度稳定性信任程度	是否选择最低缴费档次				合计		
	是		否				
	频数	百分比	频数	百分比	频数	百分比	
不相信	12	23.50%	39	76.50%	51	100.00%	P = 0.405
说不清	131	21.60%	476	78.40%	607	100.00%	
相信	458	24.20%	1431	75.80%	1889	100.00%	

从对基金管理的信任度看，根据被调查的选择可将其分为"不相信""说不清"和"相信"三个群体。分析结果显示，对基金管理的信任度表示"说不清"的群体选择最低缴费档次的在三个群体中占比最高，达78.1%。表示"不相信"的群体在三个群体中占比最低，为70.3%。卡方检验的结果也显示出，三个群体的被调查者在最低缴费档次的选择上存在显著性差异，这说明被调查者对基金管理的信任程度越高，其选择最低缴费档次的可能性越高（见表4—17）。这与我们所认知的情况并不一致，须通过后续的数据分析以进一步验证。

表 4—17　　　　　　　是否选择最低缴费档次与养老保险
基金管理信任程度的交互分析

养老保险基金管理信任程度	是否选择最低缴费档次				合计		
	是		否		频数	百分比	
不相信	142	70.30%	60	29.70%	202	100.00%	P = 0.059
说不清	703	78.10%	197	21.90%	900	100.00%	
相信	1100	76.20%	343	23.80%	1443	100.00%	

从对制度的了解度看，根据被调查者的选择可将其分为“不了解”和“了解”两个群体。分析结果显示，对城乡居民社会养老保险制度表示“不了解”的群体选择最低缴费档次的占比较高，达 81.9%。对制度表示“了解”的群体占比较低，为 67.2%。卡方检验的结果也显示出，这两个群体在最低缴费档次的选择上存在显著性差异，说明被调查者对制度的了解程度越低，其选择最低缴费档次的可能性越高（见表 4—18）。

表 4—18　　是否选择最低缴费档次与制度了解信任程度的交互分析

制度了解程度	是否选择最低缴费档次				合计		
	是		否				
	频数	百分比	频数	百分比	频数	百分比	
不了解	1308	81.90%	290	18.10%	1598	100.00%	P = 0.000
了解	618	67.20%	302	32.80%	920	100.00%	

从对经办服务满意度看，根据被调查者的选择可将其分为“不满意”“一般”和“满意”三个群体。分析结果显示，对经办服务表示“满意”的群体选择最低缴费档次的占比在三个群体中较高，为 76.8%。表示“不满意”的群体在三个群体中占比较低，为 75.9%。卡方检验的结果也显示出，这三个群体的被调查者在最低缴费档次的选择上并不存在显著性差异，说明被调查者对经办服务的满意程度与被调查者是否选择最低缴费档次间的关系并不显著（见表 4—19）。

表4—19　　是否选择最低缴费档次与经办服务满意程度的交互分析

经办服务满意程度	是否选择最低缴费档次				合计		P = 0.886
	是		否				
	频数	百分比	频数	百分比	频数	百分比	
不满意	202	75.90%	64	24.10%	266	100.00%	
一般	815	76.00%	258	24.00%	1073	100.00%	
满意	926	76.80%	280	23.20%	1206	100.00%	

（四）Logistic 回归分析结果

课题组对城乡居民是否选择最低缴费档次与相关变量进行二元 Logistic 回归分析。从模型适配度检验结果来看，模型 Hosmer-Lemeshow 显著性概率值 P 大于 0.05，这说明回归模型适配度良好。分析结果显示，个体层面的自变量中受教育程度、户口类型和对养老问题担心程度通过了 0.01 的显著性水平检验，家庭层面的自变量中家庭经济状况通过了 0.01 的显著性水平检验，制度层面的自变量中政策了解程度也通过了 0.01 的显著性水平检验，其余的自变量均未通过显著性水平检验（见表4—20）。

表 4—20　　　　　是否选择最低缴费档次与相关
变量之间的 Logistic 回归分析结果

	B	S. E,	Wals	df	Sig.	Exp（B）
性别	0.006	0.103	0.004	1	0.950	1.006
年龄	−0.084	0.112	0.558	1	0.455	0.920
受教育程度	−0.262	0.074	12.497	1	0.000	0.769
户口类型	0.801	0.134	36.025	1	0.000	2.229
身体健康状况	−0.026	0.091	0.079	1	0.779	0.975
养老问题担心程度	−0.305	0.058	27.517	1	0.000	0.737
子女个数	−0.014	0.082	0.030	1	0.862	0.986
家庭经济状况	−0.353	0.079	20.127	1	0.000	0.702
制度稳定性信任程度	0.095	0.118	0.639	1	0.424	1.099
基金管理信任程度	0.138	0.091	2.295	1	0.130	·1.148
制度了解程度	−0.650	0.112	33.799	1	0.000	0.522

续表

	B	S. E,	Wals	df	Sig.	Exp（B）
经办服务满意程度	0.065	0.084	0.600	1	0.439	1.067
常量	2.043	0.498	16.833	1	0.000	7.714

上述分析结果可进一步解释为：受教育程度影响城乡居民是否选择最低缴费档次，回归系数为负值，说明二者之间呈负相关，即受教育程度越高的被调查者选择最低缴费档次的可能性越低；从发生比看，受教育程度每提高1个等级，城乡居民选择最低缴费档次的可能性会降低23.1%，这与假设基本一致。户口类型影响城乡居民是否选择最低缴费档次，回归系数为正值，说明二者呈正相关，即农业户口者选择最低缴费档次的可能性较高；从发生比看，农业户口的被调查者选择最低缴费档次的可能性比非农户口的高1229%，这与假设基本一致。对养老问题的担心程度影响城乡居民是否选择最低缴费档次，回归系数为负值，说明二者之间呈负相关，即对养老问题担心程度越高的被调查者选择最低缴费档次的可能性越低；从发生比看，对养老问题的担心程度每提高一个等级，城乡居民选择最低缴费档次的可能性会降低26.3%，这与假设基本一致。

家庭经济状况影响城乡居民是否选择最低缴费档次，回归系数为负值，说明二者呈负相关，即家庭经济状况越好的被调查者选择最低缴费档次的可能性越低；从发生比看，家庭经济状况每提高一个等级，城乡居民选择最低缴费档次的可能性会降低29.8%，这与假设基本一致。

城乡居民对制度的了解度影响其是否选择最低缴费档次，回归系数为负值，说明二者呈负相关，即对制度的了解度越低的被调查者选择最低缴费档次的可能性越高；从发生比看，对制度的了解度每提高一个等级，城乡居民选择最低缴费档次的可能性会降低47.8%，这与假设基本一致。但性别、年龄、身体健康状况、子女数量、对制度稳定性的信任度、对基金管理的信任度和对服务水平的满意度未通过显著性水平检验，这与假设并不一致。

（五）结论

课题组以此次调研中2554名参保的被调查者为研究主体，对城乡居民社会养老保险在运行过程中出现的"最低缴费困境"以及是否选择最低缴费档次的影响因素进行分析，结果显示：自变量中受教育程度、户口类型、对养老问题的担心度、家庭经济状况以及对政策的了解度通过了显著性水平检验。研究表明，农村居民更倾向于选择最低缴费档次，而受教育程度、对养老问题担心程度、家庭经济水平以及对制度了解度越高的城乡居民选择最低缴费档次的可能性越低。因此，为提高城乡居民的缴费档次、破除"最低缴费档次困境"，从而保障城乡居民社会养老保险制度的可持续性，促进城乡社会养老保障体系的一体化建设，课题组提出以下建议：

首先，增强城乡居民对老年风险的认知能力，推动城乡居民养老观念的转变。基于收入的有限性和用途的多样性，人们更愿意将有限的收入投入到教育、医疗、住房等方面。但囿于传统的养老观念，城乡居民对未来面临的老年风险的关注度并不高，尤其是45岁及以下年龄段的城乡居民参保缴费以抵抗老年风险的意识更为薄弱，并普遍认为养老问题对他们而言仍较为长远，无须为此过分忧心。尽管河南省已开展多渠道、多形式的城乡居民社会养老保险政策宣传活动，但这些活动大部分是对制度本身的宣传推广，而对提高城乡居民老年风险意识等方面的宣传仍较为匮乏。因此，应通过科学化、多元化、灵活性的宣传教育手段，使城乡居民充分意识到传统的家庭保障能力已逐步弱化，有必要尽早采取相关措施以有效抵御老年风险，从而使城乡居民树立"早投保、多缴费"的意识。

其次，加大扶贫开发的力度，通过优化产业结构、提高职业培训力度等措施，保证城乡居民收入的持续稳定增长，从而使其有能力选择较高的缴费档次。适当照顾经济困难群体，对经济困难人员的参保缴费进行补贴。作为城乡居民社会养老保险亟须覆盖的对象，经济困难群体所面临的养老风险要远高于其他群体。鉴于此，河南省部分地区推出了针对经济困难群体的参保辅助政策，如商丘市规定"对重度残疾人或长期贫困残疾人等缴费困难群体，各县（区）、市城乡一体化示范区为其代缴100元养老保险费"。除此之外，政府基层部门也应进一步筛选出无力缴纳保险费的困难群体，对其参保进行适当补贴，从而真正做到"应保尽保"。与此同时，若条件允许，应适当加大对经济困难群体的参保补贴力度，逐步提升其缴费水平，从而为其晚年提供基本生活保障。

最后，多渠道、多途径逐步加强对城乡居民社会养老保险的政策宣传力度。虽然河南省在统筹推进城乡社会养老保障体系建设过程中的宣传力度较大，但基层经办服务人员在政策宣传过程中，为了便于城乡居民了解、接受，对养老金领取年龄、缴费年限、缴费档次等的宣传力度较大，而对相对难以理解的养老金个人账户管理、养老金待遇计发等的宣传力度较小。因此，在政策宣传过程中，应逐步加强对这些方面的宣传力度，从而加深城乡居民对社会养老保险政策的认知度。与此同时，政府应积极探索向其他非政府组织购买公共服务的有效方式，从而有效遏制城乡居民参保"随大流"现象的出现。目前，我国城乡社区内存在形式各异、功能多样的非政府组织，这些组织内的成员虽与其他人身份相同，但其社会威望较高，对其他人能起到有效的宣传带动作用，这类人群较为适宜从事城乡居民社会养老保险的宣传和动员工作。鉴于此，政府相关部门可通过购买经办服务的方式，不断充实城乡居民社会养老保险经办工作的人员队伍，并采取积极有效的措施发挥工作人员的自身优势，从而为城乡居民提供廉洁高效的养老服务，不断满足其多元化、差异化、专业化的养老服务需求。

第五章

典型国家养老保障制度分析与借鉴

当前，全球性人口老龄化浪潮所引发的养老金制度改革问题、福利国家过度供给带来的养老金财务可持续问题、养老保险基金运营管理问题等，使得许多国家都在积极对其原有的社会保障制度做出调整和改革。在社会经济飞速发展过程中，我国也面临着"未富先老"、人口老龄化加剧、广大民众健康水平日益提高以及产业升级与转型、就业形式多样化、经济全球化等挑战和问题，建立健全与社会经济发展水平相适应、覆盖城乡的社会养老保障体系，将是一项长期而艰巨的任务。

学界根据政府、企业以及个人三者缴纳养老保险费的权利和义务标准，将养老保障模式划分为社会保险型、福利国家型和强制储蓄型。社会保险型模式的养老缴费以个人和企业为主，政府责任相对较少，仅以有限的国家财政收入来保证养老金制度的健康平稳运行，德国是社会保险型国家的典型代表。福利国家型是养老金缴费以国家财政投入为主，个人缴费很少甚至免缴，以英国、北欧等福利国家为代表。强制储蓄型以新加坡、智利为代表，养老金全部由企业和个人负担，政府不直接出资，但可提供一定的税收优惠等，并采取相关措施进行调控。较社会保险型模式和福利国家型模式而言，强制储蓄型模式不具有普遍意义，且对我国统筹推进城乡社会养老保障体系建设的借鉴意义有限，因此本部分将不再单独赘述。美国和日本的养老保障体系具有自身特色，在解决本国养老保障问题上发挥重要作用，也是世界关注和研究的对象。他山之石，可以攻玉。在新形势下，须进一步了解典型国家养老保障制度发展和改革的近况，深入解读各国养老保障制度的内涵，并汲取经验与教训，为我国养老保障制度建设提供有效借鉴。本部分选取德国、美国、瑞典、日本四个国家为研究对象，分析其制度的产生、发展演变、改革进程，介绍制度体系的主要项目、政策立法及实践情况。根据国别的选择体现了不同的养老保险模式和区域特征，具有典型性和代表性，为我国统筹推进城乡社会养老保障体系的理论研究和建设实践提供借鉴。

一　德国养老保险制度

作为现代社会保险制度的发源地，德国逐步建立起较为完善的社会保险体系，成为其他国家建立社会保障制度效仿的典范。德国养老保险制度覆盖人群广泛，是其社会保险体系的重要组成部分。该制度保障水平较高、保障方式灵活多样，从而有效保障了德国老年人的基本生活。近年来，受人口老龄化、家庭小型化以及经济发展水平趋缓等客观因素的影响，德国养老保险制度在运行过程中出现诸多问题，迫切需要改革。

（一）德国养老保险制度的主要内容

1. 社会养老保险制度

德国养老保险制度（见表5—1）由三支柱构成，包括第一支柱的法定养老保险、第二支柱的企业补充养老保险和第三支柱的个人储蓄型养老保险。基本养老保险制度覆盖全体成员，其他社会保险制度分别覆盖不同群体，社会成员可根据职业阶层和经济条件参加相应的社会保险制度。[①]

德国三支柱养老保险制度主要包括：第一支柱是覆盖全体成员的基本养老保险制度和针对不同人群的社会保险制度，主要为参保者提供基础养老金以保障其基本生活；第二支柱是与资本市场紧密结合的且由政府提供税收支持或减免的企业补充养老保险（即企业年金），主要是为参保者提供补充保障；第三支柱是私人养老保险，旨在为经济条件较好的参保者提

---

① 姚玲珍：《德国社会保障制度》，上海人民出版社 2011 年版，第 126 页。

供更高水平的养老金。其中，公务员和矿工在养老保障体系中是较为特殊的群体，覆盖两群体的养老保险制度本身既属于法定体系，也属于补充体系，是两体系的有机结合；第二支柱和第三支柱养老金作为第一支柱的重要补充，对满足退休老年人更高水平的养老需求起着至关重要的作用（见表5—2）。

表5—1　　　　　　　　　　　德国养老保险制度三支柱

个人补充养老保险体系	私人养老保险（寿险、储金、终老财产①等）						
	自愿保险		规定并有政策补贴的私人养老保险				
补充体系				矿工联合会养老保险	企业养老保险	公共部门补充养老保险	公务员养老保险
法定体系	独立从业者养老保险②	农场主养老保险③	法定养老保险对独立从业者特别规定		一般养老保险		
人群对象	非法定保险独立从业者	自由职业者	农民农场主	根据《社会法典》第五章第3—4节规定的独立从业者（手工业者、艺术家等申请投保者）	采矿工人	其他	公务员④
		独立从业者			工人与职员		
					非独立从业者		
		私营部门			各个部门		

说明：①终老财产：是指老年农民将庄园移交给继承人保留下来作为养老用的住房等。

②包括部分非独立从业者。

③包括家庭成员的相互保险及由企业实施的部分补充养老（如终老财产）。

④包括法官和职业军人。

表5—2　　　　　　　　　　　　德国养老保险制度的三支柱体系

养老保险		
法定养老保险	企业养老保险	私人养老保险
1. 法定养老保险 2. 农场主养老保险 3. 公务员和军人养老保险 4. 独立从业者养老保险	1. 直接保险 2. 退休储蓄 3. 退休基金 4. 互助基金 5. 直接承诺	1. 保险产品 2. 银行产品 3. 不动产
正常保障功能	补充保障功能	

尽管各养老保险制度的待遇调整基本上是根据经济发展水平、物价变动和在职职工的工资增长率，但具体调整办法不尽相同。其中，法定养老保险覆盖范围广泛，计发调整办法影响较大，因此其调整周期为每年一次，具体的操作方法最为复杂。公务员的养老金由联邦政府直接负责筹资管理且单独运行，待遇计发主要是根据在职官员的工资水平确定，养老金的发放以公务人员退休前一个月的工资为参考依据，这与我国2015年机关事业单位养老保险制度改革前的计发办法相似。企业养老保险金由雇主自行调整，周期大致为每三年一次。监管部门为有效防止雇主任意调整，保护雇员的合法权益，法律对企业养老保险金的调整有明确规定：第一，年波动幅度不超过1%；第二，不低于物价上涨幅度；第三，与现行雇员的净收入挂钩。

2. 农村养老保险制度

除了针对全体国民法定基本养老保险，1951年，德国针对独立经营的农民颁布了适用该群体的养老保险法律，这一制度独立于其他一般社会保险制度，具有明显的职业特征，并不断健全与完善。随着社会经济的发展，传统的农户分散经营已阻碍了农业现代化、产业化进程的不断推进，1995年德国政府颁布的农业社会改革法，对农民养老保障进行了大刀阔斧的改革，这一举措有利于集中农业资源，提升农业产业化经营。改革法案将农民的社会保障制度界定为社会保险范畴（个人和农场主需缴费），与以往的社会救助范畴不同（政府直接予以津贴补助），它意味着农民社会保障中个人和农场主需承担更多责任，体现权利与义务的统一，这也为其他国家开展社会保险型的养老保障制度提供了借鉴。

从制度覆盖人群看，农民养老保险主要将三类人群纳入其中，包括农民、农民的配偶和共同劳作的家属，基本实现了农业从业人口和农业雇佣人口的制度全覆盖。该制度的设计在很大程度上改变了德国农民养老主要依靠家庭的现状，标志着政府在农民养老方面将承担更多责任。国家在农民养老方面长期处于缺位状态，主要是由于政府部门认为农场主拥有农场及其他财产，经济状况较好，可自行解决养老问题；随着社会经济的发展，农业雇员数量增多，这一群体缺乏相应的养老制度安排；且中小农户在农场主中占比较大，在年老时的土地转让金无法充分满足其基本生活需求。因此，该制度的确立对提升农业人口的老年生活水平至关重要，对促进农业规模化与产业化意义重大。

从资金筹措看，农业养老保险费实行统一标准，而针对不同的参保群体，缴费标准存在一定差异，如由企业主全额缴纳的共同劳动家庭成员的保费仅为统一保费的一半。农业养老保险基金由保费收入和联邦政府补贴两部分构成，其中联邦政府补贴主要表现为入口补贴，即对无法缴纳足额保费的经济状况较差的农业从业者提供补助。这一补贴政策大致覆盖 2/3 的农业参保群体，直接造成农业养老保险基金中联邦补贴占比较高。

从保险待遇看，农民符合以下条件才可领取养老金，即缴费期限（最低 180 个月）、年龄（男年满 65 岁、女年满 60 岁）和附加条件（必须通过土地转让等方式退出农业生产）。由于参保人均缴纳等额保费，因此将来也均可领取等额年金。此外，提前退休群体可按照原数额的一定比例领取养老金，这在一定程度上体现了制度的灵活性和适应性原则，使一些经济状况较好且愿意接受较低养老金待遇的农民退出农业生产领域，从而吸引其他群体的进入。通常情况下，养老待遇以现金发放为主，只有在应对特定风险时才采取实物发放的方式。

从经办机构看，德国农民养老保险机构采取自治模式，有较大自主性，受政府社会保障相关部门监督。机构一方面须制定保险的覆盖范围、保费标准、领取条件、待遇调整等规则，另一方面应履行为参保群体答疑解惑的职责。

从制度转移接续看，该法案规定农民在进入其他行业时，其之前缴纳的农民社会保险费可以转移到其他制度，这一举措打破了农业与其他行业间养老保险制度的壁垒，切实保障了农民的合法权益，促进劳动力在不同行业间的自由流动。

需要说明的是，尽管德国养老保险制度将大部分社会成员都纳入了保障范畴，但仍有部分成员是通过其他途径解决其养老保障问题。例如，部分夫妇通过家庭生活联合会为对方提供养老保险，参加该项投保的不仅涵盖一般家庭妇女，也包括很多高收入从业者的配偶。家庭生活联合会提供的养老保险本质上是夫妻养老保障的分享制度。[①] 此外，工伤事故保险不仅对伤残者提供直至其死亡的养老保险金，而且对其遗属（包括父母）也提供相关保障，这实质上也具有养老保险的功能。

（二）德国养老保险制度的特点

1. 以权利与义务对等为原则，兼顾公平与效率

不同于社会救助制度，德国社会养老保险制度强调权利与义务相统一，认为养老保障责任须由个人、企业和国家三方共同承担。首先，劳动者获取养老金这一权利的实现，理应以履行缴费义务为前提。其次，劳动者将自身劳动力资源的使用权转让给企业，并为企业创造收益，企业理应为劳动者缴纳保费。最后，劳动者为整个国家经济的发展均做出了重大贡献，国家理应承担起保障其老年生活的责任。此外，不同参保者及企业的缴费能力不同，导致参保者领取的养老金存在一定差距，这与效率原则相契合。

2. 目标选择上强调效率，兼顾公平

公平是所有社会政策制定的基础，作为一项重要的社会政策，养老保险更应平等地覆盖所有社会成员。德国养老保险基金实行国家统筹管理，基金由雇主和雇员共同缴纳，国家为特殊群体提供津贴（如伤残津贴）。被保险人的自主、自立意识较强，制度运行效率较高，富有活力。国家有限责任和制度运行高效均反映了文化对制度模式价值取向的影响。

---

① 刘跃斌、高颖：《德国的养老保险体制改革》，《武汉大学学报》（哲学社会科学版）2005 年第 5 期。

3. 实施自我保险，强调社会自治

德国社会养老保险主要由社会负责，社会总支出的 2/3 由社会组织提供，政府和慈善机构仅提供 1/3。每个保险管理机构都必须成立一个代表大会和理事会作为自治管理的机关，并由雇主推选和投保人推选代表组成，双方代表各占一半。德国的社会养老保险制度将大部分权力下放至社会，政府不直接干预，只保留制定政策和规则的职能，仅通过立法、司法、协调等方式引导社会保险工作，创造公平的环境，在"社会自治"的指导方针下，推动社会各方面协调运行。

4. 以法律为执行依据，预防与养老兼顾

德国的社会保险制度具有悠久的法律渊源，主要体现为：基本养老保险制度以联邦立法为依据；公务员保险制度以 2006 年联邦改革法案和《宪法》第 8 部分第 1 章第 73 条款规定为法律基础；包括农民老年救济在内的社会保险制度是根据德国《宪法》第 12 部分第 1 章第 72 条款和第 74 条款的规定制定的。第二支柱企业补充养老保险和第三支柱私人养老保险制度则主要依据契约合同执行。

5. 现收现付制

德国社会养老保险制度实行现收现付制，费率先由各保险公司测算拟定，然后提交由劳工部与财政部专家组成的联合委员会审批，最后经审定后执行。由于社会保险预算的制定独立于政府总预算，因此，政府不仅可从宏观上把握社会保险的总体水平，而且也能满足退休群体的养老需求，同时也应认识到现收现付制并不能够有效应对人口结构变化、高龄少子化趋势。

（三） 德国养老保险制度的改革

1. 现收现付制的危机

"二战"后，以 1957 年养老金改革为标志，德国开始实施现收现付的筹资模式，现行养老保险体制的雏形基本确立。20 世纪 70 年代以来，处于剧烈变动中的经济、社会和人口结构等一系列因素对德国现行的养老保险制度提出了巨大挑战，尤其是对现收现付制产生重大冲击，制度财务可持续性堪忧，改革已迫在眉睫。

德国社会养老保险制度在创立之初之所以选择现收现付制的资金筹集

方式，一是可以有效减轻投保人的压力，二是当时的人口结构可以承担代际间的养老金给付责任。资金积累制度要求在职人员在养老保险方面承担双重责任，一方面为退休人员缴纳养老金（即运行初期的制度成本），另一方面须为自己储蓄养老金，这势必会给在职人员带来较大的经济压力，挤占其他消费，不利于社会经济的可持续发展。其次，资金的积累可能会受通货膨胀、经济周期性波动以及投资渠道有限等因素的影响，使养老储备金不能实现预期的保值增值目标，退休金实际购买力下降，可能无法有效满足日渐多元的老年需求。① 此外，资金积累制度涉及数额庞大的养老金储备，存在被挪作他用的风险，需要国家或社会组织进行积极的风险防控和审计监督。而现收现付制度在形式上灵活多样，可根据工资增长和国家社会经济发展状况，适时适度调整退休人员的养老金额，保障退休人员的基本生活。

随着德国人口老龄化加剧、经济增长减速、就业状况恶化，尤其是在20世纪90年代初两德正式合并后，西部向东部转移支付的举措加剧了政府财政负担，造成德国现收现付制养老金积累不足，收支较难平衡，制度可持续面临重大挑战。在生育率降低、人口老龄化加剧的背景下，养老金支出急剧增长、财政不堪重负以及制度收入能力接近极限（缴费诸方如雇员、雇主和公共财政补贴几乎无提升的可能），使现收现付制下的"代际协议"难以为继，亟须对养老保险制度模式进行变革。与此同时，养老保险制度危机也波及其他经济领域：对个人而言，高缴费率降低了劳动者当期可支配收入，直接挤占了私人在其他领域的消费，从而对部分产业造成不利影响；对企业而言，高额的保费和税收，大幅提高了企业的经营成本，降低了企业的国际竞争力，减少了国家出口产品的数量，致使部分企业走出国门寻求更廉价的劳动力资源；对国家而言，宏观经济条件将不断恶化，不仅削弱了国内需求，而且加重了政府的财政负担。

2. 德国养老保险制度改革进程

在老龄化日趋严重的背景下，德国进行了一系列养老保障制度变革，主要集中于第一支柱的法定养老保障领域，以改进公共养老金指数计算公式和提高法定退休年龄为主要改革方向，注重各养老保险制度间的协调发

---

① 陈飞飞：《人口老龄化与德国法定养老保险制度改革》，《德国研究》2006年第4期。

展，进而提升第二支柱和第三支柱在养老保障的贡献率，从而改变德国养老保障制度过度依赖第一支柱的状况。以下主要介绍德国养老保险制度中的几次重大变革。①

（1）1992 年改革

1992 年德国养老金改革法案对养老保险制度进行了如下调整：逐步提高养老保险费率；调整养老保险金计发办法，确保养老金维持一定的替代率；财政补贴资金保持在一定水平；将生养新生儿的劳动者视同缴费年限提升至 3 年；标准退休年龄虽提高至 65 岁，但与实际退休年龄仍存在一定差距。综合来看，1992 年改革既对养老保险参数进行调整（如保费、替代率和退休年龄），又通过加大财政补贴和提高生育率等措施缓解制度可持续性差的局面。然而生育率降低是一个历史演进的过程，且受传统文化、社会环境、思想观念影响较大，通过增加视同缴费年限来提高生育率的成效尚未可知。

（2）1999 年改革

此次改革主要从以下几个方面展开：在筹资模式上，提高资本积累模式所占比重；调整过高的养老待遇水平，以降低德国劳动者的工资附加成本；提高严重伤残者的退休年龄；提升新生儿生养期间的视同缴费比例；鼓励第三支柱养老保险制度均衡协调发展。综合来看，1999 年改革不仅加大了制度的参数调整力度，而且积极推动了新的资本积累模式。

（3）2001 年改革

德国于 2001 年 5 月通过的《养老金改革法》，旨在减轻第一支柱法定养老保障的资金压力。该法案主要进行了养老金参数和制度改革。在参数改革方面，法案不仅规定了逐渐降低公共养老金替代率，而且逐渐缩短了雇员领取补充养老金的规定期限。在制度结构方面，着力发展企业补充养老金与个人自愿养老保险，并对其实行税收优惠，改善退休人员过度依赖公共养老金的现实情况。其中，最重要的举措是政府将以税收优惠和直接补助家境贫困者等作为刺激手段，鼓励职工本人进行"退休储蓄"，职工本人的这一储蓄成为养老金的重要补充，这在一定程度上可减轻法定退

---

①　刘跃斌、高颖：《德国的养老保险体制改革》，《武汉大学学报》（哲学社会科学版）2005 年第 5 期。

休金替代率降低对退休职工产生的不利影响。

（4）2004 年改革

2004 年，德国对社会养老保险制度实施进一步改革，主要表现在计发办法的改善、提高退休年龄和建立长期社会保险制度三个方面。第一，将"可持续因子"纳入养老金计发公式中，可持续因子不仅反映了人口寿命的变化趋势，也反映了整个社会人口的多种动向和劳动力市场的变化趋势。第二，提高退休年龄，计划在 2030 年前将德国的法定退休年龄由现今的 65 岁逐步提高至 67 岁，以应对人口预期寿命延长、老龄化显著这一趋势。第三，制定长期的养老保险制度条例，逐步减少提前退休行为，分步骤提升养老保险的费率水平。

（四）德国养老保险制度的评价与启示

1. 制度体系与改革评价

德国养老保险制度体系较为完善，已成为诸多国家学习借鉴的典范。德国养老保险的保障水平仅限于基本生活需求，更强调劳动者的自我保障，政府的投入相对较少。养老金的给付设立激励机制，能够实现社会资源的有效配置，提高国民经济的运行效率。养老保险追求代际平衡，缴费与领取间的时间跨度较大，因此德国养老保险改革能否成功，不仅取决于参数改革带来的养老保险基金是否实现收支平衡，而且取决于企业和个人补充养老保障是否能够在养老保障体系中发挥更大效能。德国养老保险制度在其一百多年的发展历程中虽几经风雨，不但始终保持了较高的偿付能力和运行效能，而且能顺应社会经济的发展不断改革完善，从中不难发现，德国养老保险制度的改革具有以下趋势：扩大社会养老保险覆盖面；降低过高的养老金替代率；养老保险费率尽可能保持平中有降；加大基金积累模式的份额；通过养老金计发和税收优惠政策来提高生育率。

德国养老保险制度由分散化、自由化发展转向规范化、规模化发展，为世界其他各国的养老保险制度改革提供指导。企业补充养老保险和私人商业养老保险制度由自发补充型向主动填补型转变，第二、第三支柱将逐步成为德国社会养老保障体系的重要组成部分。以上变化主要受德国社会、经济和政治等方面的综合影响。根据世界养老金制度改革的发展趋势，国家强制执行的法定养老金比重将不断降低，而通过市场化运作、政府监管的企业补充养老金比重将稳步提高。这与德国企业补充养老保险制度的发展趋势相一致。

2. 对我国统筹城乡社会养老保障制度的启示

德国经验表明，由于养老保障刚性需求的存在，农村养老保险的支出迅速增加，从而对基金积累造成严重威胁。在我国农村社会经济发展水平较为落后的情况下，养老保险待遇水平在短期内不能迅速提高到城镇水平，否则将会加重政府财政负担，导致在其他领域的支出比例有所下降，这将不利于城乡经济的稳定发展。因此，在统筹推进城乡社会养老保障体系建设的进程中，应坚持与社会经济发展水平相适应的原则，立足现实国情，明晰城乡社会养老保障制度中政府应承担的财政责任，并运用科学的方法调整参保者的养老金待遇水平。

此外，我国社会养老保障制度应逐步消除城乡二元差异。德国的农村养老保险制度由法定养老保险、自愿保险等多种形式组成，其中法定养老保险属于第一支柱，通过国家立法强制农民参保，其他层次则由参保人自主决定。城镇养老保险制度的设计亦是如此。尽管德国农村社会养老保险制度自成一体，但它与整个大的社会养老保险制度有灵活的转移接续空间，允许农民及其他参保者根据自身的职业身份转变而进行转保，从而充分保障不同群体的参保利益。我国同样存在独立运行的农村养老保险制度，即新型农村养老保险制度（新农保），它与城镇居民、城镇企业职工和机关事业单位养老保险并存。与德国相比，我国尚未建立起统一的法定基础养老保障制度，多（双）轨制的存在，将不利于城乡不同人员选择适合自己的养老保险，因此可借鉴德国经验，建立全国统一的法定基础养老保险制度，从而使制度间的转移接续更加便捷，方便参保者自由选择。

二　美国养老保险制度

美国养老保险制度历经百年的发展，形成了相对完善的体系并具备重要特点：从仅针对特殊对象的社会救助发展成为完善的涵盖政府主导并强制实施的社会养老保险，企业主导、雇主雇员责任共担的企业年金，个人负责、自愿储蓄的个人储蓄养老金计划在内的三支柱体系。多个主体相互补充，形成合力，在一定程度上缓解了美国的养老压力，成为其他国家争相效仿的典范。① 实际上，美国三支柱框架初步成形于 20 世纪 80 年代后期，第一支柱包括养老、遗属和残障保险制度以及政府养老金计划，主要倾斜对象为低收入人群；第二支柱主要是企业年金（即雇主养老金计划），具有较强的激励性；第三支柱是个人储蓄养老金计划，实行个人账户积累，目的是满足参保者高层次的养老需求。

（一）美国养老保险制度概况

1. 老年、遗属和残疾人保险制度

在美国，针对老年人、遗属和残疾人的保险计划建立最早，其主管机构为社会保障管理局，是美国公共养老保险体制的重要组成部分，由联邦政府为其日常运营提供财政支持。保险计划的主要内容为基本保额、退休年龄、遗属福利、配偶养老金、遗孀养老金等；养老金计算方法较为复杂，但通常以基本保额为基础；保险计划的待遇计发主要有两个依据，分别是退休人员的缴费记录和待遇领取人的退休年龄；退休后待遇计发方式为月计。截至 2005 年末，领取该计划的老年人占老年人总数的比例高达92％。此外，第一支柱养老金计划是涵盖联邦政府工作人员、国家退伍军人等在内的政府公共部门养老金计划，以应对不同群体差异性的养老风险。与此同时，各州和地方政府的养老金计划亦属于此范畴。

2. 企业年金计划

企业年金计划又称雇主养老金计划或者私人养老金计划，发起者主要为大型企业雇主和工会组织，前者建立的主要是单一雇主养老金计划，后者主要是为小企业职工建立多雇主养老金计划。与第一支柱养老金计划的强制性相反，该计划遵循自愿原则，尽管如此，其覆盖人群也相对较多，吸引了近一半美国劳动人口的参与。企业年金计划的资金来源主要为雇主、雇员的缴费，积累的资金可进行市场化投资，参保人未来收益通常与保险公司的运营收益挂钩，职员退休后的待遇水平主要取决于其个人账户积累额或其与企业的事先约定，普遍采取按月领取的方式。为鼓励企业建立企业年金，美国政府对建立企业年金的公司给予税收优惠，这意味着企

---

① 马凯旋、侯风云：《美国养老保险制度演进及其启示》，《山东大学学报》（哲学社会科学版）2014 年第 3 期。

业为职工缴纳的养老金是免税的，在税收优惠政策的激励下，近3/5的雇员参加了企业年金。名目繁多的第二支柱养老金计划成为联邦养老金计划强有力的补充，整体而言，该计划主要有收益确定型和缴费确定型两大基本类型。

（1）收益确定型保障计划

在美国，为吸引和留住员工，美国企业和公司设立了种类繁多的退休金计划。这些计划多是收益（待遇）确定型保障计划，即养老金计划领取人在缴费时会收到雇主关于待遇水平的承诺，退休后则可按事先的约定领取相应数额的养老金，虽然具体的领取数额通常是雇员退休前一段时间内平均工资的一定比例，但是雇主会将基金投资运营状况、雇员工作年限、职工职位高低等因素考虑在内，进而委托专业的养老金精算机构计算出雇员每年应该缴纳的养老金数额。企业对养老金领取者一般有工作年限的相关规定，通常为35年，工作时间越长，养老金待遇水平越高。雇员退休后根据工龄长短、职位高低、通货膨胀率等因素，确定或调整具体的津贴金额，并通过"最终平均支付""职业平均支付""平稳给付"三种方式进行发放。退休账户间互不独立，相当于一种集体的退休保险，这是大部分企业通常采取的方式。在DB计划中，由于资金来源于雇主，因此雇主必须拥有充足的资金用于支付雇员的养老金，如若不足，则需追加投入。

对于企业年金基金的管理，在美国一般由合格的基金托管公司或者保险公司进行养老金管理，按照相关规定或投资于收益较高但风险较大的市场，或投资于收益较低但安全度较高的银行。对于不参与市场运作的养老金计划，退休金保险公司则会提供一定的保险，对于破产倒闭的公司，政府保险公司则发挥着兜底作用。

美国重视对雇主养老金计划的管理，早在1974年就颁布了《退休保障法》，并制定了一系列监督、管制措施。主要包括以下几方面内容：第一，严格养老金给付规定。企业必须审慎地将包括详细的养老金筹资来源、投资运营、保值增值、待遇支付计划等在内的方案交由财政部审核批准，原则上，方案一旦提交不允许随意变更，若确需变更，需重新制定方案并再次申报审核，擅自变更、中止计划或者不执行审批方案者，将接受法律的严惩。第二，基金管理与方案执行。基金管理与方案执行情况需按年度向财政部报告，基金账户的款项需专款专用，不得挪作他用，特殊情况除外，比如账户基金大量盈余的情况下，可转入员工健康保险账户。第三，信息披露与通报。企业按年度向员工通报关系其切身利益的内容，比如基金运营情况、个人账户积累情况、基金投资方向等。第四，企业年金计划中止。企业可采取主动或被动的方式中止养老金给付，或从多企业联合中退出给付。

（2）缴费确定型保障计划

在缴费确定型保障计划中，雇主、雇员二者共同或者由一方按照确定的缴费额度向雇员个人账户中按期缴纳养老金。首先，雇主、雇员缴纳的养老金计入个人账户中，员工未来领取的养老金总量是其在职期间缴纳的养老金总额，雇主负担相对稳定。这种方式是事先确定缴费额度，退休时则根据个人账户积累额及基金投资运营收益状况来确定每月养老金发放额度，而与员工工作时间长短、职位高低无关。其次，养老金需通过适当的投资运营方式实现保值增值，虽然雇主无须承担投资风险，但其必须提供一系列投资方案以供雇员选择。最后，养老金待遇发放取决于其个人账户的资金总额，其中包括本金、利息、投资利润等，如果投资状况较好，雇员可从中获得更大的收益。缴费确定型保障计划的最大优势是个人账户在员工更换工作时可随其转移，这为我国不同地区养老金转移接续提供一定借鉴。美国的 DC 计划包括利润分享计划、货币购买计划、储蓄计划、股票红利计划、雇员股票所有权计划和 401K 计划 6 种基本类型。

从 20 世纪中后期开始，收益确定型现收现付制一方面无法应对人口老龄化危机；另一方面管理困难、成本高昂，很多国家逐渐以缴费确定型基金积累制取而代之，成为雇主养老金计划的主要工具，有些国家比如瑞典则转向名义账户制。缴费确定型基金积累制优势明显，通过个人账户，雇员可随时了解自身养老金的积累情况，也便于企业进行基金监管、控制成本。同时，受全球经济衰退、新自由主义盛行及人口老龄化加剧等因素影响，有较高投资回报率的 DC 模式成为美国联邦政府的主要工具。在美国，401K 计划为减轻国家财政负担发挥了重要作用，成为资产规模仅次于个人退休账户的第二大居民收入来源。近年来，"混合型养老金"计划业已出现，它兼具 DB、DC 二者的部分特点。随着社会经济发展，为满足雇员多层次、多元化的养老需求，雇主提供了形式更加多样的养老金计划，比如利润共享计划、反向个人退休账户等。为鼓励企业建立雇主养老金计划、个人开展自我储蓄养老计划，联邦政府会给予一定的税收优惠政策。

3. 个人储蓄养老金计划

在美国，一方面劳动者工作频繁变动，另一方面雇主建立养老金计划在一定程度上会加重企业负担，所以雇主通常不愿为雇员建立长久的雇佣关系，并为其缴纳企业年金。为提高雇员退休后的生活水平，个人储蓄养老金计划顺势出现，成为保障灵活就业者退休生活的"安全门"。个人储蓄养老金计划遵循自愿原则，便携性较强，个人可根据自身需要加入该计划，并可享受一定的税收优惠，但通过银行存款、投资证券的方式则无法享受税收优惠。在职工调换工作时，可将雇主养老金计划中的积蓄取出并存入由银行、保险公司等金融机构提供管理服务的个人账户，个人账户积累额可进行市场导向型多元化投资。随着美国服务业的日益壮大，个人储蓄养老金计划也迎来了新的发展机遇。

个人储蓄养老金计划日益受到美国家庭的青睐，通过个人退休账户计划和雇主退休支持计划，美国民众可实现科学化、规范化的理财目标，使得养老储蓄在美国社会的作用愈加凸显。1974年，美国建立个人储蓄养老计划，经过30年的发展，已将2/5的美国家庭纳入到该制度中，并逐渐成为资产规模最大的退休收入保障计划。个人储蓄养老金计划遵循自愿性原则，参与该计划的纳税人每年可将一部分收入存入计划账户，退休后可领取账户余额，但是在领取年龄方面的规定较为严格，非特殊情况账户资金在退休前无法动用。个人储蓄养老金计划之所以能够吸引更多家庭的加入，是因为其具有独特的优势，主要表现在以下几个方面：第一，参与个人储蓄养老金计划可享受政府税收优惠政策。该计划属于政府提供支持的养老计划，采取减税、个税递延甚至免税的优惠。通常情况下，缴费在税前扣除，撤出时缴税，若是税后扣除，则撤出免税。这一措施具有较强的激励性，我国的个人税收递延政策的出台与执行应以此为借鉴。第二，个人储蓄养老金计划缴费较为灵活。该计划的缴费额度无最低门槛，只有最高的缴费限额，目前为每年5000美元。如果缴费者年龄较大，比如50岁以上，可另追缴资金，以提高老年生活水平，而具体的追缴额度则由计划参与者根据自身实际情况自主决定。第三，个人储蓄养老金计划积累资金可进行市场化运作，但投资范围在一定程度上可控。对于账户资金积累额该如何保值增值，管理机构普遍采取的措施是投资于共同基金和证券，但是最终的决定权掌握在计划参与者手中，可根据其自身年龄、工资水平等因素自由选择投资组合，以降低未来的养老风险。第四，个人储蓄养老金计划转移机制良好。对于频繁更换工作者、企业年金计划参与者而言，退休时无须将资金变现即可将企业年金基金存入该计划账户，并继续投资运作，这避免了资金转换时的投资损失，吸引了更多民众的积极参与，从而使该计划在美国迅速发展壮大。

为了促进个人储蓄养老金计划的发展，提高民众从该计划中的收益，美国政府先后推出了针对不同人群的、种类各异的计划，目前主要有传统型、罗斯 IRA 计划、雇主支持型以及教育类、滚存类，充分满足了美国家庭对个人储蓄养老金计划投资多样性的需求。美国家庭持有个人储蓄养老金计划的途径相对较多，如银行、储蓄机构、独立金融计划公司、共同基金公司等金融机构。从目前状况看，近 2/3 的美国家庭较为青睐于共同基金公司。养老金投资可选择一种投资工具或者多种投资工具组合，通常情况下，多数美国家庭选择多种投资工具组合，这一比例高达 3/4，其中，持有四种以上投资工具的美国家庭占比约为 1/3。

（二）美国养老保险制度的特征

1. 社会保险管理体系完善

美国联邦政府对基本养老保障采取集中、垂直的管理方式，具有较强的约束力。在养老保险政策制定方面，由社会安全总署负责，该机构对低层级机构承担业务指导责任；在便民服务方面，全国提供电话、网络等平台供本国和国外公民咨询、查询；在机构人员配比方面，6.5 万余名工作人员在十大地区的社保局办理相关业务，人员配比较为充足；在经办人员管理费用方面，每年从社会保障税中提取大约 7% 的管理费，根据相关部门计算，每名工作人员每年约有 6 万美元的管理费，这为业务经办工作人员提供了资金保证；在职能分工方面，明确层级间职能划分，各地仅负责本地区的养老事务，形成了科学、完善的社会保障网络。

美国的高科技不仅运用于军事、国防等行业，也运用于民生工程，而它在美国养老保险体系的运用则大大提高了业务经办的效率、实现了不同业务间的快速衔接，为广大民众提供了切实便利。每位美国公民拥有一个社会保障号，针对按时足额缴纳养老保险费的人员，其工作无论是跨行业调动还是跨地区重新就业，均可自动将养老保险关系转移接续。同样，对于国内死亡人员，也可实现及时销户。

2. 基金筹集与给付弹性化

不同支柱的养老保险，其基金筹资来源也各不相同。作为美国第一支柱的社会养老保险，其资金来源于强制性的雇主与雇员共同缴费，随着美国老龄化程度的加深，其财务可持续性也面临前所未有的压力，为了维持该制度的发展，工薪税缴费比例在53年间增加了5.2%。为规避过高的工薪税率引起社会强烈不满，联邦政府从20世纪90年代开始将这一比例基本稳定在6.2%左右。计划参与者在退休后的待遇水平受退休前工资水平、工作年限、退休年龄及通货膨胀指标等因素影响。作为美国第二支柱的企业年金，其资金来源根据雇主性质及计划类型的不同，缴费责任也有所不同。政府DB、DC计划的资金主要来源于政府税收和个人缴费，企业DB计划的资金主要来源于雇主自有资金、DC计划则另有个人缴费。通常情况下，DB计划养老金待遇水平与工作时间长短、职位高低相关，而DC计划则无关，但二者均与投资收益相关。作为美国第三支柱的个人储蓄养老金计划，其资金来源于个人缴费，可享受政府税收优惠。退休者养老金水平受基金投资收益状况影响较大。

按照美国相关法律的规定，美国公民领取养老金时须满足两个条件：一是达到法定退休年龄65岁，二是在工作期间缴费满10年，退休后便可按月领取养老金。养老金待遇计发办法主要有三个特点：第一，基数指数化。在美国，劳动力的频繁流动使养老金待遇计发办法困难重重，为维护劳动者的合法权益，采取不以退休时点养老金水平为基础的待遇计算方式，相反是以退休者一生的工资水平为计算基础，并将物价、通胀因素剔除，这样符合劳动者心理预期且更能真实反映劳动者的劳动贡献。第二，分段计算养老金水平。美国联邦政府将工资基数分为三段，即低段工资基数、中段工资基数以及高段工资基数，给付比例分别为90%、32%、15%，这样能够发挥养老保障的收入再分配功能，缩小贫富差距。第三，养老金水平随物价调整，以减少受通货膨胀影响而出现养老金水平降低的现象。

为保证基金的安全性，美国对社会保障经费实行极其严格的"收、支、管"，这意味着除了收支两条线，更有独立的咨询管理部门对其养老金运作进行监督、咨询、评估，从而减少养老金挪用或者浪费等不良现象的发生。[①]

3. 运用双重手段调控退休年龄

现阶段，面对人口老龄化加剧、劳动力匮乏等问题，同时提高养老金财务可持续性，美国联邦政府决定采取积极措施鼓励延迟退休，以充分调动低龄健康老年人的工作积极性。延迟退休者可在标准退休年龄的基础上按月增发养老金，提前退休者按月减少养老金发放，正常退休者按月领取全额养老金。如果老年人在退休后继续从事有偿劳动，根据有偿劳动的收入水平是否超过规定标准，可全额或者减少50%领取养老金，70岁以上者，无论有偿收入多少，都可全额领取养老金待遇。65岁后领取，每延迟一个月，养老金增发0.416%，每年增发5%；70岁后领取，可领取1.3倍的全额养老金。这种弹性退休方式，实际上蕴含着一定的激励机制，能够减轻基金支付压力，从而维持该制度的健康平稳运行。

4. 多层次养老保障协调发展

基本养老金替代率控制在较低的水平，有利于多层次、多支柱养老保障的发展。美国的养老金总替代率为51%，净替代率为65%，分别低于法国（62%、77%）、德国（52%、72%）、意大利（81%、95%）、瑞典（81%、82%）、西班牙（82%、89%）等国，略高于日本（49%、59%）和英国（47%、61%）。若第一支柱养老金替代率较高，虽在一定程度上可保障老年人退休后的基本生活，但无形中加重了政府的财政负担；若第一支柱养老金替代率水平较低，无论是正规就业者还是灵活就业者，为减少年老后的风险，会主动寻求其他途径提高养老金收入，第二、第三支柱便有了较大的生存发展空间。在美国，企业年金计划的建立与完善，不仅对员工具有激励作用，也可吸引并留住人才，减少了员工的离职率，维护了企业的稳定。个人储蓄养老金计划对资本市场的发展成熟具有重要意义，因此美国商业养老保险十分活跃。三支柱养老保险充分体现了在老年

---

① 李连芬、刘德伟：《美国养老保险制度改革及其对我国的启示》，《当代经济管理》2010年第10期。

人基本生活保障中，国家、企业、个人的责任共担机制，形成了三方紧密配合、互为补充的复合型体系。此外，联邦政府针对中低收入阶层的、以个人为对象的税收优惠政策，发挥了社会保障调节收入差距的功能。

（三）美国养老保险制度的评价与启示

1. 美国养老保险制度的评价

美国长期采取的现收现付制养老保险制度，逐渐成为本国社会保障中支出最大、规模最大的项目，造成了严重的公共财政负担。进入 21 世纪，美国养老保险制度呈现出以下发展趋势：首先，养老保障多层次、多支柱发展。养老保障负担不再是政府的单一责任，企业、个人均为责任主体。政府养老保险、企业年金、个人储蓄养老金计划之间主次分明，良性互动，形成有机整体。其次，养老保障私营化管理。一方面，政府给予第二、第三支柱税收优惠，并加强监督管理；另一方面，美国完善的资本市场使市场化运作的养老金能够实现相对稳定的保值增值。最后，年金保险储蓄化。强制性储蓄与自愿性储蓄相结合，使美国民众都能被纳入养老保险计划，从而保障其晚年的基本生活水平。美国"三支柱"养老保险制度在美国社会保障体系中占有重要地位，在协调劳资关系、稳定雇员、保障雇员退休后基本生活、活跃投资市场、发展经济等方面均发挥了重要的作用。美国在社会保障制度实施过程中所遵循的基本原则不是"福利国家"原则，而是"帮助自助者"原则。从这一原则的实施结果看，一方面，减轻了养老金支付压力，提高了养老金财务可持续；另一方面，促进了资本市场发展，增强了养老个人责任，降低了道德风险、逆向选择行为的发生。作为效率优先的制度设计，美国的养老保障制度覆盖广泛，但从受惠人群来看，并非都是针对国人的养老问题的政策，这也是该制度受到批评的原因之一。[①]

2. 美国养老保险制度的启示

无论是美国实践的"三支柱"模式还是世界银行近年来提出的"五支柱"模式，都是社会保障发展的趋势与潮流。近年来，我国社会养老

---

① 申策、张冠：《美国的社会保险制度对中国养老制度改革的启示》，《吉林大学社会科学学报》2013 年第 2 期。

保险处于改革攻坚期，多层次、多支柱成为我国社会养老保险制度的发展思路。对此，应逐步加大对企业建立企业年金的支持力度，加快个人税收递延政策的出台，强化养老责任分担机制，充分发挥养老保险在保障老年人基本生活、调节收入差距、维护社会稳定方面的积极作用。美国养老保险制度的运行状况在一定程度上对我国养老保险制度的发展具有借鉴意义。当前，我国仍处于完善社会养老保险制度发展完善阶段，在统筹推进城乡社会养老保障体系建设过程中，应强调基本养老保险的强制性和兜底作用，凸显社会养老保险体系的多层次性，让国家、企业、个人能够在不同层面广泛参与。

三　瑞典养老保险制度

瑞典是福利国家的橱窗，是世界上最早建立全民养老金制度的国家之一。作为典型的福利国家，其养老保险制度改革和发展备受世界各国的关注和学习。因此，剖析瑞典养老保险制度及其改革对我国统筹推进城乡社会养老保障体系建设具有重要的现实意义。

（一）瑞典养老保险制度的建立

养老保险制度是瑞典较早建立的全国性社会保障制度之一，与世界其他国家一样，瑞典的养老保障制度也经历了不断发展、改革和完善的过程。

1. 发展历程

20 世纪初期，养老保障问题就被提上了瑞典政府的议事日程。1913年，瑞典议会通过了全国养老金法案，标志着养老金制度在瑞典的正式确立，这也是国际上较早的全国性的社会养老保障计划。该制度主要是为缴费的参保者提供基础养老金，以及为贫困者和有需求者提供的附带收入状况调查的补充养老金，属于混合型养老金制度。与此同时，瑞典政府还向无力缴纳养老费用的人提供无偿的养老救济，但是这些公民必须首先接受个人收入状况的调查。瑞典政府于 1935 年开始着手对补充养老金制度（附带收入状况调查）进行改革，以期能建立覆盖全体低工资收入者的养老金制度。1938 年，国家社会福利委员会正式成立，为瑞典养老金制度的改革和发展提出了一系列具体措施，养老金制度的改革逐渐成为"二战"后瑞典社会保障制度改革的重要内容。瑞典议会于1946年通过了一项新的养老金法案，并于1948年1月1日正式实施，瑞典由此引入了由政府筹资的、费率统一的全国性的基本养老金体系，同时取消了领取补充养老金的附加条件。该政策是瑞典养老金制度建立35年后的第一次重大变革，新的养老金制度与参保者退休前的收入水平不挂钩。在新制度的覆盖下，67岁以上老年人（参与该制度的）均可领取国家基本养老金，这在一定程度上为瑞典老人提供了更加有效的养老保障。

1960年1月1日，瑞典开始实行与收入相关的补充养老金制度（简称ATP）。它是一种强制性、政府管理、既定给付的现收现付制的养老金模式，国家收缴的保险费将全部被用于支付当前退休老人的养老金，其与基本养老金制度的主要区别在于加入了与收入关联的成分。这项制度保证了全民老有所养，缩小了贫富差距，促进了社会稳定与经济发展。在该制度下，雇员和自雇佣者均可自愿参加，尽管费用由国家、雇主及雇员共同分担，但是雇员几乎不缴纳任何费用。这类养老金的费用由雇主来承担，雇主为雇员缴纳补充养老金的保险税，雇员无须为收入关联养老金和职业养老金缴纳税费。1960年开始实施的养老金制度，不仅涵盖与收入相关联的补充养老金制度，而且还提供覆盖面广、津贴有限、与收入无关的国家基本养老金（雇主不承担养老金缴费，雇员只需要缴纳其工资总额的1%作为基本养老保险税）。20世纪60年代后，瑞典养老金制度又进行了其他一系列改革。瑞典在1969年针对没有领取补充养老金或者养老金水平较低的人提供一种特殊的补充养老金。1976年，国家法定退休年龄从67岁降至65岁，而且允许参保者选择领取部分养老金。

瑞典在20世纪70年代后期着手推进一系列的养老保险制度改革。1994年，议会提出了养老金制度改革的建议，具体措施如下：为达到养老金制度与社会经济发展相一致的目的，瑞典取消了补充养老金制度以15年最高工资为基数确定养老金标准的规定，采用工资指数来替代物价指数的标准确定养老金基数。2003年1月，新制度取代了国家基本养老金和补充养老金制度，为所有瑞典人提供了最低限额的保障养老金，同时也为劳动者提供了与收入相关联的养老金。该制度的管理主要由国家社会保险委员会、养老金管理局以及社会保险办公室共同负责。

2. 现行养老保险制度框架

（1）保障对象

为获得瑞典养老金的享受资格，每个人必须符合瑞典社会保险法的要求，居住于瑞典或者选择在瑞典工作。瑞典的养老保障覆盖范围较广，所有本地居民以及在瑞典工作过一定时间的人均可享受这一福利制度，而且其纳入的成员还包括那些在瑞典短暂工作过（通常为一到两年，没有达到获得养老金的工作年限要求），但参加了其他欧盟国家或者与瑞典签订社会保险协议的人，以及取得保险资格的难民和在瑞典船舶登记的船员等。

（2）缴费标准

在新的养老金制度下，养老金缴费费率是养老金基数的18.5%。养老金基数包括工资性收入和津贴性收入。除了工资性收入外，从医疗保险和失业保险制度获得的津贴都被视为津贴性收入，而津贴性收入也是计算养老金基数的基础。同时，从疾病补偿、抚育幼儿、学习以及社会服务中获得的津贴性收入也可被转换成养老金权，国家财政将这部分养老金的支付纳入预算，此项缴费即为国家养老金缴费。每个参保人都须缴纳工资和津贴总收入的7%作为个人养老金缴费，它与工资所得税一同缴纳，但是超过8.07倍基准收入的部分则无须缴纳。对雇员而言，雇主缴纳雇员工资的10.21%作为雇主养老金缴费，这种缴费标准是基于工资不超过8.07倍基准收入，而超过部分不会形成养老金权，这些缴费实际上是以税收的形式缴纳给中央政府，而不是直接进入养老金体系。但在计算养老金权时，7%的个人养老金是不包括在养老金基数内的，这就意味着最大养老金基数是8.07倍基准收入的93%，即养老金基数上限为基准收入的7.5倍，养老金实际缴费费率为养老金基数的18.5%。

（3）养老金构成

目前，瑞典的国家养老金体系主要分为以下三部分：第一，收入型养老金，也称为名义缴费确定型个人账户（简称NDC）。在这类养老金中，雇主和雇员共同缴费，缴费率为18.5%，其中16%进入个人账户，属于缴费确定型的现收现付制模式，是以在职劳动者的缴费来支付当前退休者的养老金。第二，累积型养老金，也称为基金积累制个人账户（简称FDC）。在这类养老金中，雇主和雇员共同缴费的18.5%中的2.5%进入该个人账户，是将资金直接投资到资本市场并产生收益。第三，保证型养老金。这类养老金针对低收入和无收入者，通过财政预算拨款的方式提供保证型养老金，并设立最低养老保障线，以确保该类人群能享受到最低水平的生活保障。

（4）三支柱体系

瑞典养老保障也实行三支柱体系，除了国家养老金之外，退休职工还可以享受职业养老金与私人养老金，二者的设立独立于政府，是对国家养老金的补充，其目的是为了提高雇员退休后的物质生活水平。职业养老金由工会联合会和雇主联合会两方通过集体谈判来决定的，是劳资双方协商谈判的结果，不具备法律上的强制性。私人养老金则更多是个人自愿的行为，体现在商业保险以及个人融资理财方面，国家养老金与职业养老金体现的是国家社会经济管理职能，是养老保障制度中的核心组成部分。

（二）瑞典养老保险制度改革的评价

瑞典在养老保障制度改革和完善方面较为成功，在该领域的改革中扮演了领导者的角色。

1. 改革背景

受西方国家经济"滞胀"的影响，20世纪70年代中期以后，瑞典社会经济增速明显放缓，以高福利为主要特征的社会保障制度逐渐成为瑞典社会经济发展的主要制约因素。具体可以体现为以下几点：

第一，世界性经济危机给瑞典社会经济发展带来重创，主要社会问题逐渐凸显。在养老金制度初建时期，瑞典的实际经济增长率高达4%，到了20世纪70年代后期，由于实际经济增长率长期低于2%，在现收现付制下，为了能承担原有养老保险计划的巨额支出，必然要大幅度提高缴费率，这显然会给未来工作者带来沉重的经济负担。

第二，预期寿命延长不利于养老金财务可持续，原有的养老保险制度逐渐从社会经济发展的促进因素转变为制约因素。实际上，瑞典人口预期寿命不断延长，需要政府支付巨额的养老金，势必会加重政府的财政负担，对养老金财务可持续性造成威胁。

第三，在瑞典原有的养老保险制度下，补充养老金的养老金权益取决于30年收入中较高15年的平均收入是不合理的。除非每个人都有完整收入记录，否则很难确定这较高收入的 15 年，同时，大部分参保者在退休前的工作年限很可能未满 30 年。相对于受教育程度较高、进入劳动力市场较晚的劳动者而言，旧体制对工作时间较早和职业生涯较长的劳动者是不公平的，会挫伤他们的工作积极性，这也是瑞典改革者在新制度中重点强调终身收入的原因。

第四，瑞典国内政治环境要求改革养老保险制度。近年来，瑞典较为稳定的政治环境开始发生变化，作为执政党的社民党，其政治优势开始受到挑战，瑞典稳定的政治根基逐渐动摇。此外，民众对社会保障制度的态度开始转变，要求改革的人数逐步增多。

2. 改革措施

（1）紧缩养老金开支

瑞典于 1993 年将国家法定退休年龄提高到 65—66 岁。瑞典议会于 1994 年提出养老金改革的建议，取消了补充养老金制度中以 15 年较高工资为基础的相关规定，采用工资指数替代物价指数的标准来确定基数，使养老金制度的发展与经济发展趋势相一致。1994 年，在部分养老金改革中，将领取养老金的最低资格年龄提高到 61 岁，同时领取的津贴标准也由以前工资的 65% 降到 55%。

（2）地方化改革

瑞典养老保障制度的地方化改革要求地方政府承担起相应的责任，注重老年人和残疾人的健康关怀，提高各项社会服务，其目的是通过地方化改革来改善各地区实施社会服务的环境，提高社会服务资源的利用效率和服务质量，减少社会养老服务费用的支出。

（3）引入竞争机制与私营化

瑞典的社会保障制度引入竞争机制与私营化后，职业养老金应运而生。20 世纪 80 年代初，快速发展的职业养老金逐渐形成了四大职业养老金团体，即工人的职业养老金、白领雇员的职业养老金、中央政府雇员的职业养老金以及地方政府雇员的职业养老金。

（4）筹资模式向"现收现付＋部分积累"转变

瑞典 1994 年改革方案提出，国家社会养老保险应建立在个人自我积累的基础上，实行"现收现付＋部分积累"的筹资模式，使瑞典的财政状况、国债状况以及经济状况都有较大改善，企业经营成本与同期的德国、英国相比较低。

3. 瑞典模式的争论

国家主义是福利国家的本质，是针对本国国民的在一国范围内由主权者实施的各项措施和保护政策。经济全球化意味着商品和生产要素突破一国范围的限制，形成跨国界的自由流动，这势必会对特定国家的社会再分配和福利国家功能产生影响。大部分人认为瑞典问题在于公平"过度"，只要通过适当矫正，问题不难解决。这种观点局限于凯恩斯主义框架内的思考，也是瑞典学派的传统思路。也有人（主要是自由主义者和保守党）从公平与效率矛盾本身的不可调和性出发，认为瑞典问题在于其社会经济目标：公平与效率的矛盾和冲突已达到了极限，必须用效率优先的原则来替代公平优先的原则。

很多学者提出三种观点尝试寻找瑞典模式出现危机的制度根源，第一种观点认为，瑞典模式所遭遇的危机并不是福利体制的危机，恰恰相反，社会保障制度在维护社会稳定方面起到了关键性作用，是一百多年来社会进步的成果，是西方民主体制的基石。因此，这些学者主要从外部去寻找瑞典模式的危机根源。

第二种观点认为，目前瑞典的福利体制已背离了建立时的初衷，不仅未起到消除社会不平等现象的作用，而且形成了破坏经济效率的"养懒机制"，使社会经济的发展背上了沉重负担。因此，必须进行福利体制改革，缩小社会保障的覆盖范围，控制福利水平增长，取消个别福利项目，同时降低企业税负，以便实现经济复苏。其实，公共部门的大小、范围和作用在瑞典福利制度的发展过程中，社民党与保守党的争论从未停止。保守党的批评主要集中在：日益庞大的公共部门所引起的效率损失和经济扭曲；政府对某些公共服务的垄断等。近年来，各党派对过大规模的政府保障项目持怀疑态度，加之在批判瑞典福利体制时触及"职能社会主义"的核心理念，即认为政府对财产权干预的结果会影响到财产权的实现。因此，有人提出瑞典模式背离了市场经济的基本原则，必须重新树立市场权威。

第三种观点认为，瑞典当前所面临的不是体制危机，而是深刻的社会变革，即从工业社会向后工业社会的转变。政府要适应这种变革，就必须制定新的产业政策，尤其是要把教育、环保、再就业培训、社会保障作为新型产业纳入到发展计划中，从而使社会保障成为新型产业发展的一部分。这种观点强调扩大而不是缩小公共部门的规模。

这些观点在维护还是消除、强化还是弱化这套体制上存在分歧。但是不能把问题的根源归结为市场经济体制本身，这也与福利制度密切相关。福利保障制度经历了从外生性向内生性、从自发性到自觉性的发展过程。早期，福利保障是政府运用宏观经济政策来实现国家宏观调控的一种手段，是为了维护市场经济体制的正常运行而设计的，高福利是手段而不是目的，是政府为解决市场失灵问题、保证社会经济稳定发展的工具。后来，在经济快速增长的背景下，高福利既是手段又是目的。目前，福利制度已成为瑞典市场经济体制不可分割的一部分，瑞典问题是市场经济体制变革后矛盾不可调和的产物，主要体现在市场经济中政府与市场边界责任的模糊，导致责任主体的混乱，从而破坏了市场竞争机制。

（三）瑞典养老保险制度的评价与启示

1. 瑞典养老保险制度的评价

瑞典在"二战"后迎来了社会保障制度快速发展的机遇，福利国家型的社会保障制度全面确立，并与社会经济发展形成了良性互动，被誉为"瑞典模式"。受 20 世纪 70 年代世界性石油危机的影响，高福利制度的负面效应逐步显现，瑞典也由此进入社会保障制度全面改革时期。其中，瑞典的养老保险制度改革具有一定的开创性，收入关联养老金取代了原有的国家基本养老金和与收入相关的补充养老金，将基金积累制的强制个人账户和现收现付制的名义个人账户结合起来，并为低收入者以及无收入者提供最低限额的养老保障金。从此，由收入型养老金、累积型养老金以及保证型养老金共同构成的新的国家养老金体系逐步成型，既缓解了养老金的支付压力，又体现了养老保险制度的公平与效率。瑞典的社会经济发展具有特殊性，虽然实行的是多党制，但是政党体制具有长期稳定的特点，工会组织较为发达，政治妥协和阶级合作被广泛应用到实践中以解决各种问题，这些均为瑞典的高福利社会保障制度奠定了坚实的社会基础。

2. 瑞典养老保险制度的启示

瑞典作为全民福利型国家的代表，养老保险费主要由国家承担，给国家财政带来沉重负担。目前，瑞典建立的多层次、多支柱的养老保险制度对于正处在养老保险改革攻坚期的中国而言，无论在制度模式还是运行机制上均对统筹推进城乡社会养老保障体系建设具有重要的借鉴意义。面对中国仍较为薄弱的经济基础，国家不能大包大揽，应强调责任共担，处理好公平与效率间的关系，把握好二者之间的"度"，避免重蹈福利国家的覆辙。我国社会保障制度建设所遵循的"广覆盖、保基本、可持续、多层次"原则是适合我国基本国情的，但不同养老保障制度间的待遇水平仍存在较大差距，公平问题引起社会公众的广泛关注。我国养老保障制度具有后发优势，应充分吸收其他国家相关的经验教训。瑞典的基本养老保障制度由政府统一提供，以此体现公平性，而由行业提供多元化的职业养老金，以此体现差异性，两者的有机结合有效解决了公平与效率的问题。

瑞典养老保障制度改革在注重公平性的同时，也重视社会稳定和对劳动者的激励。目前个人账户中的基金部分按现收现付的运行模式支付，部分则进行完全积累。改革引入名义账户后，养老金计发办法改为缴费确定型，与劳动者的收入相关联，养老金的待遇水平与个人缴费多少和缴费时间长短完全挂钩。同时，为实现社会保障的再分配功能，瑞典采取为低收入或无收入者提供最低养老保障金，从而最大限度地调动劳动者的积极性。我国在统筹推进城乡社会养老保障制度过程中应重视制度的平稳过渡，提升制度设计的激励性和吸引力，逐步消除社会对养老保险"庞氏骗局"的批评和怀疑。

四　日本养老保险制度

养老保险制度是日本社会保障体系的核心组成部分。日本根据自身社会经济发展需要，针对老年人的社会保障出台了一系列法律，并逐步充实、调整和完善，形成了独具特色的社会养老保险制度。近年来，受经济增速放缓、高龄少子化等因素影响，日本政府开始着手对养老保险制度进行改革。我国正处于统筹推进城乡社会养老保障体系建设的关键时期，与日本社会养老保险制度的发展背景与改革方向有着诸多相似之处，加之相同的文化背景与较为接近的社会经济发展水平，这些都说明我国在统筹推进城乡社会养老保障体系建设过程中完全可以吸收借鉴日本的成功经验。

（一）日本养老保险的发展历程

在日本，养老保险制度又被称作"年金制度"。日本政府早在"二战"前就开始为现役军人和政府工作人员提供养老保险，战后经过不断地改革与完善，现今已形成一个规模庞大、项目繁多、覆盖广泛的全民保险体系。具体发展历程如下。

"二战"前，当时的日本政府为解除劳动者的养老后顾之忧，缓解各类频发的社会矛盾，实现政权的稳定，制定并推行恩给制度，保障对象主要为国家工作人员、现（退）役军人及其家属，为其退休后的生活提供待遇优厚的保障。

"二战"期间，为满足战争需要，日本政府将水手、煤矿工人、手工业者等也纳入养老保险的保障范围，以期能最大限度地扩充兵力，厚生年金制度应运而生。截至1944年末，厚生年金的参保者已超过832万人，标志着其与恩给制度一起，共同构成养老保险的两大体系，并开始在日本养老保险的发展历程中扮演着重要的角色。1945年，日本的战败及巨额的战争赔款导致其国民经济逐步崩溃，通货膨胀日趋严峻。受此影响，厚生年金的给付金额日渐降低，甚至一度低于最低生活保障救济金，导致人们对养老保险的信心产生动摇，参保人数骤减，该制度的存废之争也由此拉开序幕。

"二战"后，为弥补厚生年金制度在覆盖范围上的不足，日本政府于1948年制定并实施寡妇保险与孤儿保险，以期能继续发挥其在保障国计民生方面的重要作用。1952年，随着经济的复苏，社会生产逐渐步入正轨，厚生省为适应当时社会经济发展的需要，提出修改养老保险方案，但当时多数企业因无力承担这笔数额庞大的保险金而拒绝参保，最终导致该方案不了了之。基于此次改革的失败教训，政府于1954年重新颁布《厚生年金保险法》，以此为契机对养老保险制度进行修缮和增订。1955年，日本政府在厚生省内成立了国民年金规划办公室，并在次年的施政方针中将国民年金保险的制定和完善作为国民经济发展5年计划的核心目标。为确保该目标的顺利实现，政府于1958年专门成立国民年金委员会以起草国民年金法案。次年，该法案经国会审议通过后，在全国范围内予以实施。至此，涵盖养老年金、残疾人年金、寡妇年金、母子年金、遗孤年金在内的国民年金制度逐步成型。

1961 年，日本政府开始着手对《国民年金制度纲要》进行修订，并将工作重点放在提高财政投入力度、减轻参保缴费负担以及建立完善监管机制上，以期能顺利实现"全民皆年金"的发展目标，日本国民年金制度的发展也由此进入了繁荣期。但好景不长，受 20 世纪 70—80 年代全球石油危机的影响，日本经济增速放缓，加之就业结构的变化以及人口老龄化的冲击，导致基金收支缺口逐步拉大，制度的存续受到严重威胁。鉴于此，政府于 1985 年开始修订《国民年金法》，辅之以配套的改革计划，渐进式地将退休年龄从 60 岁提高至 65 岁。与此同时，基于发达国家的成功经验，基础养老金制度也逐步被引入，在缩小不同养老保险项目间待遇水平的差距、确保制度公平性的实现等方面发挥着日益重要的作用。至此，多层次、多渠道、多支柱的，由国家、企业、个人三方共同承担的社会养老保险体系在日本得以确立。

2000 年，经济全球化为日本社会经济的发展带来了机遇与挑战，也引发了新一轮的政治经济体制改革。为应对改革期间出现的各类民生问题，提高本土企业的国际竞争力，日本政府着手对养老保险进行全面的修改与增订，并于 2003 年颁布《年金改革法》，以解决年金制度在运行过程中出现的各类问题，确保其稳定可持续地发展。2012 年，国会通过了《年金功能强化法案》《雇员年金一元化法案》《国民年金法修正法案》和《年金生活者支援给付金法案》，详细阐述了未来养老金改革的理念、方向与主要内容。

综上，日本养老保险制度经历了建立、定型、改革、完善的发展历程。在此期间，日本根据自身社会经济发展的需要，对本国养老保险制度不断充实、调整和完善，逐渐形成了一套独具特色、与社会经济发展相适应的社会养老保障体系（见表 5—3）。

表 5—3　　　　　　　　日本社会养老保险的变迁

年份	主要内容
1939	颁布《船员保险法》，1940 年实施
1941	颁布《劳动者年金保险法》，1942 年实施

续表

年份	主要内容
1944	《劳动者年金保险法》更名为《厚生年金保险法》，保险范围扩大
1954	全面修改《厚生年金保险法》，厚生年金保险对男性被保险人的支付从60周岁开始
1959	颁布《国民年金法》
1961	全面实施《国民年金法》，实现"全民年金"
1985	全面修改《厚生年金保险法》及《国民年金法》
1986	全面实施《厚生年金保险法》及《国民年金法》，建立基础年金制度
1990	开始实施年金支付额与物价浮动制度
1991	开始实行强制20周岁以上学生加入国民年金制度
1994	修改《厚生年金保险法》，提高定额部分的支付年龄（2001年4月至2013年3月）
1997	开始实施基础年金号码制度，一人一号码 日本铁路、日本电信电话、日本烟草产业等三家公司的共济年金统合到厚生年金
2002	厚生年金保险被保险人年龄从65周岁提高到70周岁
2004	进行年金制度改革，修改《国民年金法》，引入"宏观经济浮动"方式，逐步提高年金保费
2007	建立夫妻离婚时可分割年金薪酬比例部分制度
2009	国民年金的国库负担比例提高到1/2
2010	取消社会保险厅，成立日本年金机构
2012	通过了《年金功能强化法案》《雇员年金一元化法案》《国民年金法修正法案》和《年金生活者支援给付金法案》
2013	完成提高定额部分开始领取年龄 制定"确保雇用老年人措施"，使其可以工作到65周岁 从2013年4月到2025年，逐步提高薪酬比例部分开始领取年金年龄
2014	2014年度国民年金保费为16100日元

资料来源：王伟：《日本社会保障制度》，世界知识出版社2014年版，第34—35页，略有修改补充。

（二）日本养老保险制度概述

1. 基本结构

在日本，养老保险体系通常由三个层次构成：

第一层次为国民年金，即基础养老保险，具有强制性和对所有国民一视同仁的特点，要求符合参保条件的日本国民必须强制加入。在日本，养老保险的参保对象通常可分为三类：一是非受雇人员，如个体户、农民和学生，也被称为第一类参保者；二是政府和私人部门的雇员，也被称为第二类参保者；三是受雇人员的配偶，如政府和私人部门雇员的配偶，也被称为第三类参保者。国民年金向上述三类群体中年满 20—60 岁的参保者收取定额保费，待其符合相关领取条件后向其发放老龄基础年金、残疾基础年金或遗属基础年金。

第二层次由厚生年金和共济年金共同构成。该层次的养老保险规定，在国民年金的基础上，向参保者发放与收入水平相挂钩的补充养老金，其中，厚生年金覆盖第二类参保者中的私人部门雇员和第三类参保者，共济年金覆盖第二类参保者中的公务人员（政府公务员和教师）。由此可知，厚生年金和共济年金是第一、第二层次相结合的养老金，它们既提供与收入无关的基础养老金，又提供与收入相关的职业养老金。

第三层次由厚生年金基金与企业年金共同构成，遵循自愿参保的原则，由企业或个人自主选择是否参保。该层次主要涵盖国民年金基金、厚生年金基金与税收适格基金三种类型的年金基金，其中，公共部门雇员可投保国民年金基金，私人部门雇员可投保厚生年金基金与税收适格基金。

针对多层次的养老保险体系，日本年金制度设立了多元化的管理运营主体，具有浓厚的公私合营色彩。第一层次的国民年金中，政府作为管理运营主体，须承担近 1/3 的养老金支出和全部的行政管理费用；第二层次的厚生年金和共济年金中，政府虽未承担养老金支出责任，但也承担了全部的行政管理费用；第三层次的厚生年金基金与企业年金作为非公共养老金，主要是由企业进行管理运营，政府虽未提供财政支持，但也承担了相应的监管职责。除此之外，还有其他一些配套的养老保险制度安排为劳动者退休后的晚年生活提供收入保障，如：民营企业提供的退休津贴制度，针对私人部门雇员的固定缴费制养老金计划以及人寿保险公司提供的商业性年金等。

2. 农村养老保险制度

"二战"后，为推动工业化、城镇化进程的加速，日本政府颁布了《农业劳动者年金基金法》，积极推行"离农"政策，并对失地农民给予一定的经济补偿。1966 年日本农林水产省将农业劳动者年金制度的制定列入议程，并提交日本国民年金委员会审议该制度的基本框架与内容。1970 年 5 月，《农业劳动者年金基金法》的颁布标志着"离农"政策的正式出台，针对失地农民的权益转让补偿金也通过法令的形式得以明确。20 世纪 90 年代后，随着人口老龄化程度日益严峻，政府的发展理念也由此转变，鼓励农民从"离农"逐步转向"返农"，养老金政策也随之调整。日本政府意识到单纯依靠国民年金和土地转让补偿金，农民的养老保障收入水平仍无法得以提升，增加农民年金收入，缩小农民年金与厚生年金等养老金的收入差距势在必行。鉴于此，日本政府专门针对农民制定了相应的养老金制度——农业者年金制度。①

进入 21 世纪后，为助力社会经济的发展，缓解较高的保费对现役农业劳动者和经营者产生的经济压力，日本政府开始采取缴费确定制的方式来筹集养老金。2001 年颁布实施的缴费确定型养老金收支办法，将养老保险划分为企业型和个人型两种，准许农民投保个人型养老保险。2002 年出台的劳动者年金制度，标志着在日本存续三十余年的土地权益转让补偿金制度正式退出历史舞台。

众所周知，农业政策选择是影响日本农村养老保险的重要因素。近年来，随着城市化进程不断加速，农村人口逐步下降，高龄少子化现象日益凸显，导致农民养老保险年金的积累严重不足，成为制约日本农村养老保险制度稳健发展的重要因素。

3. 改革发展趋势

随着社会经济的发展以及人民生活水平的提高，社会成员的养老需求也呈现出多元化的发展态势。鉴于此，日本政府不断对养老金制度进行调整与改革，以确保其持续稳健发展。其中，1985 年改革和 2004 年改革在日本历次养老金制度改革中成效最为显著，对日本养老金制度的发展起到至关重要的转折作用。

1985 年通过的《年金修改法》，标志着涵盖雇员养老金和国民养老金的公共养老金制度正式建立。在此次改革过程中，日本政府将改革重点放

---

① 王晓东：《日本农村养老保险体系设计和建立时机对我国的启示》，《经济体制改革》2014 年第 2 期。

在统一制度、减轻负担、稳定财源和消除差别上，以寻求养老金收支平衡，缩小制度间养老金待遇水平的差距，缓解代际养老责任负担的矛盾。与此同时，政府逐步重视女性的年金权益，在原有的保险制度中增设夫妻共同参保的规定。

随着《确定缴费养老金法案》的颁布实施，缴费确定型和基金型相结合的新型养老金计划应运而生，引起政府部门与社会各界的广泛关注。但总体而言，该计划在整个养老金体系中所占比例较小，占据主导地位的仍是现收现付制和确定给付型养老金计划。2004 年，在政府的主导下，新一轮的养老金改革开始实施，目的是实现养老金给付与负担的合理、公正，解决养老金财源问题，从而推动养老金制度的稳定可持续发展。改革后，国民年金和厚生年金的参保费用虽有所提高，表面上看是增加了投保人的经济负担，但实际上却有利于养老金财政的稳定，降低了改革上的政治风险，从而间接化解了未来参保费用大幅提高的风险。

通过 2012 年日本颁布的几项法律可以发现，日本目前养老金领域的改革主要集中在以下几个方面：第一，年金生活者支援给付金的给付，主要是通过相应的制度安排，对 65 周岁以上低收入老年人和残障人员给予福利性帮助；第二，基础年金中国库负担部分永远固定在 1/2，从 2014 年开始实行；第三，将老龄基础年金领取资格年限由 25 年缩短到 10 年；第四，根据老年人的工作情况和收入水平来决定养老金的支付水平及纳税方式；第五，养老金给付实行与宏观经济挂钩浮动；等等。

（三）日本养老金制度发展的启示

1. 部分积累制

自 20 世纪 90 年代日本进入快速老龄化阶段以来，政府开始着手针对养老金体制改革进行一系列探索与实践，引入个人账户的 DC 型养老计划，并从开源与节流两方面化解财政压力。但由于改革起步较晚，具体效果在短期内难以显现。在人口结构年轻化时期，由于公共养老金运行状况良好，行政上的惰性使得政府缺乏足够的动力推行 DC 型养老金计划；一旦进入人口老龄化阶段，公共养老金必将面临严峻的支出压力，此时再筹集私人养老金应对公共养老金收支失衡的危机，不仅会使资金积累速度放缓，而且"远水难解近渴"，私人养老金的补充保障功能也会大打折扣。

日本公共养老保险所面临的财政危机就充分体现了现收现付制养老保险制度在经济衰退时期以及人口老龄化时期的先天缺陷。因此，养老保险个人账户的做实以及其他辅助性保障制度的引入具有必要性和紧迫性。

当前，我国社会养老保障体系城乡统筹的目标是建立社会统筹和个人账户相结合的养老保障制度，但受历史债务与转制成本等方面影响，个人账户在实际运行过程中却出现了严重的空账问题，导致个人账户始终无法完全做实。在面对老龄化浪潮的冲击时，有名无实的"统账结合"是难以为继的，做实个人账户或引入其他形式的辅助性保障制度已势在必行。一个与社会经济发展水平相适应的合理保障标准是养老保障制度的最终落脚点，这就要求在制定养老保障标准时，不仅要考虑到当前社会经济发展水平，而且要关注未来社会经济发展水平，并建立在对当前和未来人口、社会、经济等方面可靠的精算技术之上。养老保障不能被单纯视为一项社会福利制度，其目的也并非仅为维护社会稳定，应从社会全面发展的整体视角出发，在更高层次上理解养老保障。

2. 多层次养老保险体系

为满足不同群体的养老需求，日本建立了多层次的养老保险制度，不仅将全民统一参与的国民基础养老金囊括其中，还设立了国民年金、农业者年金以及人身共济保险等多层次的补充年金制度，克服了第一层次基础养老金的先天不足，有效满足了社会成员日渐多元的专业化养老需求。各类年金制度均坚持立法先行的原则，通过完善的立法，明确规定了不同养老保险险种的具体内容，不仅使各层次养老保险制度在执行时有法可依，提高了制度的权威性，而且确保了制度的规范化、科学化、稳定化运行。[①]

此外，日本的公共养老基金在经济高速增长时期积累了巨额的资金，一度成为世界上规模最大的公共养老储备基金。尽管政府已出台"财投计划"，将基金投入资本市场进行运作，但由于缺乏市场化的竞争、高效化的监督和透明化的管理，加之当时的资本市场并不成熟，导致很大一部

---

① 高宝霖、陈军清、高宝华：《日本养老保险政策及启示》，《宏观经济管理》2010 年第 7期。

分资金变成了不良资产，该教训发人深思。① 我国企业年金起步较晚且发展滞后，在当前社会经济快速发展、国民收入稳健增长的黄金时期，政府应尽快制定落实企业年金发展的中长期战略，建立起规范完善的投资管理框架和政策法规体系，并采用市场化的手段投资运作，实现资金的保值增值，以有效应对人口老龄化的冲击。

五 小结

德国、美国、瑞典和日本在养老保险体系运作方式上各有不同，也分别根据自身的国情不断进行改革与调整，虽然各有优劣，但从实践效果看，基本都实现了制度的设计初衷。当前，我国在统筹推进城乡社会养老保障体系建设过程中，应借鉴上述国家相对完善、系统的发展经验，并结合自身国情，创造性地构建具有中国特色的社会养老保障体系。在此过程中，应重点关注以下几个问题。

（一）处理好现收现付制与完全积累制的关系

当前，全球范围内有 134 个国家实行现收现付制的养老保险制度，以"以支定收、略有结余"为筹资原则，筹集到的资金由政府直接管理，并参与资本市场投资以实现保值增值。值得关注的是，德国与美国的公共养老基金管理制度名义上为现收现付，但实际上却为部分积累，并通过市场化运作实现保值增值。从国际养老保险制度的发展沿革状况看，现收现付制的有效运转需依靠两个条件，一是工资收入的增长，二是劳动人口的增加。"二战"后，伴随着劳动力数量的增加与世界经济的飞速发展，诸多实行现收现付制养老保险制度的国家纷纷进入黄金发展时期，这也为该说法提供了有力的佐证。

20 世纪 70 年代后期，石油危机波及全球，发达国家的经济增速开始放缓，人口增长速度大幅降低甚至出现负增长，各国现收现付制的养老保险制度开始面临基金收支失衡的危机，从而推动了新一轮的调整与改革。

---

① 张翼：《人口转型与养老保险制度改革——中国可能从日本吸取的经验与教训》，《河北学刊》2012 年第 3 期。

这些改革普遍将现有的现收现付制度转变为基金制，提高养老基金的收益率，并引入市场化的改革方案。德国、日本、美国等发达国家在前期主要采用现收现付制模式，虽然该模式在人口结构相对稳定的情况下独具优势，但在人口高龄少子化的今天，其先天不足会在面对出生率不断下降、人口老龄化等不确定性因素时愈加凸显。鉴于此，发达国家纷纷着手对现收现付制模式进行改革，力图寻找现收现付制与完全积累制的完美融合。综上，我国在社会养老保障城乡一体化发展进程中，应基于我国国情，充分借鉴上述四国养老保险制度的改革动向和成功经验，着力构建一套与社会经济发展相适应的具有中国特色的社会养老保障体系。

（二）"三支柱"模式或"多支柱"模式的选择

从发达国家的发展经验看，养老金制度通常包括基本养老保险、补充养老保险和其他层次的养老保险。近年来，世界养老保险的发展日益呈现出参与主体多元化、效率优先、给付年龄提高以及养老金运作商业化等趋势。世界银行20世纪90年代初曾提出"三支柱"体系的社会保障模式，认为多元化的资金来源和管理方式将有助于提高经济效益、促进社会公平，最终实现社会保障体系的发展完善。根据"三支柱"模式，完整的社会养老保险体系应由以政府为主导的基本养老保险（第一支柱）、雇主资助的企业年金（第二支柱）和雇员个人的养老储蓄（第三支柱）三部分共同组成。其中，雇员个人的养老储蓄完全由雇员个人出资、拥有及控制，又称个人养老理财收入。在这一完善的养老保障体系中，政府、企业以及个人分工明确、权责一致。政府主导的基本养老保险只保障公民的基本生活水平，工人退休后从社会统筹的保障计划中获得的收入与贫困线标准相差无几，若要维持原有生活水平还须依靠企业提供的退休金以及退休前的储蓄与投资。各制度间相互弥补、相辅相成，共同为老年人的晚年生活编织一张坚实可靠的"安全网"。

（三）根据基本国情，渐进式地推进城乡统筹

社会养老保障体系的发展路径通常是从城市到农村再到城乡统筹。德国1889年建立城市社会养老保险，1957年建立农村社会养老保险，直到1995年才实现城乡的全覆盖；而日本1941年建立城市社会养老保险，

1961 年建立城镇社会养老保险。从德国和日本的发展经验看，其社会养老保险通常先覆盖公共部门雇员、工人、城镇居民，然后逐步将覆盖面拓展到农村，最后再实现两大区域的一体化发展。鉴于差异化的国情与社会经济发展水平，不同国家在将农民纳入社会养老保险过程中采用的方法也不尽相同。日本主要采用混合体制，既把农民纳入一般社会养老保险制度之中，又建立了独立的农民养老保险制度。那些遵循统一福利标准的国家，认为养老保障应贯彻普遍型原则，保障对象不仅应涵盖贫困弱势群体，而且也应兼顾普通公民各方面的保障需求。但对于因遵循选择性原则而面临特殊农业问题的国家而言，则更倾向于构建农村居民的养老保障制度。综上，统筹推进城乡社会养老保障体系建设不可急于求成，发达国家成熟的、多层次的社会养老保障体系也是根据自身国情逐渐发展完善的。

当前，我国农村人口数量众多，保险积累不足，城乡差异大，应当遵循循序渐进原则，按照"保基本、广覆盖"的目标逐步推行。首先，重视人口战略。不同于养老政策的制定，人口战略层面的决策往往会对人口老龄化产生重要的影响，但这种影响并不是直接地、快速地反映在老年人养老问题上，而是间接地、缓慢地通过改变一个国家的人口年龄结构来影响人口老龄化的到来时间及严重程度。良好的人口年龄结构对于一国经济社会发展而言至关重要。我们应借鉴发达国家人口发展中积极、有利的一面，优化我国现有的人口年龄结构，维持一定的生育率水平，同时保持我国生育文化的多样性。其次，统筹推进城乡社会养老保障体系建设。应在政府主导下引入市场力量，为普通民众提供基本生活保障，并在政府的监管下鼓励私人企业与机构参与到整个国家养老保障体系建设中。再次，在覆盖范围及支持力度方面，政府应保障老年人社会生活的各个方面，为非正式就业者、流动打工者以及自由职业者提供灵活、有效的保障。最后，在市场经济条件下，政府必须将风险防范意识放在首位，强化制度对风险的规避作用，确保养老基金的保值增值。

结语与展望

当前，跨越百年历史进程、具有鲜明时代特征的城乡二元制结构不仅导致农村社会养老保障体系建设严重滞后于城市，而且根据身份差异、职业特征设计的养老保障制度其碎片化弊端愈加凸显。随着社会经济的发展，这种养老保障体系必将难以应对日益扩大的社会风险，并逐步偏离社会保障制度的设计初衷——公平正义、和谐共享、人道主义。老龄化程度加剧、人口流动加快、就业形式多样等现实国情对我国社会养老保障体系建设提出了新要求，如何使这一体系公平地惠及更多民众成为党和政府高度关注的问题。以十六届六中全会提出的"覆盖城乡居民的社会保障体系基本建立"为标志，我国社会保障事业的重心从以城镇为主逐步转移到城乡统筹发展，国家和社会对建立城乡统筹的社会保障体系的关注度也随之提升。正所谓"理念是制度的灵魂"，十八届五中全会提出的"协调发展""共享发展"理念为统筹城乡社会养老保障体系建设提供了有效指导，并产生了积极影响。

在实践中，政府出台的一系列相关政策文件在执行过程中却屡屡碰壁，效果不甚理想。课题组通过问卷调查、实地访谈等途径对河南省统筹城乡社会养老保障体系建设情况进行深入了解，指出影响养老保障制度公平可持续发展的主要因素，并由此向外延伸，从河南省城乡统筹的对策出发，在借鉴国外相关经验的基础上，提出我国城乡统筹的路径选择。毋庸置疑，统筹推进城乡社会养老保障体系建设是一项系统化的动态工程，既要注重整体质量，又要兼顾个人利益。我国应加快优化顶层设计的步伐，推动社会养老保障制度由条块分割迈向整合统一。鉴于此，构建城乡统筹的社会养老保障体系可通过新农保与城居保合并、城镇企业职工与机关事业单位并轨、城乡居民与城镇职工统一来实现。

一   新农保与城居保合并为城乡居民养老保险制度

2009 年《国务院关于开展新型农村养老保险试点的指导意见》的颁布，使农村养老保险事业进入了一个崭新的阶段，由此，新型农村社会养老保险制度开始试点，并取得了一定成功，提前 8 年实现了制度全覆盖。在汲取新农保成功经验的基础上，《关于开展城镇居民社会养老保险试点的指导意见》于 2011 年颁布实施，推动着城居保在我国的发展与完善。对新农保与城居保的政策文本进行比较分析发现，二者存在较大的相似性，且后者符合参保条件人数极少，无论是从制度的公平性还是从节约行政成本的角度出发，将两个制度进行合并是一种必然。2014 年《关于建立统一的城乡居民基本养老保险制度的意见》的颁布，标志着我国社会养老保障制度在"城乡一体化"进程中迈出了关键一步，这也遵循了国际社会保障通行的"立法先行"规律。然而，河南省的实践却说明统筹城乡社会养老保障体系建设路途依旧坎坷，为促进政策的无偏差落实，在实施主体上应坚持以政府为主导，在实施理念上应坚持公共服务均等化，在基金管理上应坚持精算中性，在机构管理上应提高管理能力与效率。

二   城镇企业职工与机关事业单位养老
保险并轨为城镇职工养老保险制度

城镇企业职工与机关事业单位养老保险制度并行一直广受诟病，二者的养老金替代率差距严重损害了制度的公平性。由于机关事业单位工作人员的工作特殊性，其养老保险的待遇水平也相对较高，从而引发了前者的强烈不满，导致社会矛盾逐步加剧。城镇企业职工与机关事业单位采取全然不同的养老保险制度，不仅加深了多元经济结构的内在矛盾，而且严重阻碍了劳动力的合理流动，不利于统一、开放劳动力市场的构建。同时，这一制度激励性的缺乏也给政府财政带来沉重负担。2015 年 1 月，国务院颁布了《机关事业单位工作人员养老保险制度改革的决定》，为机关事业单位养老保险制度与城镇企业职工养老保险制度并轨奠定了政策基础。在二者并轨过程中，最为重要的是平衡制度主体的福利待遇，其次是妥善处理并轨前后养老保险关系的转移接续，最后是实现养老金财务的可持续。

三 城乡居民与城镇职工养老保险整合为全国统一的养老保险制度

养老金财务的不可持续一部分原因在于城乡差异，另一部分原因在于区域差异，提高养老金统筹层次之所以困难重重，主要由于基金积累在省、市、县层面上"划疆而治""利益分割"，而建立全国统一的养老保险制度有利于养老金统筹层次的提高，促进财务可持续。全国统一的养老保险制度并不是制度的绝对相同，比如资金来源、待遇计发方式、基金管理等的绝对一致，而是要在差序平等理念的基础上构建公平性、差异化的具有中国特色的社会养老保险制度。首先，政府应保障全体社会成员享有平等的权利，为全体社会成员能力的提升、潜能的开发、智力的提高与愿望的实现提供必要条件；其次，社会养老保障的城乡统筹是一个循序渐进的过程，应该有计划、有步骤地推进；最后，在统筹推进过程中，应采取差异化、针对性的方式，确保养老保障制度公平性的实现。

课题组通过对典型国家养老保障制度的剖析，可以发现：第一，多支柱养老保障制度的发展对统筹城乡社会养老保障体系建设具有积极意义。如德国的企业年金、私人养老保险和寿险，美国的雇主养老金计划和个人储蓄养老金计划，瑞典的职业养老金和私人养老金，日本的厚生年金基金和企业年金等，都是对基本养老保险制度的有益补充。在统筹城乡社会养老保障体系建设过程中，第二支柱养老保障的发展能减轻政府财政负担，第三支柱养老保险的发展为有较高需求者提供保障。因此，多支柱养老保障制度能够满足不同职业、不同年龄段群体多层次、多样化的养老需求。第二，应选择适合国情的养老金融资模式。20世纪70—80年代，人口老龄化的冲击使收益确定型现收现付制难以为继，大多数国家纷纷转向缴费确定型完全积累制，而瑞典则转向名义账户制。这说明一项制度模式的优劣并不是绝对的，评价的关键指标在于其能否化解本国危机并随着社会经济发展成功转型。

路漫漫其修远兮，吾将上下而求索。统筹城乡社会养老保障体系建设虽势在必行，但不能一蹴而就。从城乡居民养老保险到城镇职工养老保险再到全国统一的养老保险，从试点先行到逐步推广，我国正着力构建更加公平更可持续的社会养老保障体系，进而使更多社会民众受惠。

附件 1

城乡居民社会养老保险调查问卷

一 参保状况

1. 您是否参加了城乡居民社会养老保险？

   ①没参加　　　　　　　　　　　　　②参加了

2. 您为什么没有参加？

   ①经济条件不允许　②怕政策变化，不能兑现　③不了解政策

   ④错过了参保　⑤养老金太少　⑥不需要　⑦其他_____

3. 您以后是否会参保？

   ①肯定会　②可能会　③可能不会　④肯定不会

4. 您参加城乡居民社会养老保险选择的缴费档次是每年_____

   元（请填写）。

5. 您为什么没选择一个更高的缴费档次？

   ①经济条件有限　②担心政策不稳定　③随大流

6. 您是否自愿缴费参保？

   ①是自愿的　②不是自愿的

7. 您缴费参保最主要的一个原因是？

   ①为自己的养老考虑　②随大流　③为了家里的老人能直接享

   受养老金　④村干部劝说动员

8. 您是否会继续参加城乡居民社会养老保险？

   ①肯定会　②可能会　③可能不会　④肯定不会

9. 您对自己的养老问题是否担心？

①非常担心　　　　②担心　　　　③无所谓

④不担心　　　　⑤一点都不担心

10. 下列五种养老方式中，哪一种对于您是最重要的？

①依靠子女养老　　　　　　　　②依靠自己存钱养老

③参加城乡居民社会养老保险　　④依靠政府救助

⑤购买商业养老保险

11. 有人没参加城乡居民社会养老保险，您觉得最主要的原因是哪一个？

①经济条件不允许　　　　　　②不了解政策

③怕政策变化不能兑现　　　　④不需要

⑤错过了参保时间　　　　　　⑥思想观念落后

⑦参加了其他养老保险

12. 您仔细考虑过参保的成本、好处和风险吗？

①考虑过　　　　②没考虑过

13. 缴费、领取养老金、查询个人参保信息等是否方便？

①方便　　　　②不方便

14. 您是通过什么渠道了解城乡居民社会养老保险政策的？（可多选）

①电视宣传　　　　　　　　②村里广播

③政府发的宣传材料　　　　④参加宣传大会

⑤邻里之间相互交流　　　　⑥村干部入户宣传

⑦亲友近房告知　　　　　　⑧主动咨询学习

二　对城乡居民社会养老保险的了解与评价

1. 您对城乡居民社会养老保险政策了解程度如何？（每行选一个并打"√"）

	非常了解	了解	不太了解	不了解
1. 参保的缴费档次有哪些？	□	□	□	□

	非常了解	了解	不太了解	不了解
2. 政府对参保缴费每年补贴多少钱？	□	□	□	□
3. 要缴费多少年才能领取养老金？	□	□	□	□
4. 到了多少岁才可以领取养老金？	□	□	□	□
5. 每个月可以领取多少养老金？	□	□	□	□
6. 养老金待遇是怎么计算的？	□	□	□	□
7. 个人缴纳的保费有利息吗？	□	□	□	□

2. 您了解"养老金个人账户"吗？

①非常了解　　　　　　　　　　②了解

③不太了解　　　　　　　　　　④不了解

3. 总的来说，您对城乡居民社会养老保险政策了解吗？

①非常了解　　　　　　　　　　②了解

③不太了解　　　　　　　　　　④不了解

4. 您对"家庭成员捆绑缴费"（已年满 60 周岁的农村居民可按月领取养老金但其符合参保条件的子女应当参保缴费）的政策是否赞同？

①非常赞同　　　　②赞同　　　　③一般

④反对　　　　　　⑤非常反对

5. 下列关于城乡居民社会养老保险的看法，您是否同意？（每行选一个打"√"）

	同意	不同意	说不清
1. 这项政策的目的是为农民利益着想	☐	☐	☐
2. 确实缓解了农民的养老压力	☐	☐	☐
3. 政策不稳定，有风险	☐	☐	☐
4. 用处不大，搞形式	☐	☐	☐
5. 参保是老年人的事，年轻人没必要参保	☐	☐	☐
6. 缴费参保对自己和家庭都有好处	☐	☐	☐
7. 个人缴费参保对整个社会有好处	☐	☐	☐

6. 下列关于城乡居民社会养老保险的说法，您是否相信？（每行选一个并打"√"）

	非常相信	相信	说不清	不相信	非常不相信
1. 这项政策能得到稳定持续的实施	☐	☐	☐	☐	☐
2. 政府对养老金的补贴会持续不断	☐	☐	☐	☐	☐
3. 养老金待遇水平会逐渐提高	☐	☐	☐	☐	☐
4. 政府部门能做好养老基金的管理	☐	☐	☐	☐	☐

	非常相信	相信	说不清	不相信	非常 不相信
5. 个人缴的参保费 不会被贪污挪用	□	□	□	□	□
6. 个人缴的参保费 不会贬值	□	□	□	□	□
7. 按规定参保，养 老金可以支付终身	□	□	□	□	□
8. 村干部和群众缴 费受益标准一致	□	□	□	□	□
9. 养老保险政策对 每个人都公平	□	□	□	□	□

7. 您对现行城乡居民养老保险的满意程度如何？

	非常满意	满意	一般	不满意	非常不满意
缴费档次设置	□	□	□	□	□
待遇发放水平	□	□	□	□	□
财政补贴水平	□	□	□	□	□
经办服务水平	□	□	□	□	□
政策宣传	□	□	□	□	□
政府承担的责任	□	□	□	□	□

三　个人及家庭基本情况

1. 您的性别是：

①男　　　　　　　②女

2. 您的年龄是：_____
周岁
（2013 减去出生年份）。
（60 岁以上请回答）

→

> 1. 您现在每个月能领取多少
> 养老金？_____元。
> 2. 您领取的养老金主要用在哪里？
> ①日常花销　　②健康医疗
> ③储蓄　　　　④补贴子女

3. 您的受教育程度是：

①没上过学　　　　②小学　　　　　　③初中

④中专、技校　　　⑤高中　　　　　　⑥大专及以上

4. 您的婚姻状况：

①未婚　　　　　　　　　　　　　②已婚

③离异　　　　　　　　　　　　　④丧偶

5. 您的户口类别为：

①农村户口　　　　　　　　　　　②非农业户口

6. 您目前的职业是：

①务农　　　　　　②打工　　　　　　③个体户

④经商　　　　　　⑤灵活就业　　　　⑥无业

7. 您的身体健康状况如何？

①很好　　　　　　②好　　　　　　　③一般

④差　　　　　　　⑤很差

8. 您家有几口人（指一起居住、吃饭的人口）？请填写：_____人。
在您家吃住的 60 岁以上的有_____人，16 岁以下的有_____人。

9. 您有_____个子女，其中儿子_____个；女儿_____个；
有正式工作的有_____个。

10. 您家的经济状况在当地属于哪个层次？

①上游　　　　　　②中等偏上　　　　③中等

④中等偏下　　　　⑤下游

11. 去年，您家的纯收入（总收入减去总收入）大概有多少钱？

①2000 元以下　　　②2000—5000 元　　③5000—8000 元

④8000—12000 元　　⑤12000—15000 元　⑥15000—20000 元

⑦20000—25000 元　　⑧25000—30000 元　　⑨30000—35000 元

⑩35000 元以上

12. 您和邻居之间是否有下列情形？

（1）遇到困难时，请邻居帮忙　　　　　①有过　　　②没有过

（2）出远门时，请邻居留意家里状况　　①有过　　　②没有过

（3）急需时，能从邻居借来钱　　　　　①能借来　　②不能借来

（4）邻居需要时，把钱借给邻居　　　　①借给过　　②没借给过

（5）邻居之间相互借用生产或生活工具　①有过　　　②没有过

13. 您是否找过村干部或政府部门来反映自己的权益或要求？

①找过　　　　　　　②没找过

14. 您是否积极配合村干部的工作？

①是　　　　　　　　②否

15. 您是否关心村庄的发展和进步？

①关心　　　　　　　②不关心

16. 对于下列说法，您是否赞成？

	非常赞成	赞成	一般	不赞成	非常不赞成
1. 我们村里大多数人是值得信任的	□	□	□	□	□
2. 我们村的社会风气是好的	□	□	□	□	□
3. 在我们村里生活有安全感	□	□	□	□	□
4. 总体上看，政府是值得老百姓依靠的	□	□	□	□	□
5. 政府有能力带领老百姓过上好生活	□	□	□	□	□
6. 政府是重视老百姓的利益的	□	□	□	□	□

调查员签名：＿＿＿＿＿＿＿＿

附件 2

新中国成立以来国家有关社会养老保障建设的相关政策文件

城乡社会养老保障相关制度①

城乡居民养老保险制度

1. 1956 年国务院《一九五六年至一九六七年全国农业发展纲要》

2. 1994 年国务院《农村五保供养工作条例》

3. 2006 年国务院《农村五保供养工作条例》

4. 1987 年民政部《关于探索建立农村基层社会保障制度的报告》

5. 1992 年民政部《县级农村养老保险基本方案（试行）》

6. 2009 年国务院《国务院关于开展新型农村养老保险试点的指导意见》

7. 2011 年国务院《国务院关于开展城镇居民社会养老保险试点的指导意见》

8. 2014 年国务院《国务院关于建立统一的城乡居民基本养老保险制度的意见》

城镇企业职工养老保险制度

1. 1951 年政务院《中华人民共和国劳动保险条例》

2. 1957 年国务院《关于工人、职员退休处理的暂行办法》

3. 1958 年国务院《关于工人、职员退职处理的暂行规定》

4. 1964 年国务院《关于轻工业、手工业集体所有制企业职工、社员退休统筹等暂行办法》

5. 1969 年财政部《关于国营企业财务工作中几项制度的改革意见

---

① 制度格式采取"年份颁布部门制度法规名称"的格式。

（草案）》

6. 1978 年国务院《关于安置老弱病残干部的暂行办法》

7. 1978 年国务院《关于工人退休、退职的暂行办法》

8. 1980 年国务院《关于老干部离职休养的暂行规定》

9. 1991 年国务院《关于企业职工养老保险制度改革的决定》

10. 1995 年国务院《关于深化企业职工养老保险制度改革的通知》

11. 1997 年国务院《关于建立统一的企业职工基本保险制度的决定》

12. 1998 年国务院《关于实行企业职工养老保险省级统筹和行业统筹移交地方管理有关问题的通知》

13. 2000 年国务院《关于完善城镇社会保障体系的试点方案》

14. 2005 年国务院《关于完善企业职工基本养老保险制度的决定》

15. 2007 年劳动保障部和财政部《关于推进企业职工基本养老保险省级统筹有关问题的通知》

16. 2010 年国务院《城镇企业职工基本养老保险关系转移接续暂行办法》

17. 2010 年全国人民代表大会常务委员会《中华人民共和国社会保险法》

18. 2015 年国务院《基本养老保险基金投资管理办法》

机关事业单位养老保险制度

1. 1955 年国务院《国家机关工作人员退休处理暂行办法》

2. 1955 年国务院《国家机关工作人员退职处理暂行办法》

3. 1992 年人事部《关于机关事业单位养老保险制度改革有关问题的通知》

4. 2008 年国务院《事业单位工作人员养老保险制度改革试点方案》

5. 2015 年国务院《国务院关于机关事业单位工作人员养老保险制度改革的决定》

其他社会养老保障制度

1. 2001 年全国人民代表大会常务委员会《中华人民共和国人口与计划生育法》

2. 2004 年人口计生委和财政部《关于开展对农村部分计划生育家庭实行奖励扶助制度试点工作的意见》

3. 2009 年国家计生委、人力资源和社会保障部、财政部《关于做好新型农村社会养老保险制度与人口和计划生育政策衔接的通知》

4. 2012 年全国人民代表大会常务委员会《中华人民共和国老年人权益保障法》

参考文献

一　著作类

《马克思恩格斯选集》（第一卷），人民出版社 2012 年版。

《马克思恩格斯选集》（第三卷），人民出版社 2012 年版。

郑功成：《中国社会保障发展报告（2016）》，人民出版社 2016 年版。

郑功成等：《中国社会保障改革与发展战略（养老保险卷）》，人民出版社 2011 年版。

郑功成等：《中国社会保障改革与发展战略（总论卷）》，人民出版社 2016 年版。

郑功成：《中国社会保障变迁与评估》，中国人民大学出版社 2002 年版。

郑功成：《社会保障学：理念、制度、实践与思辨》，商务印书馆 2000 年版。

李超民：《美国社会保障制度》，上海人民出版社 2009 年版。

宋健敏：《日本社会保障制度》，上海人民出版社 2012 年版。

粟芳、魏陆：《瑞典社会保障制度》，上海人民出版社 2010 年版。

姚玲珍：《德国社会保障制度》，上海人民出版社 2011 年版。

郑秉文：《中国养老金发展报告 2015》，经济管理出版社 2015 年版。

郑秉文：《中国养老金发展报告 2013》，经济管理出版社 2013 年版。

邓大松等：《改革开放 30 年：中国社会保障制度改革回顾、评估与展望》，中国社会科学出版社 2009 年版。

刘蕾：《城乡社会养老保险均等化研究》，经济科学出版社 2010 年版。

张恺悌：《美国养老》，中国社会出版社 2010 年版。

刘荃玲：《中国社会保障制度城乡衔接理论与政策研究》，经济科学出版社 2008 年版。

王晓洁：《城乡居民养老保险财政保障机制研究》，人民出版社 2016 年版。

余梦秋：《城乡一体化社会养老保险制度建设研究》，西南财经大学出版社 2014 年版。

李迎生：《社会保障与社会结构转型：二元社会保障体系研究》，中国人民大学出版社 2001 年版。

褚福灵：《城乡基本养老保险关系转接研究》，中国劳动社会保障出版社 2013 年版。

褚福灵：《城乡养老保障评估研究》，经济科学出版社 2016 年版。

米红、杨翠迎：《农村社会养老保障制度基础理论框架研究》，光明日报出版社 2008 年版。

杨翠迎：《中国农村社会保障制度研究》，中国农业出版社 2003 年版。

杨翠迎：《农村基本养老保险制度理论与政策研究》，浙江大学出版社 2007 年版。

汤益诚：《促进社会和谐的瑞典经验：制度变革与政策选择》，中国社会出版社 2008 年版。

高君：《农民流动与社会保障：浙江省推进城乡一体化社会养老保障研究》，中国农业出版社 2013 年版。

王国军：《社会保障：从二元到三维——中国城乡社会保障制度的比较与统筹》，对外经济贸易大学出版社 2005 年版。

劳动部课题组：《中国社会保障体系的建立和完善》，中国经济出版社 1994 年版。

包健：《区域经济协调发展中的政府作用》，经济科学出版社 2009 年版。

福建省农村社保模式及其方案研究课题组：《农村社会养老保险制度创新》，经济管理出版社 2004 年版。

穆怀中：《国际社会保障制度教程》，中国人民大学出版社 2009 年版。

崔红志：《新型农村社会养老保险制度适应性的实证研究》，社会科学文献出版社 2012 年版。

林闽钢：《社会政策——全球本地化视角的研究》，中国劳动社会保障出版社 2007 年版。

童星:《社会转型与社会保障》,中国劳动社会保障出版社 2007 年版。

童星、林闽钢:《中国农村社会保障》,人民出版社 2011 年版。

刘子操:《城市化进程中的社会保障问题》,人民出版社 2006 年版。

周莹:《中国农村养老保障制度的路径选择研究》,上海社会科学院出版社 2009 年版。

周沛:《社会福利体系研究》,中国劳动社会保障出版社 2007 年版。

熊必俊:《保障老有所养的理论与实践》,经济管理出版社 1999 年版。

胡晓义:《走向和谐:中国社会保障发展 60 年》,中国劳动社会保障出版社 2009 年版。

林毓铭:《社会保障管理体制》,社会科学文献出版社 2006 年版。

叶响裙:《中国社会养老保障:困境与抉择》,社会科学文献出版社 2004 年版。

[美] 罗尔斯:《正义论》,何怀宏、何包钢、廖电白译,中国社会科学出版社 2001 年版。

[美] 阿瑟·奥肯:《平等与效率——重大抉择》,王奔洲等译,华夏出版社 2010 年版。

[英] 贝弗里奇:《社会保险和相关服务》,劳动和社会保障部社会保险研究所组织翻译,中国劳动社会保障出版社 2008 年版。

[英] 安德森:《福利资本主义的三个世界》,郑秉文译,商务印书馆 2003 年版。

[英] 庇古:《福利经济学》,晏智杰、金镝译,华夏出版社 2007 年版。

[美] 保罗·萨缪尔森:《经济学》(第 17 版),萧琛译,人民邮电出版社 2004 年版。

[美] R. 米什拉:《资本主义社会的福利国家》,郑秉文译,法律出版社 2003 年版。

[美] 奥尔森:《集体行动的逻辑》,陈郁、郭宇峰、李崇新译,上海人民出版社 1995 年版。

[日] 坂脇昭吉、中原弘二:《现代日本的社会保障》,杨河清译,中国劳动社会保障出版社 2006 年版。

[英] 哈耶克:《通往奴役之路》,王明毅译,中国社会科学出版社 1997 年版。

［美］布坎南:《民主财政论》,程怀朋译,商务印书馆 1999 年版。

［美］罗伯特·诺奇克:《无政府、国家与乌托邦》,姚大志译,中国社会科学出版社 1991 年版。

［美］查尔斯·H. 扎斯特罗:《社会工作与社会福利导论》,孙唐水译,中国人民大学出版社 2005 年版。

［英］霍斯金斯:《21 世纪初的社会保障》,侯宝琴译,中国社会科学出版社 1997 年版。

［英］科林·吉列恩:《全球养老保障——改革与发展》,杨燕绥译,中国劳动社会保障出版社 2004 年版。

［美］德沃金:《至上的美德——平等的理论与实践》,冯克利译,江苏人民出版社 2003 年版。

世界银行:《防止老龄危机保护老年人及促进增长的政策》,财政经济出版社 1996 年版。

John Turner: An Analysis of the United States as a Test Case, The working Paper of AARP, 2003.

Allen Walker: Sharing Long-term Care between State A European Perspective—Who Should Care for the Family and for the Elderly, Singapore University Press, 2000.

Brigit Mattil: Pension Systems: Sustainability and Distributional Effects in Germany and the United Kingdom, Physical Verlag Heide-lberg, 2006.

二 期刊类

郑功成:《统筹城乡社会保障体系建设发展战略》,《中国医疗保险》2010 年第 8 期。

郑功成:《实现全国统筹是基本养老保险制度刻不容缓的既定目标》,《理论前沿》2008 年第 18 期。

景天魁:《中国社会保障的理念基础》,《吉林大学社会科学学报》2003 年第 3 期。

景天魁、毕天云:《论底线公平福利模式》,《社会科学战线》2011 年第 3 期。

郑军:《构建城乡养老保险制度衔接中的政府责任》,《农村经济》2012

年第 8 期。

张晓敏、蒋乃华：《城乡统筹的发展水平及其影响因素研究——以江苏为例》，《扬州大学学报》2012 年第 4 期。

杨文明、韩燕：《我国统筹城乡养老保险制度研究评述》，《天津大学学报》（社会科学版）2013 年第 5 期。

白小平：《城乡社会保障统筹一体化可行性反思与对策》，《中州学刊》2014 年第 7 期。

曹明贵：《构建统一性与判别性相结合的农村社会保障制度》，《农村经济》2005 年第 8 期。

黄英君、郑军：《我国二元化城乡社会保障体系反思与重构：基于城乡统筹的视角分析》，《保险研究》2010 年第 4 期。

杨玉民：《国外城乡一体化发展的经验及其对汕头市城乡一体化发展的启示》，《西华大学学报》（哲学社会科学版）2012 年第 2 期。

陈平：《中国统一社保不可行》，《经济世界》2003 年第 7 期。

郑秉文：《对中国城镇职工基本养老保险现状的反思——半数省份收不抵支的本质、成因与对策》，《上海大学学报》（社会科学版）2012 年第 3 期。

郑功成：《尽快推进城镇职工基本养老保险全国统筹》，《经济纵横》2010 年第 9 期。

曾易：《发展型社会政策视角下新型农村社会养老保险的构建》，《湖北农业科学》2012 年第 1 期。

关信平：《论我国社会保障制度一体化建设的意义及相关政策》，《东岳论丛》2011 年第 5 期。

黄桂荣：《从社会结构转换视角看城乡经济社会一体化》，《社会主义研究》2010 年第 5 期。

赵俊康：《基本社会保障城乡一体化的思考》，《社会保障研究》2012 年第 5 期。

杨影、王丽：《我国城乡社会保障一体化机制之构建》，《学术交流》2012 年第 12 期。

尹蔚民：《统筹推进城乡社会保障体系建设》，《求是》2013 年第 3 期。

薛惠元、张微娜：《建立城乡统一的社会养老保险制度——基本理念、基本路径与制度模式》,《税务与经济》2014 年第 3 期。

石宏伟、杨颖:《转变经济发展方式下的城乡社会保障一体化问题》,《江苏大学学报》(社会科学版) 2013 年第 1 期。

张园:《城乡一体化社会养老保险发展阶段及实现路径研究》,《西北人口》2013 年第 4 期。

郑功成:《中国社会保障制度变革取向》,《人民论坛》2014 年第 6 期。

陈际华:《统筹城乡社会养老保险现状、难点及前瞻研究——以江苏省为例》,《江苏社会科学》2013 年第 5 期。

袁方成、李增元:《武汉市统筹城乡一体化发展研究》,《城市观察》2010 年第 5 期。

张彦军:《河南省社会保障体系建设:条件、挑战和制度取向》,《河南科技学院学报》2010 年第 3 期。

刘苓玲:《建立覆盖城乡居民的养老保险体系研究:一个文献综述》,《保险研究》2012 年第 2 期。

刘晓静、张楠:《城乡统筹视角下中国养老服务体系构建》,《河北大学学报》(哲学社会科学版) 2013 年第 3 期。

刘昌平:《我国养老金顶层设计的思路》,《中国财政》2014 年第 11 期。

王珂瑾:《缺位到归位:农村社会保障中的政府责任》,《兰州学刊》2013 年第 10 期。

关博:《城乡居民养老保险制度的社会保障学分析及完善——以北京市为例》,《北京工业大学学报》2012 年第 2 期。

仇雨临、翟绍果:《城乡医疗保障的统筹发展研究:理论、实证与对策》,《中国软科学》2011 年第 4 期。

廖楠:《县域社会保障城乡统一体化:困境与出路——以湖北省 A 市为个案的调查研究》,《中共福建省委党校学报》2010 年第 10 期。

薛惠元、邓大松:《我国养老保险制度改革的突出问题及对策》,《经济纵横》2015 年第 5 期。

杨斌、丁建定:《经济增长视角下城乡居民基本养老保险地方财政责任评估》,《江西财经大学学报》2016 年第 3 期。

汪沅、汪继福:《我国社会养老保障制度的城乡统筹问题探析》,《税务与经济》2008 年第 3 期。

王延中：《中国"十三五"时期社会保障制度建设展望》，《辽宁大学学报》（哲学社会科学版）2016 年第 1 期。

王增文：《新型城镇化背景下中国城乡社会保障制度路径研究》，《农业技术经济》2016 年第 7 期。

蔚志新：《养老保险参与的主要特征——基于 2011 年全国 32 个省级单位流动人口参加三种社会养老保险数据的分析》，《西北人口》2016 年第 6 期。

杨斌、丁建定：《从城乡分立到城乡统筹：中国养老保险制度结构体系发展研究》，《社会保障研究》2014 年第 1 期。

薛维然：《我国城乡社会保障体系统筹建设研究》，《农业经济》2015 年第 5 期。

杨长福、张烁：《论统筹城乡背景下农民社会保障管理制度的构建与完善——基于宪政视角》，《重庆大学学报》（社会科学版）2014 年第 5 期。

凌文豪：《差序平等：中国社会保障新理念》，《社会保障研究》（北京）2011 年第 2 期。

凌文豪：《统筹城乡居民养老保险制度的伦理审视》，《道德与文明》2014 年第 4 期。

袁涛：《养老保险城乡统筹实施路径反思》，《现代管理科学》2016 年第 5 期。

杨静：《当前我国养老保障制度存在的问题与对策》，《学习论坛》2013 年第 6 期。

袁涛、仇雨临：《从城乡统筹到制度融合：中国养老保险实践经验与启示》，《海南大学学报》（人文社会科学版）2016 年第 3 期。

和俊民、杨斌：《中国城乡养老保险制度差异问题研究——基于城乡统筹的视角》，《郑州大学学报》（哲学社会科学版）2013 年第 6 期。

尹音频、杨晓妹、张丽丽：《城乡统筹视角下中国养老服务体系构建》，《社会保障研究》2013 年第 4 期。

高君：《新型城市化背景下统筹城乡社会养老保障制度一体化研究》，《西北人口》2012 年第 5 期。

邹丽丽：《基本养老保险统筹层次提高中的收入再分配问题研究》，《人口与经济》2014 年第 1 期。

周志凯、金明明：《基本养老保险省级统筹的收入再分配效应研究——以浙江省为例》，《华中科技大学学报》（社会科学版）2013 年第 2 期。

左停、张国栋、徐小言：《流动农民工养老保险覆盖的窘境与出路》，《农村经济》2015 年第 3 期。

苏胜强、杨海涛：《城乡社会保障统筹研究：历史的路径依赖与现实选择——浙江省的实证分析》，《农村经济》2009 年第 1 期。

任丽新：《与城镇职工平等的权利：农民工社会保障制度的根本目标》，《宁夏社会科学》2010 年第 5 期。

蒋晓川：《城乡统筹背景下重庆社会保障制度探讨》，《农业经济》2010 年第 11 期。

宋劲松：《城乡统筹三阶段》，《城市规划》2012 年第 1 期。

王成新：《新时期城乡统筹的问题与对策》，《宏观经济管理》2012 年第 10 期。

王翠琴、田勇：《城乡居民基本养老保险缩小了收入差距吗？——基于湖北省数据的实证检验》，《农村经济》2015 年第 12 期。

廖承红、张士斌：《城乡居民社会养老保险一体化模式研究——基于浙江、北京和重庆三模式的比较》，《开放导报》2012 年第 4 期。

李汉才：《中国农村养老保障制度的历史沿革及发展特征》，《河北大学学报》（哲学社会科学版）2014 年第 3 期。

李连芬、刘德伟：《我国基本养老保险全国统筹的动力源泉与路径选择》，《财经科学》2013 年第 11 期。

刘峰：《农村养老保障服务体系建设困境与突围》，《湖南社会科学》2013 年第 1 期。

白维军、童星：《"稳定省级统筹，促进全国调剂"：我国养老保险统筹层次及模式的现实选择》，《社会科学》2011 年第 5 期。

程杰：城乡居民养老保险制度：改革与方向》，《云南财经大学学报》2011 年第 5 期。

郭喜：《失地农民养老保障现状分析及政策改进》，《中国行政管理》2012 年第 5 期。

王如鹏：《实现城乡养老保障一体化的路径选择》，《理论探讨》2013 年第 2 期。

林俏：《统筹城乡社会保障法律制度的路径分析》，《商业研究》2012 年第 8 期。

黄丽：《城乡居民基本养老保险保障水平评估与反思——基于养老金替代率视角》，《人口与经济》2015 年第 5 期。

袁文全、邵海：《覆盖城乡居民的社会保障体系建设的路径选择——以重庆市统筹城乡社会保障为视角》，《社会科学家》2010 年第 4 期。

张君良、沈君彬：《经济强县构建城乡一体化社会保障体系的路径探析——基于福建晋江的个案研究》，《东南学术》2010 年第 1 期。

张秋：《城乡统筹制度安排的国际经验与启示》，《经济问题探索》2010 年第 5 期。

王晓东：《西部地区社会养老保险制度城乡统筹：可能与可为》，《理论探索》2013 年第 2 期。

韩云鹏：《改革开放以来农村五保供养政策变迁的公共政策分析》，《社会保障研究》2014 年第 5 期。

吴连霞：《五保供养制度的退出路径及策略选择》，《经济纵横》2014 年第 8 期。

梁春贤等：《构建适合我国国情的农村养老保险制度》，《经济问题》2004 年第 5 期。

贺蕊玲：《浅析新农保与老农保的区别》，《经济与社会发展》2010 年第 12 期。

王一曼：《对老农保到新农保的发展脉络梳理及评价》，《商业文化》2011 年第 10 期。

李轩红：《中国农村养老保险制度变迁原因分析》，《山东社会科学》2011 年第 3 期。

郑文换：《资源结构与制度叠加：从老农保到新农保》，《云南民族大学学报》（哲学社会科学版）2015 年第 2 期。

周志凯：《城乡居民基本养老保险制度中的财政责任》，《财政研究》2015 年第 1 期。

睢党臣：《对城乡居民养老保险并轨问题的思考》，《北京社会科学》2014 年第 7 期。

周爱玲：《城镇化进程中农村养老模式研究》，《中国农机化》2012 年第 3 期。

龚文君、周健宇：《社会保障核心价值理念再思考——基于社会学视角的社会公平理论分析》，《当代经济管理》2012 年第 6 期。

庞绍堂：《公共物品论——概念的解析延拓》，《公共管理高层论坛》2007 年第 1 期。

周光辉：《起点公平：超越自然选择的生存逻辑》，《学习与探索》2007 年第 1 期。

于秀伟：《德国个人储蓄性养老保险计划述评》，《社会保障研究》2013 年第 3 期。

于秀伟：《从"三支柱模式"到"三层次模式"——解析德国养老保险体制改革》，《德国研究》2012 年第 2 期。

刘跃斌、高颖：《德国的养老保险体制改革》，《武汉大学学报》（哲学社会科学版）2005 年第 5 期。

陈飞飞：《人口老龄化与德国法定养老保险制度改革》，《德国研究》2006 年第 4 期。

马凯旋、侯风云：《美国养老保险制度演进及其启示》，《山东大学学报》（哲学社会科学版）2014 年第 3 期。

李连芬、刘德伟：《美国养老保险制度改革及其对我国的启示》，《当代经济管理》2010 年第 10 期。

申策、张冠：《美国的社会保险制度对中国养老制度改革的启示》，《吉林大学社会科学学报》2013 年第 2 期。

田梦晓：《美国养老保险制度及其对我国的启示》，《经济论坛》2007 年第 14 期。

杨珏菁：《美国养老保险制度特点和借鉴》，《浦东开发》2014 年第 2 期。

张民省：《瑞典的多支柱养老保险金制度及启示》，《中国行政管理》2008 年第 10 期。

李杨、浦千里：《评瑞典养老保险制度改革——兼论对中国的启示》，《西北人口》2007 年第 5 期。

王晓东：《日本农村养老保险体系设计和建立时机对我国的启示》，《经济体制改革》2014 年第 2 期。

高宝霖等：《日本养老保险政策及启示》，《宏观经济管理》2010 年第
　　7 期。

张翼：《人口转型与养老保险制度改革——中国可能从日本吸取的经验与
　　教训》，《河北学刊》2012 年第 3 期。

张晓洁、汤兆云：《处理好涉费项目是城乡居民养老保险制度良性发展的
　　关键》，《中共福建省委党校学报》2016 年第 7 期。

尹文清：《老龄化背景下日本养老制度改革与启示》，《东岳论丛》2015
　　年第 5 期。

尹音频、杨晓妹、张丽丽：《成都市城乡统筹双元对接养老保障模式研
　　究》，《社会保障研究》2013 年第 4 期。

王晓东：《社会养老保险城乡统筹的争议与展望》，《社会保障研究》2013
　　年第 1 期。

杨风寿、沈默：《社会保障水平与城乡收入差距的关系研究》，《宏观经济
　　研究》2016 年第 5 期。

王祥军：《城乡居民养老保险法律制度若干问题探讨》，《中国劳动》2016
　　年第 6 期。

徐春燕：《经济法视野下农民工社会保障制度研究》，《税务与经济》2016
　　年第 1 期。

许建苏：《新型农村社会养老保险制度建设研究》，《河北法学》2012 年
　　第 1 期。

吴丽娟、刘玉亭、程慧：《城乡统筹发展的动力机制和关键内容研究述
　　评》，《经济地理》2012 年第 4 期。

王雯、黄万丁：《基本养老保险全国统筹的再认识》，《中州学刊》2016
　　年第 2 期。

王鹏、米红、张田田：《中国新型农村社会养老保险制度优化与长期均衡
　　发展研究——基于待遇调整的视角》，《统计与信息论坛》2012 年第
　　11 期。

王丽：《城镇化对城乡居民养老保险全覆盖的影响效应分析》，《河北学
　　刊》2015 年第 3 期。

王刚、张孟文：《我国城乡社会养老保险均等化改革中的财政转移支付问
　　题》，《福州大学学报》2012 年第 2 期。

汪国华：《城镇化与城乡社会保障制度统筹发展研究》，《天府新论》2013
　　年第 2 期。

万婕：《统筹城乡视角下新型农村社会养老保险制度研究》，《山东大学学
　　报》（哲学社会科学版）2013 年第 1 期。

钱巨炎：《公共财政促进城乡统筹发展的实践与探索》，《财政研究》2012
　　年第 2 期。

穆怀中、闫琳琳、张文晓：《养老保险统筹层次收入再分配系数及全国统
　　筹类型研究》，《数量经济技术经济研究》2014 年第 4 期。

穆怀中：《养老保险统筹层次收入再分配理论研究》，《辽宁大学学报》
　　（哲学社会科学版）2014 年第 6 期。

安徽省财政厅课题组：《养老保险全国统筹对安徽的影响及对策建议》，
　　《中国财政》2014 年第 4 期。

边恕、孙雅娜、黎蔺娴：《"城乡保"基础养老金普惠型给付的适度性分
　　析》，《辽宁大学学报》（哲学社会科学版）2016 年第 4 期。

杨蕾：《推动养老保险城乡一体化》，《潮州日报》2016 年 6 月 10 日。

邓大松：《新的城乡居民基本养老保险制度实施面临的问题及对策》，《经
　　济纵横》2015 年第 9 期。

邓高权、周玮生：《我国城镇居民养老问题及对策研究》，《人民论坛》
　　2012 年第 12 期。

高佳、朱洪瑞：《论我国养老保障城乡统筹发展》，《农业经济》2014 年
　　第 6 期。

丁建定、张尧：《养老保险城乡统筹：有利条件、惠性原则与完善对策》，
　　《苏州大学学报》（哲学社会科学版）2014 年第 5 期。

杜智民、雷晓康、齐萌：《我国西部城乡居民养老保险制度发展及政策评
　　估》，《西安交通大学学报》（社会科学版）2015 年第 4 期。

冯雨峰：《养老社区建设的城乡统筹》，《城市发展研究》2014 年第 4 期。

高庆鹏：《城乡统筹进程中的农村养老保险发展》，《农业经济》2012 年
　　第 12 期。

陈雷、江海霞、张秀贤：《城乡统筹下新农保与相关养老保障制度整合衔
　　接战略研究》，《管理现代化》2011 年第 6 期。

谷彦芳：《构建城乡养老保险制度统筹衔接机制》，《中国财政》2012 年

第 6 期。

辜毅：《城乡养老保险制度整合的可持续性研究》，《经济体制改革》2015
年第 4 期。

刘艳菊：《从转变发展方式看城乡统筹的人本路径》，《先驱论坛》2012
年第 10 期。

卢驰文：《统筹建立基本养老保险与全国社会保障基金投资运营制度》，
《财政研究》2014 年第 3 期。

刘海英：《城乡居民基本养老保险的财政激励机制研究——基于效率与公
平双重价值目标的考量》，《兰州学刊》2016 年第 2 期。

柳清瑞、苏牧羊：《城乡养老保险协调度、制约因素及对策——基于
1999—2013 年数据的实证分析》，《中央财经大学学报》2016 年第
4 期。

韩俊强、孟颖颖：《完善农民工社会保障体系的对策》，《经济纵横》2012
年第 12 期。

侯风云、马凯旋：《中国养老保险统筹状况对劳动供给影响实证研究》，
《福建论坛》（人文社会科学版）2013 年第 11 期。

黄丽、罗锋：《城乡基本养老保险并轨的可行路径与难点——基于广东中
山的实证分析》，《公共管理学报》2012 年第 3 期。

黄丽：《城乡居民基本养老保险保障水平评估与反思——基于养老金替代
率视角》，《人口与经济》2015 年第 5 期。

金博轶：《养老保险统筹账户收支缺口省际差异研究》，《保险研究》2015
年第 6 期。

金淑彬、陈静：《新型农村社会养老保险制度可持续发展探析》，《商业研
究》2012 年第 9 期。

李运华、叶璐：《城乡居民基本养老保险待遇调整方案的优化与选择》，
《华南农业大学学报》（社会科学版）2015 年第 4 期。

林毓铭：《体制改革：从养老保险省级统筹到基础养老金全国统筹》，《经
济学家》2013 年第 12 期。

雷晓康：《社会保险城乡统筹问题研究综述》，《社会保障研究》2012 年
第 1 期。

雷晓康、左停：《改革退休年龄的时机和方案设计——基于陕西省基本养

老保险省级统筹运行效果分析》,《社会保障研究》2013 年第 2 期。

李爱芹:《我国农民工养老保险制度设计的缺陷与完善——以"城保"模式、"仿城"模式和"综保"模式为例》,《广西社会科学》2015 年第 8 期。

陈维佳:《瑞典福利国家改革研究》,华中科技大学 2011 年。

崔赟:《城乡统筹视角下的新型居民社会养老保险制度研究——以嘉兴市为例》,上海交通大学 2013 年。

高雅:《建立城乡统一的社会养老保险制度研究》,贵州大学 2008 年。

耿雯丽:《城乡一体化进程中农村养老保障制度研究》,武汉轻工大学 2013 年。

李珍珍:《城乡统筹就业中的养老保险制度研究》,复旦大学 2010 年。

刘琼:《我国城乡统筹背景下新型农村社会养老保险制度的研究——以安徽省亳州市为例》,安徽大学 2013 年。

马丽娟:《基于城乡统筹视角的我国农村社会养老保险研究》,中南林业科技大学 2014 年。

杨阳:《城乡统筹视角下江苏省养老保险制度研究》,南京大学 2014 年。

陈正光:《我国基本养老保障城乡统筹发展问题研究》,合肥工业大学 2012 年。

纪晓林:《城乡统筹为背景的新型农村社会养老保险制度研究》,东北师范大学 2009 年。

刘晖:《城乡统筹背景下农村居民社会养老保险制度现状与问题应对——以山东省为例》,南京大学 2015 年。

龙国良:《我国农村养老保障制度路径选择及影响因素分析》,中国农业大学 2014 年。

王晓东:《中国社会养老保险城乡统筹战略与路径》,南京大学 2013 年。

蔚志新:《城乡统筹背景下我国流动人口基本养老保险参与实证研究》,吉林大学 2014 年。

韦淇:《制度公平视角下社会养老保险城乡统筹问题研究——以贵州省为例》,贵州财经大学 2015 年。

张梦洁:《多层次养老体系待完善专家建议提高城乡居民养老金》《21 世纪经济报道》2016 年 3 月 7 日。

江德斌：《"牢"有所养折射社保体系缺陷》，《珠海特区报》2012年7月16日。

胡彩肖：《城乡居民养老保险转移接续问题及解决路径》，《中国劳动保障报》2016年3月1日。

周桂清：《打破城乡分割构建全民社保体系》，《东莞日报》2016年5月26日。

陈娟：《完善城乡居民基本养老保险制度》，《徐州日报》2016年4月21日第5版。

曹健、牟新渝、王晓庆：《安徽金寨构建多层次养老保障体系》，《中国老年报》2014年7月31日。

Rao：Towards welfarism—Public service in A Time of Change，Aldershot：Dartmouth，2013（9）.

Wender. C：Amsterdam Migration Policy and European Citizenship，European Journal of Migration and Law，1999（1）.

Barr. A：Reforming Pension：Myths，Truths and Policy Choices，International Social Security Review，2012（2）.

David Koitz：Seeking middle ground on social security reform，Hoover Institution Press，2011（3）.

三　其他类

中华人民共和国中央人民政府：《国务院关于批转社会保障"十二五"规划纲要的通知》，http：//www. gov. cn/zwgk/2012－06/27/content_2171218. htm，2016年6月27日。

新华社：《一九五六年到一九六七年全国农业发展纲要（草案）》，http：//news. xinhuanet. com/ziliao/2004－12/30/content_2397284. htm，2004年12月30日。

中华人民共和国中央人民政府：《中华人民共和国物权法》，http：//www. gov. cn/flfg/2007－03/19/content_554452. htm，2007年3月19日。

新民网：《中国最牛养老金：每月领3元还觉得"奢侈"》，http：//news. xinmin. cn/rollnews/2009/08/25/2433134. html，2009年8月25日。

湖南省人民政府网站：《湖南新举措：城镇独生子女父母退休后每人奖五千》，http：//www. gov. cn/gzdt/2009 - 11/12/content _ 1462542. htm，2009 年 11 月 12 日。

人力资源和社会保障部官网：《各地新农保试点主要做法集锦（一）》，http：//www. mohrss. gov. cn/ncshbxs/NCSHBXSgongzuodongtai/201201/t20120109_ 83895. html，2012 年 1 月 9 日。

中央政府门户网站：《图表：民政部：我国已有 26 个省份出台高龄津贴政策》，http：//www. gov. cn/xinwen/2016 - 08/23/content _ 5101687. htm，2016 年 8 月 23 日。

中央政府门户网站：《上海市将从 2016 年"五一"起发放老年综合津贴》，http：//www. gov. cn/xinwen/2016 -04/06/content_ 50617 19. htm，2016 年 4 月 6 日。

光明网：《社会保障已成共享发展的基本途径与制度保证》，http：//difang. gmw. cn/cq/2016 - 02/17/content _ 18914688. htm，2016 年 2 月 17 日。

中华人民共和国人力资源和社会保障部：《2014 年度人力资源和社会保障事业发展统计公报》，http：//www. mohrss. gov. cn/SYrlzyhshbzb/dongtaixinwen/buneiyaowen/201505/t20150528 _ 162040. html，2015 年 5 月 28 日。

中国人大网：《中华人民共和国宪法（1954 年）》，http：//www. npc. gov. cn/wxzl/wxzl/2000 - 12/26/content _ 4264. htm，2000 年 12 月 26 日。

河南省人力资源和社会保障厅：《河南省人力资源和社会保障信息化建设"十二五"规划》，http：//www. haxy. lss. gov. cn/html/ywzl/xxhjs/zhengcefagui/2015/0720/1483. html，2015 年 7 月 20 日。

后 记

本书是我主持的国家社科基金一般项目"统筹推进城乡社会养老保障制度体系建设研究"（13BSH097）的最终成果。统筹推进城乡社会养老保障体系建设，建立和完善更加公平、更可持续的社会养老保障制度体系是当下我国社会保障学界的重要难题之一。结合我国社会养老保障制度的实践，尤其通过对河南省近5000份问卷的实地调研与管理部门以及不同人群的访谈，对该问题进行深入探究，具有一定的理论和学术意义。

感谢河南大学哲学与公共管理学院给予出版的资助；感谢该书中注释和文献引用的学者们，没有你们的前期成果支撑，我难以顺利完成该项目工作；感谢在调研和访谈中曾帮助过我的朋友和调研对象；感谢我的课题组团队和我的研究生梁金刚、海龙、张娜、张亚玲、袁双双、胡亚光、袁一凡、罗汉群、王又彭等，他们在项目研究过程中都付出了大量的心血。

最后感谢中国社会科学出版社和孔继萍编审为本书出版付出的努力。

凌文豪

2017 年 3 月 1 日